DAVID SAFIER

Scénariste renommé, David Safier s'est imposé sur la scène littéraire allemande avec son premier ouvrage, *Maudit Karma* (2008), qui a été un best-seller dans de nombreux pays, tout comme *Jésus m'aime* (2009). Cinq autres romans ont suivi : *Sors de ce corps, William !* (2010), *Sacrée famille* (2012), *Le fabuleux destin d'une vache qui ne voulait pas finir en steak haché* (2014), *Toujours maudit !* (2016) et *28 jours* (2017). Tous ses ouvrages sont publiés aux Presses de la Cité et repris chez Pocket.

TOUJOURS MAUDIT !

DU MÊME AUTEUR
CHEZ POCKET

MAUDIT KARMA
JÉSUS M'AIME
SORS DE CE CORPS, WILLIAM !
SACRÉE FAMILLE !
LE FABULEUX DESTIN D'UNE VACHE
QUI NE VOULAIT PAS FINIR EN STEAK HACHÉ
TOUJOURS MAUDIT !

DAVID SAFIER

TOUJOURS MAUDIT !

Traduit de l'allemand
par Catherine Barret

PRESSES DE LA CITÉ

Titre original :
MIESES KARMA HOCH 2
Originally published in German language
by Rowohlt Verlag GmbH, Hamburg, 2015

MIXTE
Papier issu de sources responsables
FSC® C003309
FSC www.fsc.org

Pocket, une marque d'Univers Poche,
est un éditeur qui s'engage pour la préservation
de son environnement et qui utilise du papier fabriqué
à partir de bois provenant de forêts gérées
de manière responsable.

ISBN : 978-2-266-27705-1

À Marion, Ben, Daniel et Max
– vous êtes mon Nirvana (puissance deux !).

1

Le jour où nous sommes morts tous les deux n'a pas vraiment été une partie de plaisir. Et pas seulement à cause de notre mort. Pour être précise, celle-ci n'est arrivée qu'en sixième position des pires moments de la journée. Un peu plus loin – à la dixième place –, il y eut, quelques heures plus tôt, celui où ma colocataire Sylvie, se plantant devant mon lit, m'arracha ma couette et m'engueula :

— Daisy, ça fait cinq mois que tu n'as pas payé ton loyer.

— Et c'est pour ça que tu me réveilles aux aurores ? gémis-je.

Tandis que mes yeux s'efforçaient en vain de s'habituer à la lumière du jour, mon crâne me faisait comprendre que j'aurais dû, la veille, boire entre trois et huit tequilas de moins.

— Il est quatorze heures, répliqua Sylvie.

Sous son harnachement complet d'étudiante petite-bourgeoise en dernier semestre de droit, elle considérait d'un air pincé mes sous-vêtements enfumés.

— C'est bien ce que je disais, il est trop tôt.

Je rabattis la couette sur ma tête, mais cette sale

bête me l'arracha de nouveau. En écarquillant un peu plus les deux minces fentes qui me servaient d'yeux à cette heure, je m'aperçus que ma mini-chambre – à propos de laquelle Sylvie avait déclaré un jour que certaines régions dévastées par un ouragan paraissaient mieux rangées – était également occupée par mes deux autres colocataires. Aïché, l'enseignante stagiaire un peu boulotte qui, plus tard, voulait apprendre aux enfants d'immigrants pauvres qu'ils pouvaient être autre chose qu'un cliché vivant. Et Yannis, mon meilleur ami depuis le collège, un mince garçon portant des lunettes. C'était le seul des trois à ne pas faire la gueule comme un salafiste à un concert de Miley Cyrus.

— Ton amoureux de passage a pissé sur le siège des toilettes, se plaignit Aïché.

Je regardai à côté de moi. Le Brésilien bien bâti que j'avais kidnappé la veille au soir sur la piste de danse du Berghain[1] était déjà parti. Sans même prendre le petit déjeuner. C'est comme ça que je les aimais.

— Je parie que tu ne connais même pas son nom, continua à récriminer Aïché.

— Bien sûr que je le connais ! répliquai-je avec mauvaise humeur.

Je ne supportais tout simplement pas qu'on me fasse des reproches de bon matin.

— Ah oui ? Et il s'appelle comment ?

— Euh…

Ça ne me revenait pas du tout. Mais, comme je pouvais difficilement l'admettre, je cherchai un prénom quelconque à consonance brésilienne. Malheureusement, avec ce mal de crâne, je ne trouvai

1. Célèbre club berlinois, le « temple de la techno ». *(N.d.T.)*

que des bêtises du genre « Bienbatido », « Sentibono » ou « Longodo », et je préférai les garder pour moi.

— Il s'appelle Falco, siffla Aïché entre ses dents.

— Comment tu le sais ? m'étonnai-je.

— Ça fait des semaines que je te parle de lui en te disant qu'il m'intéresse !

Oh, merde, c'était vrai ! Hier soir, je n'y avais plus du tout pensé. On oublie de ces choses quand on est soûle ! Et que, par-dessus le marché, on a avalé une ou deux pilules. Et qu'on a des envies. Oui, surtout quand on a des envies.

Je me redressai un peu et m'adossai au mur.

— Tu devrais me remercier, dis-je.

— Te remercier ?

— Oui, maintenant, tu sais qu'il pisse debout et que c'est pas un type pour toi.

Aïché ne me remercia pas.

— Pourrions-nous revenir à l'essentiel ? protesta Sylvie. Le loyer.

— Je le paierai dès que j'aurai mon prochain rôle.

— Daisy, ça fait des éternités que tu n'as pas été payée pour un rôle.

— Eh bien, des éternités, c'est très relatif, comparé à toute l'histoire de l'univers, objectai-je.

Sept mois plus tôt, j'avais joué le rôle d'une joggeuse qui tombe sur un cadavre dans *Dossiers XY*[1]. La seule phrase que j'avais eue à dire sur ce tournage-là était : « Je crois que j'ai marché sur quelque chose. »

— Et si tu prenais un vrai boulot, pour changer ? suggéra Aïché d'un ton acerbe.

1. *Aktenzeichen XY*, célèbre série allemande interactive traitant d'affaires criminelles non résolues. *(N.d.T.)*

— N'importe quoi.

Je ne sais pourquoi, je n'étais pas faite pour avoir un vrai boulot. J'avais déjà essayé, et ça ne m'avait pas plu du tout.

— Daisy va certainement retrouver un rôle bientôt, intervint Yannis en essuyant ses lunettes avec son tee-shirt délavé.

C'était la seule personne sur terre à croire encore en mon talent. Il y croyait déjà quand j'avais joué la Bête dans *La Belle et la Bête*, au club de théâtre de notre lycée de Bremerhaven. Et aussi quand j'avais tenu le rôle secondaire d'une jeune droguée dans un épisode de *Tatort* tourné à Kiel, et qu'un grand hebdomadaire avait écrit à mon sujet : « Ce n'est pas là ce qu'on entend par "jeune talent". » Il avait continué à croire en moi quand j'avais été virée d'un feuilleton télé parce que la responsable des programmes de la chaîne estimait qu'on ne devait pas voir de « femmes à la physionomie trop expressive » dans les programmes de l'après-midi. Elle entendait visiblement par là des femmes ayant comme moi le nez légèrement dévié, des cheveux aussi rebelles que les poils d'un clébard des rues et une couleur d'yeux indéfinissable. Pour corser le tout, la nana avait attiré mon attention sur l'existence de la rhinoplastie, à quoi j'avais répondu que je m'occuperais volontiers de faire en sorte qu'elle en ait besoin prochainement, ce qui ne m'avait pas spécialement aidée à obtenir des contrats de cette chaîne.

— Nous voulons l'argent tout de suite, déclara Sylvie d'un air décidé.

— Depuis quand êtes-vous devenues aussi sérieuses ? voulus-je savoir.

Autrefois, nous écumions ensemble les nuits berlinoises et étions les meilleures amies du monde, et voilà que ces demoiselles étaient tout à coup devenues bêtement adultes !

— J'ai un mariage à préparer. Pour ça, il faut de l'argent, rétorqua obstinément Sylvie.

— Toi et tes rêves de princesse, dis-je avec un sourire doucereux.

Sa mine s'allongea.

— Sais-tu qu'autrefois les princesses étaient mariées de force ? poursuivis-je aimablement. Après quoi elles se retrouvaient enfermées dans un château humide des Carpates. Avec un gros vieux qui n'avait jamais entendu parler de détartrage des dents.

— Daisy est toujours aussi romantique, dit Yannis avec un grand sourire.

Pendant qu'il remettait sur son nez ses lunettes bien astiquées, je poussai mon avantage :

— Les humains sont les seuls êtres vivants à vouloir se lier pour toujours à un partenaire unique.

— Eh bien, c'est justement ce qui fait de nous des êtres à part, estima Sylvie.

— Nous sommes aussi les seuls à avoir inventé la bombe atomique, les déchets toxiques et Ronald McDonald.

— Daisy, tu ne comprendras jamais ce qu'est l'amour, répondit ma colocataire avec, me sembla-t-il, plus de pitié que d'aigreur.

L'amour. J'avais déjà essayé aussi. Et ça non plus, ça ne m'avait pas plu. Encore moins qu'un vrai travail. C'était à Bremerhaven, quand j'allais encore au lycée. Tom avait vingt et un ans, il faisait je ne sais quelles vagues études de journalisme et jouait dans un groupe indé nommé les Schtroumpfines Lovers. Je l'avais vu sur scène, ça m'avait fait tout drôle dans le ventre, nous nous étions mis ensemble, et c'est lui qui m'avait dépucelée. Notre histoire aurait peut-être duré un peu plus longtemps si, quelques semaines plus tard, ma mère n'était pas tombée malade d'un cancer dont elle était morte très rapidement. À l'époque, je n'avais guère pu parler de mon chagrin avec Tom. Sa capacité de réconfort s'était à peu près limitée à cette phrase : « La mort, je sais pas, c'est trop con. »

Deux semaines après l'enterrement, il m'avait demandé avec hésitation : « Est-ce que tu vas bientôt recoucher avec moi ? » Et, au bout de quatre semaines, il m'avait plaquée sur ces paroles : « Ton chagrin est vraiment trop lourd. »

À cet instant, le truc qui m'avait fait tout drôle au ventre s'était mis à mourir de mort lente dans d'atroces souffrances[1]. Après cela, mon insignifiant camarade de classe Yannis était resté le seul être au monde avec qui je pouvais parler de tout. De ma mère, avec qui je m'étais toujours beaucoup disputée, ce dont j'avais eu tellement honte après sa mort. De mon père, dont je savais qu'il entretenait depuis longtemps déjà une relation avec une collègue de son travail aux impôts (eh oui, papa n'avait même pas attendu que la mort le sépare de maman). Et de mon plus cher désir, qui était de ficher le camp de ce foutu lycée où on ne faisait que nous embêter avec le second *Faust*, les

1. Extrait des *Mémoires* de Casanova : « Rien ne cause d'aussi grandes souffrances que l'amour. Ni la morsure du puissant lion. Ni le coup de pied de l'aurochs dans les parties viriles. Ni même le chant de la grosse soprano d'opéra. »

guerres mondiales et les études de courbes. Yannis me comprenait. Il était bien le seul.

Deux jours avant l'examen du bac, j'étais partie de la maison et m'étais installée en communauté à Berlin avec Aïché et Sylvie, qui, à l'époque, étaient encore des filles gaies qui tenaient bien l'alcool, et pas des carriéristes. Yannis m'avait rejointe peu de temps après pour suivre ses études d'histoire. Quant à moi, je travaillais à ce que j'appelais ma « carrière d'actrice ». J'avais toujours désiré jouer des rôles qui auraient un sens pour moi et qui marqueraient les gens. Comme Meryl Streep, Glenn Close ou Sandra Bullock. Malheureusement, je n'étais pas une Streep, une Close ou une Bullock. Je n'étais que moi. J'avais maintenant vingt-cinq ans, et Yannis restait la seule personne de sexe masculin à avoir franchi la porte de ma chambre sans atterrir dans mon lit Ikea. Il avait toujours été évident pour moi que, si je couchais avec lui, cela détruirait notre amitié. Qui était ce que j'avais de plus précieux au monde.

— Il y a autre chose, déclara Sylvie.

— Je suis impatiente de savoir quoi.

— Se pourrait-il que tu aies pris de l'argent dans mon porte-monnaie hier soir ?

Ben comment j'aurais pu payer le taxi pour rentrer à la maison, sans cela ?

— Non, ce n'est pas moi, mentis-je comme un arracheur de dents. Et je trouve ça assez gonflé de ta part d'imaginer une chose pareille, ajoutai-je d'un air offensé.

Ma réponse ne parut pas convaincre Sylvie mais, en bonne future juriste, elle savait que le doute devait profiter à l'accusée. Elle se mordit la lèvre et répondit :

— Pour le loyer, on te donne une semaine. Sinon, tu dormiras dans la rue.

— Et tu nettoies les toilettes aujourd'hui ! ajouta Aïché.

Elles quittèrent la pièce sans me laisser le temps de répliquer, et je poussai un profond soupir. Yannis aussi. Toute cette chasse aux sorcières le mettait mal à l'aise. Mais ma conduite également. Il s'approcha du malheureux pot de fleurs posé sur l'appui de la fenêtre et prit une feuille entre deux doigts. Elle s'effrita dans sa main.

— Daisy, tu as là quelques autres factures impayées, dit-il en montrant une pile d'enveloppes que je n'avais pas ouvertes.

— Oh, la valeur des factures est très surestimée dans notre société.

— Et celle de l'honnêteté aussi ?

— Quoi ?

— Hier soir, je t'ai vue prendre l'argent dans le porte-monnaie de Sylvie.

Cet instant où il me regarda avec une profonde déception fut le neuvième pire moment de la journée. Honteuse, je me cachai sous ma couette.

— Tu crois que je ne peux pas te voir sous la couette ? dit Yannis.

— Oui, parce que je suis invisible.

— Et quand redeviendras-tu visible ?

— Jamais.

— C'est ça, ton plan pour sortir de ce bazar ?

— Oui, et je le trouve très créatif.

— Et tellement réfléchi !

— On se fait aussi beaucoup d'illusions sur la valeur de la réflexion.

— Je suis impressionné par ta maturité, Daisy.

— N'est-ce pas ?

— Très sérieusement, tu ne peux pas continuer comme ça.

Yannis me disait cela sans reproche, mais avec détermination. Et je savais qu'il avait raison. Je ne pouvais pas continuer comme ça.

En tout cas, pas avant d'avoir bu un double expresso.

Mais je n'eus pas le temps de demander à Yannis d'aller m'en préparer un, car mon téléphone portable sonnait. En vain, je le cherchai du regard dans le fouillis des meubles de récupération et des vieux cartons de pizza. (La pizza était ma nourriture de base. Puisque j'avais déjà une physionomie expressive, je pouvais bien travailler à acquérir un ventre de caractère.)

Yannis repêcha le portable dans la poche de mon jean, regarda l'écran et me dit :

— C'est ton agent.

Mon agent, Schmohel, avait une superliste de contacts nationaux et internationaux... datant des années 1980. À présent, le pauvre ne comptait plus dans son agence que trois artistes sous contrat : ma petite personne, une vedette de feuilletons policiers de l'après-midi, et un comédien de stand-up dont les jeux de mots pourris étaient capables de provoquer des ruptures d'anévrisme parmi les spectateurs (« Que font les Esquimaux quand ils boivent leur chocolat le matin ? – Igloo, igloo, igloo... »).

J'aimais bien ce brave vieux Schmohel avec ses cheveux en bataille, et lui aussi m'aimait bien, pour je ne sais quelle obscure raison, peut-être parce que sa fille avait coupé les ponts avec lui depuis des années. Toujours est-il que, en voyant son nom s'afficher, je me sentis comme électrisée. Si Schmohel m'appelait, cela ne pouvait signifier qu'une seule chose : il avait un rôle pour moi.

J'arrachai le portable à Yannis, et voici ce que me dit mon agent en guise de bonjour :

— Daisy, mon trésor, tu parles français ?

La bonne réponse aurait été : pas un mot. Mais, comme il s'agissait d'un rôle, je mentis :

— Bien sûr !

— Parfait, mon trésor, se réjouit Schmohel. Que dirais-tu si je prononçais ces deux mots : James Bond ?

— Je dirais : Oh, *mein Gott* ! m'exclamai-je.

Car je savais qu'on tournait en ce moment le nouveau James Bond, *You Will Never Die Alone*, aux studios de Babelsberg.

— Ce serait mieux si tu répondais : « Oh, *mon Dieu* ! », s'esclaffa Schmohel. J'ai un rôle pour toi dans le film.

Je n'en crus pas mes oreilles.

— Mais comment l'as-tu dégotté ?

— Je connais la productrice, Barbara Broccoli, depuis l'époque où elle jouait à la poupée sur les tournages pendant que son père tournait les films avec Sean Connery. Il se trouve qu'une figurante vient de lui faire faux bond, elle doit donc être remplacée très vite, et, dans sa détresse, la petite Barbara s'est souvenue de son bon vieux Schmohel.

— Qu'est-ce que c'est comme rôle ? demandai-je avec enthousiasme.

Contre toute vraisemblance, j'espérais très fort que ce serait celui d'une James Bond girl.

— Tu joues une informatrice des services secrets français et tu meurs. Il y a tout juste une page de dialogue.

Pas une James Bond girl, alors. C'était clair. Mais tant pis. N'importe quel rôle parlant dans un James Bond ferait enfin décoller ma carrière. Et surtout, cela mettrait du beurre dans les épinards.

— Il n'y a qu'un léger détail..., commença Schmohel.

— Lequel ?

— Tu dois être au maquillage à Babelsberg dans trente minutes. Tu y arriveras ? Sinon, ils raccourciront le rôle et prendront une figurante sur place.

Impossible de compter sur le S-Bahn – dont les horaires affichés ne l'étaient visiblement qu'à titre purement indicatif. Je devais donc prendre ma voiture et, avec la circulation berlinoise, je n'y arriverais pas mieux. Mais l'admettre, c'était renoncer au rôle. Aussi répondis-je à Schmohel :

— Je suis déjà partie !

2

Après m'être douchée, habillée et maquillée – le tout en cinq minutes et demie exactement –, je courus à la porte de l'appartement, où Yannis m'attendait avec un double expresso que j'avalai cul sec en exultant :

— Un contrat pareil, ça vaut au moins cinq mille euros ! Avec ça, je pourrai enfin m'acheter de nouvelles fringues !

— Et quoi d'autre ? insista Yannis.

— Des meubles.

— Quoi d'autre ? répéta-t-il avec encore plus d'insistance.

— Oh, je trouverai bien deux ou trois idées pour me faire plaisir…

— Le loyer, dit-il d'un ton réprobateur.

— Ah, oui… oui oui, le loyer, bafouillai-je. Eh bien, je me réjouis d'avance de pouvoir le payer.

— J'aimerais vivre encore quelque temps en communauté avec toi, déclara fermement Yannis.

— Pas de souci, nous habiterons ensemble toute notre vie !

Il me sourit de cet air nostalgique qui me mettait

toujours un peu mal à l'aise. J'avais peur qu'il ne soit encore amoureux de moi en secret, comme autrefois au lycée. Le jour de la mort de ma mère, j'avais pleuré dans les bras de Yannis à m'en rendre malade. À la fin, il avait doucement essuyé d'un baiser les dernières larmes sur ma joue, mais je ne lui avais pas rendu son baiser. À l'époque, j'étais avec Tom, le champion du monde de l'empathie. Et, depuis ce refus, Yannis ne m'avait plus jamais fait d'avances.

— À tout à l'heure, lui dis-je en partant.

Une fois de plus, je refoulai l'idée qu'il puisse encore avoir des sentiments pour moi. Car, s'il m'aimait, je lui ferais nécessairement du mal, puisque je n'étais pas amoureuse de lui, et cette pensée m'était tout simplement insupportable. Il était la seule personne au monde que je ne voulais blesser à aucun prix[1 & 2].

Je descendis à fond de train l'escalier de notre immeuble du vieux Berlin, sortis en trombe et sautai dans ma vieille Coccinelle, qui avait connu des jours meilleurs, il y avait bien longtemps. Son dernier contrôle technique datait aussi un peu. Mais elle marchait. Et quelle importance si l'un de ses braves vieux phares était cassé ?

Je fonçai dans les rues de ce cher vieux Berlin, qui me fascinait toujours autant. L'histoire s'y rappelait partout à votre souvenir. Souvent d'une façon bête, hélas. Par exemple, Hitler était toujours là avec ses

1. Extrait des *Mémoires* d'Urrgh, l'homme de l'âge de pierre : « Amour fait ouille. Amour est bête. »

2. *Mémoires* de Casanova : « Si mon ami Urrgh maîtrisait le syllogisme, il raisonnerait ainsi : amour fait ouille. Ouille est bête. D'où il s'ensuit : amour est bête. »

monstrueux bâtiments de pierre, tel le ministère des Finances. Chaque fois que je pensais à Hitler, je me sentais confortée dans ma conviction que Dieu n'existait pas. S'il existait, pourquoi n'avait-il pas écrasé Hitler sous une tête-de-nègre d'une tonne ?

Ma mère avait toujours cherché à me rapprocher de Dieu mais, adolescente, je ne pouvais tout simplement pas concevoir l'existence d'une quelconque puissance supérieure. Et puis, c'est difficile à imaginer quand on a une mère à l'hôpital avec le cancer, et un père qui fricote avec sa collègue des impôts. Peu avant sa mort, maman s'était soudain prise de passion pour le bouddhisme, sous l'influence de son infirmière d'origine indienne. Mais cette religion me paraissait à peine moins absurde que l'idée d'un dieu unique. À quoi cela servait-il de se réincarner en animal, sous prétexte qu'on n'avait pas été bon dans cette vie ? Quelle logique y avait-il là-dedans ? Comment cela pouvait-il vous rendre meilleur ? Et si vraiment tous les humains revenaient sous une forme animale, n'était-ce pas une bonne raison pour devenir tous végétariens ? Non, après la mort, il n'y avait que le néant et rien d'autre, j'en étais certaine. Comme avant la vie. S'il y avait eu quoi que ce soit, on s'en souviendrait.

« Daisy, m'avait dit maman à l'hôpital, d'une voix rendue toute frêle par la maladie. Tu as seulement peur de croire à quelque chose de plus grand.

— Et pourquoi aurais-je peur ? avais-je demandé avec un peu d'entêtement.

— Si tu croyais à quelque chose de plus grand, tu comprendrais aussi qu'il y a quelque chose de grand en toi.

— Ah oui ? Et quoi ?

— Tu le découvriras bien un jour. »

Je n'avais pas compris alors ce qu'elle voulait dire, et cela non plus n'avait pas changé. Il n'y avait tout simplement rien de grand en moi.

Pendant le trajet, je louchai constamment sur mon portable, essayant de lire sur l'écran fêlé – Apple devait faire la moitié de son chiffre d'affaires en réparant des iPhone tombés – le scénario envoyé entre-temps par Schmohel. La vache, ce n'était pas n'importe quoi ! Dans cette scène, je jouais avec Bond, James Bond. Incarné par un nouveau 007 : Marc Barton. Un acteur considéré comme le plus ambitieux de Hollywood, et qui avait été élu « homme le plus sexy du monde » par le magazine *People*. Il était marié avec l'actrice Nicole Kelly, elle-même élue « femme la plus sexy du monde » par le magazine *Esquire*. Le couple vivait dans un appartement ultrachic de New York donnant sur Central Park et, comparés à eux, Angelina Jolie et Brad Pitt ressemblaient à des petits-bourgeois des lotissements de Bremerhaven. Alors, de quoi aurais-je l'air, moi qui, à une élection de la « femme la plus sexy du monde », arriverais à la 2 782 346 338e place ?

Pendant que ces pensées me trottaient dans la tête, je continuais à lire sur mon portable. Si je comprenais bien, mon rôle était celui d'une informatrice française. Celle-ci indiquait à Bond le repaire d'un terroriste entré en possession d'un nombre d'ogives nucléaires bien trop considérable pour une personne mentalement instable. Hélas, dans cette scène, je devais effectivement échanger quelques phrases en français avec Bond. J'allais donc me couvrir de ridicule en beauté devant la superstar internationale Marc Barton.

Je ne paniquai pas pour autant. Une fois sur place, tout allait s'arranger à la satisfaction générale, espérais-je simplement. J'étais une grande partisane de la thèse selon laquelle la plupart des problèmes ne demandaient qu'à se résoudre d'eux-mêmes. Pour commencer, j'allais apprendre le reste de mon texte. Et arriver aux studios de Babelsberg. Et oublier le policier à moto qui me faisait des signes.

Le policier à moto qui me faisait des signes ?

Oh, mon Dieu, il y avait vraiment à côté de moi un policier qui me demandait de me ranger sur le bord de la route !

J'obéis et abaissai ma vitre. Très professionnel, le policier, qu'en d'autres circonstances j'aurais sans doute trouvé très mignon dans son uniforme de cuir, me questionna :

— Est-on censé regarder son portable en conduisant ?

— Oh, vous, je ne sais pas, mais moi…, objectai-je.

— La bonne réponse est : Non, nous ne devons pas le faire, me coupa le policier.

Il contourna la Coccinelle, et je priai pour qu'il ne remarque pas ma vignette de contrôle technique antédiluvienne.

— Vous n'avez pas passé le contrôle technique.

Fallait-il une preuve supplémentaire de la non-existence de Dieu ?

— J'y allais justement de ce pas, dis-je en souriant.

— Et qui va vous croire ?

— Euh… vous ?

Son regard s'assombrit, et je décidai de changer de stratégie. Ce serait tout de même un comble si le charme de cette bonne vieille Daisy n'opérait pas.

— Ne pourriez-vous pas fermer l'un de vos merveilleux yeux ? susurrai-je en le regardant droit dans les yeux en question.

— Ne vous fatiguez pas, je suis homosexuel.

Autant pour le bon vieux charme. J'essayai autre chose :

— Je serais ravie de vous présenter un très gentil danseur de mes amis avec qui on peut prendre beaucoup de plaisir…

— Et vous, vous allez me faire le plaisir de descendre de votre voiture et de me remettre votre permis de conduire.

— Mais ce danseur que je connais est un chippendale. Il joue le rôle du pompier, et il fait de ces trucs avec son tuyau d'arrosage…

Le policier me regarda encore plus sévèrement.

— … et, visiblement, ça ne vous intéresse pas, soupirai-je.

— Bien vu.

Abattue, je sortis de la voiture, remis les clés et mon permis et reçus en échange une contravention et des explications détaillées sur les démarches que j'aurais à effectuer si je voulais récupérer un jour mon véhicule, qui allait maintenant être enlevé. Le policier enfin reparti sur sa moto, je restai d'abord adossée à ma Coccinelle, accablée, puis, en jetant un coup d'œil à mon écran cassé, constatai que j'avais perdu dix précieuses minutes. Affolée, j'envisageai un instant de prendre le S-Bahn malgré tout. Mais, même à supposer que l'horaire soit respecté, j'arriverais une bonne demi-heure en retard aux studios, donc au-delà de tout délai de grâce. Et je n'avais pas un sou pour payer un taxi. Du moins, pas pour faire plus de sept cents mètres. Malgré cela, je me précipitai pour arrêter le premier que j'aperçus, y montai et demandai au chauffeur de m'emmener à Babelsberg. La question du paiement était un autre problème, qui aurait la bonté de bien vouloir se résoudre en son temps.

Je me rendis très vite compte que j'aurais peut-être dû mieux regarder le conducteur. À Berlin, on tombait parfois sur des chauffeurs de taxi très spéciaux, et celui-ci, avec ses tatouages, ressemblait à un combattant tchétchène nourri essentiellement de pitbulls. Quand, en arrivant à Babelsberg, ce type apprendrait que je n'avais pas de quoi payer la course, son niveau d'enthousiasme ne serait peut-être pas suffisant pour qu'il attaque une danse folklorique tchétchène.

En attendant, je m'efforçai de mettre un peu d'ambiance en lui parlant de l'inscription tatouée sur son cou de taureau bien rasé.

— Votre tatouage a l'air très intéressant. Qu'est-ce qu'il signifie ?

— Sang et honneur, répondit-il avec un rude accent.

J'aurais mieux fait de ne pas poser la question.

— Je me l'a fait faire en prison.

— Pourquoi donc étiez-vous en prison ? m'enquis-je avec curiosité.

— Parce que j'a fait meurtre.

« J'a fait meurtre » n'était pas une jolie phrase à entendre. Pas jolie du tout. En fait, une phrase de merde.

— Médecins dire je a problème contrôle de l'impulsivité.

— Pardon ?

— Ça vout dire je pas pouvoir contrôler ma agression.

— C'est ce que je craignais.

— Quoi ? aboya-t-il.

— Rien, rien, me hâtai-je de répondre.

— Mais je maintenant mieux contrôle moi, reprit-il un peu plus calmement.

— Cela signifie que vous ne pétez plus les plombs pour des petites choses ? demandai-je avec un mélange d'inquiétude et d'espoir.

— Pétites choses ? Quelles pétites choses ?

— Eh bien, si je prends un cas tout à fait improbable… supposons par exemple que quelqu'un ne puisse pas vous payer sa course…

— Non, là je pas péter plombs.

— Ah, bon.

Je respirai un peu.

— Je seulement casse jambes à lui.

Et cet instant prit la huitième place des pires moments de cette journée.

3

À l'entrée de l'enceinte des studios de Babelsberg, le gardien me dit qu'on m'attendait déjà. Il leva la barrière, et le taxi roula jusqu'à un grand bâtiment devant lequel je descendis.

— 54,20 euros, annonça l'homme au problème de contrôle de l'impulsivité.

Je répondis du ton le plus décontracté que je pus :

— Oh, laissez tourner le compteur, je reviens tout de suite.

Lorsqu'un problème ne se résolvait pas de lui-même, il fallait simplement le remettre à plus tard, telle était ma ferme conviction. Avec une telle philosophie, j'aurais certainement pu faire une grande carrière politique.

— Ça pas mon argent qui coule dans compteur, grommela le Tchétchène.

Ben justement, si, aurais-je dû lui répondre si j'avais été honnête. Mais je me contentai de lui adresser mon plus charmant sourire. Là-dessus, une fille d'environ trente-cinq ans à l'air soucieux et portant un casque audio sur la tête, probablement la preneuse de son, se précipita vers moi et me demanda :

— Es-tu Daisy Becker ?

— Il faut bien que ce soit quelqu'un, cherchai-je à plaisanter.

— Tu es en retard, répondit-elle sèchement, sans faire le moindre effort pour apprécier mon humour.

— Juste un tout petit peu, tentai-je de relativiser.

— Le manque de ponctualité est l'un des sept péchés capitaux, siffla-t-elle, telle la sorcière d'un film de Disney.

— Je ne crois pas que ce soit tout à fait…

— Et la contradiction en est un autre !

Je décidai qu'il valait mieux me taire, puisque tout ce que je disais semblait pouvoir être retenu contre moi. D'un geste brusque de la main, la femme aux écouteurs me fit signe de la suivre et nous entrâmes en courant dans le bâtiment des studios puis, après avoir longé quelques couloirs, dans la salle de maquillage, où une visagiste grassouillette m'attendait avec deux douzaines de mallettes de fards.

— Il faut rattraper le temps perdu, lança la femme au casque avant de s'en aller, toujours au pas de course, stresser d'autres personnes.

La maquilleuse à la face de lune me regarda d'un air ravi.

— Formidable ! s'écria-t-elle.

Une demi-seconde, je crus que ma tête lui plaisait. Mais elle ajouta aussitôt :

— J'aime les défis.

Quand elle eut terminé son travail, mon visage était plus séduisant qu'il ne l'avait jamais été. On aurait presque dit une vraie star. Je rayonnais de joie. C'est alors que la maquilleuse, moins enthousiaste, soupira :

— Enfin, on pourra peut-être en enlever encore un peu par ordinateur à la postproduction…

Je cessai instantanément de rayonner.

Là-dessus, la preneuse de son revint en coup de vent et m'entraîna trois salles plus loin, chez la costumière. Selon le scénario, je devais porter un vêtement de combat très ajusté. La vieille toupie de costumière fronça son nez ridé :

— Pour faire un justaucorps, encore faudrait-il disposer d'un corps.

— Mais j'ai un corps ! protestai-je.

— J'appellerais plutôt ça un flop.

Sans me laisser le temps de répliquer, la vieille bique entreprit d'énumérer tous mes défauts :

— Trop petite, trop grosses jambes, seins inégaux, postérieur qui pourrait servir de piste d'atterrissage pour hélicoptères…

... et des poings qui pourraient te faire sauter trois dents, complétai-je en pensée.

La bonne femme me fit enfiler un justaucorps en latex qu'elle adapta sur moi en y ajoutant quelques épingles. Quand je me regardai dans le miroir, toute ma colère contre elle tomba. Je me trouvais supersexy ! Dommage seulement que je ne puisse pas avoir une maquilleuse et une costumière dans la vraie vie aussi.

Moins enthousiaste, la vieille bique soupira :

— Enfin, on pourra peut-être en enlever encore un peu par ordinateur à la postproduction…

Ravalant ma déception, je me laissai de nouveau entraîner par la preneuse de son, qui me conduisit vers le plateau. Pendant que je m'efforçais de la suivre, elle m'expliqua que j'allais d'abord rencontrer le réalisateur, Steven Bendis. Je n'avais jamais entendu parler de lui, mais qui connaît les noms des réalisateurs des James Bond ?

La femme au casque s'arrêta devant un petit chauve vêtu de noir portant des lunettes de marque à monture rouge, qu'elle me présenta comme le réalisateur Bendis. Sa phrase à peine terminée, elle se mit à vérifier ses messages sur son Smartphone.

— Es-tu celle qui doit jouer l'informatrice française ? me demanda en anglais le réalisateur.

— Oui, et j'ai réfléchi à un petit détail, dis-je, essayant de résoudre, avec mon anglais à peu près passable grâce à une exposition prolongée aux séries télé américaines, le plus urgent de mes nombreux problèmes. Ne serait-ce pas beaucoup plus cool si l'informatrice était une Allemande plutôt qu'une Française ? Une Allemande qui aide un Anglais, ce serait tout à fait dans l'esprit de la réconciliation de l'après-guerre. Ce serait un symbole formidable…

— Sais-tu comment j'apprécie les comédiens de second plan qui ont des suggestions sur leur rôle ? me coupa le chauve.

— Pas trop ?

— J'aimerais mieux me faire passer le cerveau à la moulinette que de les écouter.

À l'évidence, cet homme n'était pas un chaud partisan de la hiérarchie horizontale.

— Écoute-moi, petite, dit Bendis en me montrant le décor de gravats. Ta scène se passe sur le toit d'un immeuble parisien pendant une attaque de missile. Immeuble, attaque de missile et hélicoptère seront ajoutés plus tard à l'ordinateur, poursuivit-il en désignant le mur vert.

Il marqua une pause, puis soupira :

— Dommage qu'on ne puisse pas faire ça avec Marc Barton aussi.

Visiblement, il y avait là quelqu'un qui n'aimait pas son acteur principal.

— Au fait, où est notre superstar ? demanda Bendis en se tournant vers la femme aux écouteurs.

— Barton vient de m'envoyer un texto pour dire qu'il a encore fait quelques modifications dans le scénario.

— Des modifications ? Encore ? s'écria le réalisateur d'un air franchement désespéré.

— Il voudrait que la scène ne se passe pas en haut d'un immeuble, mais sur la tour Eiffel. Il dit que les images seront meilleures.

— Mais… mais nous avons déjà tout mis en place…

Un court instant, je crus voir des larmes dans ses yeux. La preneuse de son haussa les épaules.

— Barton cherche toujours une meilleure solution. C'est vraiment un perfectionniste.

— Dans l'art de me rendre fou, oui !

— On parle de moi ? fit une voix derrière nous.

Tout le monde se retourna. Marc Barton était exactement comme dans les magazines sur papier glacé. Blond. Avec une barbe de trois jours et un sourire de jeune dieu. Il portait un jean et une chemise décontractée. Je n'avais encore jamais vu quelqu'un porter une chemise décontractée avec autant de décontraction. Il était accompagné d'un petit terrier Jack Russell qui le suivait partout. Boopsie, le chien du couple glamour de l'année, récemment élu par le magazine *Elle* « chien le plus gentil du monde ».

Le réalisateur lui demanda nerveusement, avec un léger reproche dans la voix :

— Tu veux vraiment que je déplace la scène sur la tour Eiffel ?

— Exact, sourit Barton.

Un sourire incroyable, à faire fondre n'importe quelle femme. À sa vue, même Angela Merkel se serait mise à chanter *What A Man.*

— Mais… mais il va nous falloir des heures pour revoir tout ça avec les gens des effets spéciaux !

— Eh bien, il n'y a qu'à décaler le tournage. Ce ne sera pas n'importe quel Bond, mais le meilleur Bond de tous les temps.

— Mais ça va coûter cher… très cher…

Des gouttes de sueur perlaient au front du réalisateur. Barton lui sourit, d'un sourire de requin qui vient de se faire blanchir les dents.

— Je suis fermement convaincu que tu peux assumer ce retard, et les coûts qui iront avec.

— Marc…, supplia le réalisateur, au désespoir.

— Et je suis fermement convaincu que tu sais qui a le pouvoir de te faire virer.

Le réalisateur devint tout pâle. Au même instant, il y eut un petit bruit d'explosion, et une puanteur se répandit dans l'air.

— Oh, fit Barton en caressant son petit terrier avec un sourire. On dirait que Boopsie n'a pas très bien supporté son repas vegan.

Le réalisateur, devenu pâle comme la mort, ne pipait plus mot. Barton se tourna vers moi.

— Et toi, qui es-tu, petite femme en latex ?

Marc Barton me parlait. À moi, Daisy Becker, de Bremerhaven ! Mon cœur battait très fort, j'avais les jambes molles, quant à ma cervelle, elle était déjà ramollie depuis longtemps. Pourtant, il fallait bien répondre quelque chose de spirituel.

— Grdll, dis-je.

J'avais espéré que ce soit un tout petit peu plus spirituel.

— Tu t'appelles Grdll ?

— Blmm.

— Elle a eu une attaque ? demanda Barton à la preneuse de son.

— Non, c'est seulement ta présence qui la rend muette.

Il me détailla de haut en bas et observa :

— Tu as un physique original.

Je souris comme une débile légère. Marc Barton me trouvait originale !

— Mais ce n'est pas forcément toujours bien d'être original, ajouta-t-il.

Mon sourire s'effaça d'un coup, et je retrouvai la parole :

— Que… qu'est-ce que ça veut dire ?

La femme aux écouteurs me jeta un regard sévère dont la signification était claire. Contredire la star faisait également partie des sept péchés capitaux.

— Je m'attends à ce qu'on mette la barre beaucoup plus haut lorsqu'une femme doit jouer dans un film de Bond, dit Barton avec un sourire condescendant.

Et si quelqu'un savait sourire avec condescendance, c'était bien cet homme-là. Malgré le regard d'avertissement de la bonne femme aux écouteurs, je ne pus m'empêcher de répondre sur un ton aigre-doux :

— Eh bien, on pourra peut-être en enlever un peu par ordinateur à la postproduction !

— Même la technologie la plus moderne a ses limites, sourit la star.

Aucun homme n'avait jamais perdu aussi vite son charme pour moi. Je ne le voyais plus que comme « l'homme le plus énervant du monde ».

— Mais il y a tout de même un point positif, dit-il, son sourire s'élargissant.

— Ah oui ? Lequel ? demandai-je, espérant malgré tout entendre dire un peu de bien de moi.

— C'est que j'ai déjà supprimé ton rôle dans le scénario.

— Grdll ?

— Mon James Bond est un James Bond du XXIe siècle. C'est un hacker de génie, qui n'a pas besoin d'aide pour obtenir des informations.

— Je vous en prie, monsieur Barton, le suppliai-je, oubliant toute fierté. J'ai besoin de ce rôle. Je suis en retard pour payer mon loyer, ma carrière est en panne…

— Et en quoi cela est-il mon problème ? demanda Barton avec ennui.

— Ce n'est pas votre problème, balbutiai-je. Mais vous pourriez faire une vraie bonne action…

— J'en fais déjà suffisamment, ma petite. L'année dernière, j'ai dépensé un million de dollars pour que des enfants africains reçoivent des cours d'art dramatique. De quand date ta dernière bonne action ?

Rien ne me vint à l'esprit.

— C'est ce que je pensais, sourit Barton en se détournant pour s'en aller. Je vais sur le tapis de course, appelez-moi quand le nouveau décor sera prêt.

Boopsie péta une dernière fois dans ma direction. Le nom de ce chien était décidément tout un programme[1] ! Maître et chien quittèrent le plateau, emportant avec eux mon rôle. Et ma dernière chance de payer mon loyer. Ou de payer ma course en taxi au briseur de jambes ayant un problème de contrôle de l'impulsivité.

Le réalisateur s'essuya le front avec un mouchoir et murmura tout bas :

— J'aurais dû écouter mes parents et devenir contrôleur de gestion.

Moi aussi, à cette heure, je regrettais de ne pas être contrôleuse de gestion.

Et le fait d'aspirer à un tel métier arriva en septième position des pires moments de cette journée. Ce fut également le dernier de la liste à être moins grave que notre mort.

---

1. *Bups* en allemand est l'équivalent de « prout » ! *(N.d.T.)*

4

Abattue, je me laissai démaquiller – ce qui dura une éternité, à cause de toutes les couches de fond de teint superposées –, puis me dirigeai vers l'antre de la vieille costumière. Au bout du couloir, le chauffeur de taxi tchétchène venait dans ma direction. Apparemment, il ne souhaitait pas attendre plus longtemps son argent.

— 139,80 euros ! me cria-t-il de loin.

Au lieu de répondre, je fis demi-tour comme si je ne l'avais pas vu et repartis en hâte dans l'autre sens. Lorsqu'un problème ne peut ni se résoudre de lui-même ni être remis à plus tard, il reste toujours la solution de fuir.

— 140 euros ! cria le Tchétchène.

Ce type devait avoir un taximètre intégré. Je me mis à courir et l'entendis se mettre à courir derrière moi. Après avoir tourné dans un autre couloir, je regardai autour de moi et aperçus le nom *Marc Barton* sur la porte d'une loge. Sachant que la star était sur le tapis de course, je décidai d'entrer et de me cacher là. La loge était littéralement bourrée d'objets de luxe. Trois téléviseurs haut de gamme, une chaîne stéréo

Bang & Olufsen, plusieurs équipements Apple et, au milieu de tout ce bazar dernier cri, un canapé en velours qui avait l'air d'avoir servi à Marie-Antoinette à poser son royal postérieur.

À peine avais-je refermé la porte qu'une violente odeur me monta au nez. Boopsie ! Le terrier courut vers moi. Et il savait aussi bien aboyer que péter. Mais il ne fallait surtout pas ! Sans quoi le chauffeur de taxi allait aussitôt rappliquer.

— Ferme ta gueule ! sifflai-je au chien entre mes dents.

Le cabot n'en aboya que plus fort, tout en pétant comme un fou. Malgré mon cerveau embrumé par la puanteur, je m'avisai que ce chien ne devait comprendre que les ordres en anglais, et je cherchai en hâte l'équivalent de « ferme ta gueule ».

— *Shut your gueule !*

Cependant, il était évident que ce n'était pas la bonne traduction. Boopsie frisait d'ailleurs l'apoplexie à force d'aboyer. Je finis par trouver :

— *Shut up !*

De fait, Boopsie « shuta up », mais uniquement parce qu'il était maintenant occupé à me mordre le mollet. De mon côté, je me mordis la lèvre pour ne pas me trahir par un cri et cherchai désespérément à faire lâcher prise au terrier, dont les dents s'enfonçaient de plus en plus dans mon mollet. La douleur devenait insoutenable. À force de secouer ma jambe, je parvins enfin à envoyer la bestiole valser au loin. Si loin qu'elle s'envola littéralement. Jusqu'à ce que le mur l'arrête. Boopsie poussa un bref jappement, et ce fut le silence.

— 141,20 euros ! cria le Tchétchène dans le couloir.

Je retins mon souffle, mais le bruit de pas s'éloigna et je respirai à nouveau. Puis je regardai le chien, toujours immobile au pied du mur. Je ne sais pas pourquoi, cela m'inquiéta. Je m'approchai et le poussai du pied. Aucune réaction. De plus en plus inquiétant. Je m'accroupis près de lui et le secouai. Rien. Cette fois, c'était même extraordinairement inquiétant. Affolée, je pris un miroir sur la table et le tins devant la gueule de Boopsie. Le miroir ne songea même pas à se couvrir de buée.

Oh… mon… Dieu ! J'avais tué Boopsie.

Le chien le plus aimé du monde.

Inutile de préciser que cet instant prit aussitôt la cinquième place des pires moments de la journée.

Pour comble, j'entendis alors Barton, dans le couloir, parler à quelqu'un sur son portable :

— *Call you later, Sugarbutt !*

En d'autres circonstances, je me serais sûrement étonnée que Barton appelle sa femme « p'tit cul en sucre », mais là, je me contentai de paniquer. Il n'était plus sur le tapis de course. Il allait entrer et me découvrir. Bien pire, il allait voir son terrier mort !

Je saisis le chien et le cachai en hâte derrière l'un des coussins moelleux du canapé ancien. Juste à temps. Barton, en tenue de sport décontractée, entrait dans la loge. Aussitôt, je me mis à jacasser :

— Vous êtes sans doute extrêmement surpris de me trouver dans votre loge, mais il y a une explication toute simple à cela, et c'est… et c'est…

Je n'en avais pas la moindre idée.

— Je sais ce que c'est, dit Barton en souriant.

— Ah bon ? m'étonnai-je.

— Tu n'es pas la première femme à venir me guetter dans ma loge.

Évidemment.

— Et tu n'es pas non plus la première à vouloir coucher avec moi pour un rôle.

Je me demandai tout à coup s'il allait réellement s'arranger pour que je récupère mon rôle, si je sautais dans son plumard. Pourquoi pas, finalement ? Si c'était le moyen de jouer dans un film de James Bond ? Il pouvait m'arriver des trucs bien pires que de coucher avec l'homme le plus sexy du monde pour favoriser ma carrière.

Barton s'avança lentement vers moi. Très lentement. Là, je commençai tout de même à me faire peur. Bien sûr, j'avais déjà eu pas mal d'aventures sans lendemain. Mais toujours sans contrepartie. Quelle femme serais-je, si je m'allongeais sur son canapé en velours pour obtenir un rôle ?

Là-dessus, il me revint brusquement à l'esprit qu'il ne fallait à aucun prix que cela arrive, sans quoi nous allions nous coucher sur le chien mort !

— Maintenant, j'aimerais rester seul, déclara Barton. Il faut que j'étudie de nouvelles modifications du scénario.

Je n'en crus pas mes oreilles. Il me jetait dehors ? Il ne voulait pas d'une petite partie de jambes en l'air avec moi ? Je n'étais pas assez bien pour lui ?

J'étais si choquée que je ne remarquai pas tout de suite qu'il s'asseyait sur le canapé. Quand je m'en rendis compte, il était trop tard. Barton s'adossa au coussin derrière lequel gisait feu Boopsie et constata au bout d'une demi-seconde :

— Il y a quelque chose de bizarre là-dessous…

— Eh bien, je vous laisse, puisque vous souhaitez être seul, déclarai-je précipitamment.

J'allais partir en courant, mais déjà, Barton soulevait le coussin, découvrait son chien mort et se mettait à trembler d'horreur.

— Euh…, bafouillai-je. Il y a une explication très simple à cela, et c'est… et c'est…

— Tu as tué Boopsie, dit-il avec stupeur.

— Oui, c'est un peu ça, admis-je d'une toute petite voix.

Barton prit Boopsie dans ses bras et le serra très fort contre lui, sans plus se soucier de moi. Je vis qu'il refoulait ses larmes, luttant contre elles comme s'il avait oublié qu'on avait le droit de pleurer. Malgré tout, il était évident qu'il avait adoré ce chien puant. Il y avait en Marc Barton un petit garçon. À qui je venais de faire très mal.

Quatrième place.

5

Après avoir réussi à m'enfuir des studios, je pris le S-Bahn, direction Berlin. Dans mon costume en latex. Sans rôle. Sans argent. Et avec un sentiment de ma valeur personnelle réduit à néant. J'avais volé l'une de mes colocataires, piqué le Brésilien de l'autre, arnaqué un chauffeur de taxi et tué le chien le plus aimé du monde, amenant au bord des larmes une star planétaire. Pire que tout, un court instant, j'avais été sur le point de vendre mon corps pour faire carrière.

Un mendiant entra dans le wagon et se mit à jouer l'air de *La Cucaracha* avec des cuillères. J'aurais tellement voulu pouvoir échanger ma vie contre la sienne !

Dans l'escalier de l'immeuble, je rencontrai Sylvie avec son fiancé Lars, interne à l'hôpital de la Charité, qu'elle surnommait affectueusement Larsi-Schmarsi. Lars était beau, intelligent, sportif. Tous les deux, ils allaient sûrement bientôt habiter une banlieue chic, boire du bon vin le soir devant la cheminée et mettre au monde une ribambelle d'enfants qui joueraient au hockey, iraient dans des internats anglais et passeraient le bac avec mention très bien. Alors que moi, j'aurais au maximum un enfant, parce que j'aurais été trop soûle, un soir, pour remarquer que le préservatif de l'un de mes amants de passage avait glissé. Et mon rejeton mal élevé taperait sur des enfants comme ceux de Sylvie et Lars.

— Oh, je vois que tu as trouvé un nouveau travail, s'amusa ma colocataire à la vue de mon costume en latex.

Apparemment, Yannis ne lui avait pas expliqué que j'étais partie tourner un James Bond et, à cet instant, je lui en fus reconnaissante. Je pris ma voix la plus décontractée pour répondre :

— Vois-tu, Sylvie, cela me vexerait davantage si ton fiancé n'était pas en train de loucher sur mes fesses en latex.

Sylvie jeta un regard furieux à son Larsi-Schmarsi, qui, pris sur le fait, détourna les yeux. Les deux premiers de la classe n'allaient pas passer une très bonne soirée[1].

— Tu vas te retrouver à la rue, siffla Sylvie entre ses dents.

Une hypothèse à laquelle, lentement mais sûrement, je commençais à souscrire.

Tandis que Sylvie entraînait son Larsi-Schmarsi vers l'escalier, j'entrai dans l'appartement, où Aïché passait justement dans le couloir avec une corbeille à linge. Devant mon costume en latex, elle eut d'abord un air perplexe, qui se mua très vite en pitié. Contrairement à Sylvie, elle semblait se souvenir que nous avions été bonnes amies.

1. *Mémoires* de Casanova : « Montre-moi l'humain qui ne convoite pas le fruit défendu, et je te montrerai une erreur de la nature. »

— Il faut vraiment que tu changes de vie, Daisy, me dit-elle gentiment.

Elle ne m'expliqua pas le mode d'emploi, hélas, mais repartit vers sa chambre. Elle ne m'avait pas engueulée à propos des toilettes pas nettoyées, c'était toujours ça.

— Ça ne s'est pas trop bien passé là-bas, dit Yannis en me souriant depuis la porte de la cuisine.

— Qu'est-ce qui te fait croire ça ? demandai-je avec lassitude.

— Je t'ai déjà vue plus heureuse. Mais rarement plus malheureuse. Et jamais habillée en latex.

— Tu sais de quoi j'ai besoin maintenant ?

— Bien sûr que je le sais, dit-il en souriant. D'un amaretto.

L'amaretto était notre boisson à nous depuis nos douze ans, un âge où le véritable alcool nous paraissait encore beaucoup trop violent. Nous en buvions dans du chocolat chaud chaque fois que l'un de nous deux avait besoin de se consoler. C'était notre rituel. Oui, quand les problèmes ne se résolvaient pas d'eux-mêmes, qu'on ne pouvait pas les remettre à plus tard et qu'il n'y avait pas moyen de fuir, il restait toujours la solution de se soûler.

Dans la salle de bains, j'ôtai mon harnachement en latex, fis partir l'odeur sous la douche et enfilai un jean et une veste à capuche avant d'aller retrouver Yannis dans sa chambre bourrée de livres d'histoire et de cartes des guerres puniques. Au fait, les Puniques existaient-ils encore ? Qui le savait, à part Yannis et ses collègues historiens ? Les Puniques eux-mêmes le savaient-ils ?

Comme autrefois, je m'assis par terre avec Yannis

pour écouter du Tom Waits au milieu des bâtons d'encens. Au bout de trois tasses de cacao à l'amaretto, Yannis me demanda :

— Veux-tu me raconter ce qui s'est passé ?

— Non, je ne veux pas.

— Mais tu vas me le raconter quand même ?

— S'il le faut.

— Tu n'es pas obligée.

— Merci.

— On pourrait aussi regarder un film.

— Super idée.

Chaque fois qu'il était question de regarder un film en période de crise, nous choisissions *Alien*. Avec celui-là, pas de danger de voir des gens plus heureux que nous.

Juste avant le moment où le monstre jaillit de la poitrine de l'astronaute, Aïché entra dans la chambre et s'écria d'un air indigné :

— C'est vraiment pas possible !

— Je t'en prie, laisse-moi tranquille avec les toilettes à nettoyer, dis-je d'une voix morne, et aussi un peu embrumée par les nombreux amarettos absorbés à jeun.

— Je ne te parle pas des toilettes !

— Bon, dis-moi tout. Le Brésilien a pissé ailleurs ?

— Je te parle de ça !

Et elle me tendit son Smartphone. Où elle avait affiché *Spiegel Online*. Avec ma photo. Surmontée de ce titre : UNE EX-ACTRICE DE SÉRIE TÉLÉ TUE LE CHIEN LE PLUS AIMÉ DU MONDE.

Numéro trois des pires moments de la journée.

Yannis lut l'article et, se tournant vers moi, déclara d'une voix douce :

— Ce serait le moment de nous dire que tout cela est une erreur.

Je ne pouvais pas le dire. Ni quoi que ce soit d'autre. J'étais au bout du rouleau. Je serais pour toujours la femme qui avait tué Boopsie. On ne me proposerait plus jamais de boulot, à part dans *Koh-Lanta*. Je ne pouvais même pas fuir au bout du monde pour vendre des lunettes de soleil sur une plage, puisque le chien de Barton était connu sur toute la planète.

Aïché s'en alla en secouant la tête. Yannis mit *Alien* sur pause. Le film s'arrêta sur l'image du monstre sortant de la poitrine de l'astronaute. À présent, même ce type me paraissait enviable. Tandis que je luttais contre les larmes, Yannis me regardait toujours aussi gentiment. Ce que je ne méritais pas du tout.

— Je suis vraiment une sale conne.

— Mais non, Daisy.

— Une pauvre conne ?

— Non plus.

— Une sale thonne ?

— Il ne faut pas te haïr comme cela, dit Yannis.

— Oh, que si, il le faut !

Et je me mis à pleurer.

— Non, il ne faut pas, répéta Yannis en me prenant dans ses bras.

Je pleurai contre sa maigre poitrine de poulet. Je n'avais pas pleuré comme ça depuis la mort de ma mère. À l'époque, Yannis m'avait tenue dans ses bras de la même façon. Aujourd'hui encore, à la fin de ma crise de larmes, il m'essuya la joue d'un baiser. Mais cette fois, je n'étais amoureuse de personne. Alors, je lui ôtai ses lunettes et lui rendis son baiser. Je l'embrassai, il m'embrassa… et, de fil en aiguille, nous avons couché ensemble.

Yannis était l'homme le plus tendre qui m'ait jamais

touchée. Après cela, n'importe quelle femme de bon sens l'aurait gardé pour toujours. Mais on ne m'avait encore jamais reproché d'être de bon sens. Je n'étais pas digne de lui, et je le lui dis.

— Laisse-moi en juger, répondit-il en me regardant avec amour.

Même si son amour était ce qu'il y aurait eu de meilleur pour moi, je ne pouvais pas y répondre. Je me haïssais trop pour cela.

Je sortis du lit et me rhabillai.

Yannis remit ses lunettes et me regarda d'un air profondément blessé, mais garda le silence jusqu'au moment où j'enfilai mes chaussures de sport. Alors, la voix et les yeux pleins de pitié, il me dit :

— Sylvie a raison, tu ne comprendras jamais ce qu'est l'amour.

Cela me toucha au vif. Je saisis la bouteille d'amaretto et quittai la chambre sans répondre, sachant parfaitement que j'avais détruit notre amitié.

J'étais vraiment une sale conne.

Deuxième place.

6

Notre mort, à Barton et à moi, ne fut pas la plus stupide qu'on ait jamais connue sur cette terre. Ce titre revient au décès d'un certain Garry Hoy, le 9 juillet 1993. Selon Wikipédia, cet avocat voulait démontrer à un groupe d'étudiants que les vitres du Dominion Center de Toronto étaient à toute épreuve. Il choisit de faire cela au 24e étage. Il prit son élan et se jeta contre la vitre. Le verre n'était pas incassable.

Qu'avait pu penser ce type en tombant ? Pourquoi n'ai-je pas fait faire le test par mon assistant ? Si seulement je n'avais pas été un petit con prétentieux ? Ai-je encore le temps d'essayer de me mordre les fesses ?

Quant à moi, je pensais à bien autre chose au moment de ma mort.

Après m'être enfuie de l'appartement, je traînai sans but, la bouteille d'amaretto sous le bras, dans l'animation de la nuit berlinoise. Je passai devant un kiosque à journaux. *Bild* avait mis ma photo en une, surmontée de ce titre : UNE TUEUSE DE CHIENS FOLLE ASSASSINE BOOPSIE !

Tueuse de chiens folle. Qui ne rêvait d'entrer dans l'histoire avec une telle réputation ?

La vue du journal eut malgré tout un effet positif : je cessai de penser à Yannis. Les yeux fixés sur la page, je me mis à réfléchir. Ne devais-je pas aller expliquer à Barton que j'avais eu très peur d'un chauffeur de taxi tatoué, que le type était à mes trousses et que, sans cela, Boopsie serait encore en vie ? Barton me pardonnerait peut-être. Oui, sûrement. Ensuite, nous donnerions ensemble une conférence de presse au cours de laquelle le célèbre acteur me réhabiliterait aux yeux du monde et, comme je serais devenue célèbre moi aussi, on me proposerait même toutes sortes de rôles.

D'accord, j'admets que ce fantasme était imbibé d'amaretto et pas très criant de réalisme. Mais pourquoi ne pas au moins essayer ? Qu'avais-je encore à perdre ?

Selon la presse, Barton logeait à l'hôtel Adlon pour la durée du tournage. Je devais trouver un moyen de pénétrer dans sa suite. Mais, soûle et trempée par la pluie comme je l'étais en ce moment, je me ferais jeter dehors dès la réception. Il valait peut-être mieux me contenter d'attendre devant la porte à tambour avec les chasseuses d'autographes qui faisaient le guet nuit et jour dans l'espoir d'apercevoir la star internationale. Cependant, ce plan avait un inconvénient : si jamais les chasseuses d'autographes me reconnaissaient, elles voudraient certainement lyncher la meurtrière de Boopsie. Je me plantai donc sur le trottoir d'en face, à l'écart des réverbères, et me laissai tremper par la pluie, réchauffée par l'amaretto et par l'espoir d'une possible apparition de Barton.

Au bout d'un moment, les chasseuses d'autographes se mirent soudain à pousser des cris aigus et, un court instant, je craignis d'avoir été découverte. Mais non, c'était seulement une Lamborghini jaune qui s'avançait, conduite par un employé de l'hôtel. Barton sortit par la porte à tambour. Il fit un petit signe à ses fans, signa quelques autographes et monta dans sa caisse de luxe. Il voulait probablement écumer la nuit berlinoise, se rendre dans un night-club ou un bar, ou chez une femme qui lui demandait un rôle et qu'il trouvait assez bien pour lui. C'était une de ces situations où on se dit : « C'est maintenant ou jamais », et où, après coup, on regrette de ne pas avoir choisi le « jamais ».

Je jetai à terre ma bouteille d'amaretto vide et, tandis que Barton faisait tourner le moteur, traversai la place à toutes jambes. Juste au moment où la voiture démarrait, j'ouvris la portière côté passager et me jetai à l'intérieur. La Lamborghini fonça. Je claquai précipitamment la portière, et Barton se tourna vers moi d'un air effaré. Il lui fallut quelques instants pour me reconnaître.

— Toi ?

— Essssact, bredouillai-je, car j'avais vraiment bu un peu trop d'amaretto.

La mine de Barton s'assombrit. Je tentai de rompre la glace en le complimentant sur sa voiture :

— Chholie Lambosini... Lambochichi... Lambochhhhhhhhhhhh... Cholie voidure.

— Bon Dieu, qu'est-ce que tu fous ici ? vociféra Barton en prenant un virage à une vitesse exagérée.

— Chmscz, répondis-je.

— Quoi ?

— Chmscz.

— Tu peux le dire avec les voyelles ?
— Sûûûûûr !
— QU'EST-CE QUE TU FOUS ICI ?
— Che mmmm'esssscussss.
— Je ne te pardonnerai jamais la mort de Boopsie !
De rage, Barton appuya à fond sur l'accélérateur et fit crisser les pneus en tournant à angle droit dans une rue, puis une autre. Tous ces virages ne formaient pas un bon mélange avec la forte odeur de cuir neuf des sièges.
— Chme zens mal, gémis-je.
— Quoi ?
Barton ne cessait de changer de file pour doubler d'autres voitures.
— Mal…
— Je ne comprends pas ce que tu dis.
Je vomis sur le tableau de bord.
Cette fois, il avait compris.
— SORS DE LÀ !
Pas très simple, à cette vitesse.
— TOUT DE SUITE !
— Le gamio…, balbutiai-je.
— Qu'est-ce que tu racontes encore ? s'écria Barton, rouge vif de colère.
— Le gamio ! répétai-je, prise de panique.
— Quoi ?
Je tendis le doigt vers l'avant.
— GAMION !
Enfin, Barton regarda à travers le pare-brise. Il enfonça aussitôt la pédale de frein, mais trop tard. La Lamborghini dérapa sur la chaussée humide et s'encastra dans le camion de livraison d'un fabricant de yaourts.

7

Au moment de mourir, paraît-il, on voit sa vie entière défiler devant ses yeux. Pourtant, ma tête ne fut traversée par aucune image des innombrables fêtes auxquelles j'avais participé, ni des innombrables aventures d'une nuit que j'avais connues, dans un lit, une voiture ou divers lieux publics. Il ne m'était absolument rien resté de tout cela.

Je me vis seulement lançant des mots cruels à ma mère. Je vis le moment de sa mort. Je me vis crier devant mon père, faire ma valise et le chasser pour toujours de ma vie. Je me vis aussi tromper et voler mes deux meilleures amies. Puis Yannis, lorsque je l'avais laissé dans son lit et qu'il m'avait regardée avec pitié en disant : « Tu ne comprendras jamais ce qu'est l'amour. »

J'étais morte sans avoir vraiment aimé.

Et l'instant où je compris cela – au milieu du yaourt à la vanille – fut le pire des pires moments de cette journée.

Après ce terrible constat, je volai, nue, dans un néant blanc où il n'y avait ni haut ni bas ni droite ni gauche, en direction d'une grande lumière. Une lumière merveilleuse et toujours plus brillante, qui rayonnait de tout l'amour que je n'avais jamais trouvé de mon vivant. Ni même cherché.

La lumière commença à m'envelopper. J'oubliai tous mes chagrins pour ne plus éprouver qu'un grand sentiment de sécurité. Tout à fait extraordinaire. Et pour la première fois depuis bien longtemps. Non, pour la première fois de ma vie !

Je voulais entrer dans cette lumière. Y rester pour toujours. Jamais je n'avais autant désiré quelque chose.

Mais, hélas, la lumière ne partageait pas ce désir. Elle me repoussa. Elle ne m'aimait pas. Et pourquoi m'aurait-elle aimée ?

Mon âme en eut si mal que je perdis conscience.

8

Lorsqu'on se réincarne en fourmi, on ne comprend pas immédiatement ce qui s'est passé. Le processus de pensée se déroule à peu près de la façon suivante : Où diable suis-je ? Voyons voir… Ça ressemble à un tunnel. Mais pas un tunnel de béton. Celui-ci est en terre. Une terre humide, qui sent le renfermé. Qui construit des tunnels pareils ? À part les gens qui veulent dévaliser une banque ?

Oh, il y a de la lumière là-bas ! Mais elle ne ressemble pas du tout à la merveilleuse lumière de tout à l'heure. On ne s'y sent pas en sécurité. C'est plutôt une lumière au bout du tunnel. Je devrais peut-être aller voir ? Oui, ça paraît une bonne idée. Sortir du noir. De l'humidité. Allons-y ! Daisy, bouge tes pattes fatiguées, engourdies par l'alcool !

Hé là ! Minute… Pourquoi ai-je tant de peine à me mettre en mouvement ? Serait-ce par hasard parce que j'ai six pattes ? J'AI SIX PATTES ?

Ce ne sont pas mes jambes ! Ça ne peut pas être mes jambes. Je n'en ai que deux. Et elles sont beaucoup plus grandes. Et plus grosses. Une fois, l'un de mes amants d'une nuit m'avait même dit qu'il aimait bien mes cuisses à la Rubens. Heureusement pour lui, je n'avais cherché le nom de Rubens que le lendemain sur Wikipédia, sans quoi je lui aurais accommodé les œufs à la Dalí !

Je ferais mieux de jeter un coup d'œil à ces six pattes. Elles… elles sont rouges ! De plus en plus étonnant. Et qu'est-ce qui se balance là, juste devant ma tête ? Quand même pas d'autres pattes ? Non, ça n'aurait pas de sens, à quoi serviraient deux pattes sur la tête ? Ce doit être autre chose. Des… des… des… ANTENNES ?

C'est un cauchemar. Oui, c'est ça, je suis dans un cauchemar. Je vais me pincer le bras et je me réveillerai. Mais lequel de ces six trucs tout maigres est mon bras ? Et quand je l'aurai trouvé, avec quoi diable vais-je me le pincer ? Je n'ai plus de mains, encore moins de doigts !

Je crois que je vais juste me donner un coup d'une patte contre une autre. La douleur me réveillera sûrement. Voilà, c'est très simple, je prends mon élan de la patte avant gauche… je la balance contre la patte avant droite, et… AÏE ! LA VACHE, QU'EST-CE QUE ÇA FAIT MAL !!!

Comme on l'a peut-être déjà deviné, la douleur ne me réveilla pas, mais mon geste me fit perdre l'équilibre et je m'étalai de tout mon long. Ce n'était donc pas un rêve ! Je m'étais changée en je ne sais quelle espèce de monstre, comme dans les *Alien*.

À peine avais-je compris cela qu'une fourmi rouge s'avança vers moi. Une sacrée grosse fourmi rouge. Elle était presque aussi grande que moi !

J'eus si peur que je crus que j'allais faire dans mon pantalon. Ce qui suscita aussitôt en moi trois réflexions : 1/ Je n'avais pas de pantalon. 2/ C'était une fourmi géante ! 3/ Dans une telle circonstance, ne pas avoir de pantalon était un détail négligeable.

La bestiole s'arrêta devant moi, mais ne fit aucune tentative pour m'attraper. Elle ne voulait pas se battre. Au lieu de cela, elle me regarda d'un air effrayé et demanda :

— Suis-je une fourmi aussi ?

— Une vourmi ? répétai-je, constatant à cette occasion que, même dans ce nouveau corps, j'étais toujours ivre, et que l'alcool n'avait donc pas seulement un effet sur le corps, mais aussi sur l'âme et l'esprit.

Cependant, lentement mais sûrement, je raccrochais enfin les wagons. Six pattes, deux antennes, une fourmi qui me demande si elle est elle aussi une fourmi, tout cela additionné donnait : OH, MON DIEU, JE SUIS UNE FOURMI !

Un peu décontenancée, l'autre fourmi me questionna :

— Serais-tu par hasard la folle qui a tué Boopsie ?

Cette fourmi devant moi… était… Barton ?!?

La situation atteignait à chaque instant des valeurs inégalées sur l'échelle ouverte de l'aberration.

Comme, dans ma frayeur, je ne répondais rien, la fourmi Barton redemanda :

— C'est toi, la folle ?

— Che m'appelle pas la folle, che m'appelle Taichy, répondis-je en m'efforçant de garder mon sang-froid.

— Ton nom est Taichy ? s'étonna Barton-la-fourmi.

Les choses dont on est capable de s'étonner dans des situations extrêmes ! Je tentai de le corriger en bafouillant :

— Pas Taichy… Taichy !

— C'est ce que je disais : Taichy.

— Che m'appelle Taichy.

Barton secoua sa tête de fourmi avec résignation, puis reprit :

— Très bien. Ce que je voudrais savoir, Taichy…

— TAICHY !

Bien sûr, nous ne débattions avec autant d'ardeur au sujet de mon prénom que parce que nos cerveaux préféraient avoir à traiter des questions accessoires, plutôt que d'affronter notre transformation en fourmis.

— Je vais simplement continuer à t'appeler « la folle », d'accord ?

— Taichy… Taich… Taich… Bon, d'accord pour « la folle »…

Nous avions bien assez de problèmes comme cela.

— Très bien. Dis-moi, la folle, sommes-nous tous les deux devenus des fourmis, ou bien est-ce une hallucination ?

Je me relevai sur mes six pattes et observai Barton. Sa tête de fourmi. Ses antennes de fourmi. Ses pattes de fourmi. Il était légèrement plus petit que moi. Ne m'avait-on pas raconté quelque chose au sujet des fourmis femelles qui seraient généralement plus fortes et plus grandes que les mâles ? Si seulement j'avais fait un peu attention en cours de biologie, au lieu de regarder sans cesse ma montre et de compter les nanosecondes jusqu'à la fin de l'heure !

Je ne savais presque rien de ces bestioles, mais j'étais sûre d'une chose : tout cela paraissait bien trop réel pour être une hallucination. Il m'était déjà arrivé d'avaler des pilules que j'aurais dû éviter, et je connaissais la différence. Je répondis donc :

— Che crains que nous choyons des vourmis.

— Oh, bip ! jura Barton, comme à la télé quand on met des bips sur les mots pas vraiment pour tout public.

— Abcholument, renchéris-je.

— Mais comment cette biperie de bip a-t-elle pu arriver ?

Je me mis à réfléchir… réfléchir… et me souvins de ce que maman m'avait dit sur son lit de mort à propos de la migration des âmes. Il n'y avait qu'une seule explication possible à nos corps de fourmis :

— Ringarnachon.

La fourmi Barton me regarda d'un air interrogateur.

— Réingarcha… Réincharga… Migrachon des âmes !

— Ça veut dire que… nous sommes morts ?

En tout cas, je n'avais rien de mieux à proposer.

— Nom de bip !

Avant que j'aie pu approuver, une voix douce qui rappelait un peu celles des vidéos d'hypnose s'éleva :

— Oui, c'est la vérité. Vous êtes morts tous les deux.

Nous nous retournâmes, effrayés. Une fourmi rouge d'une taille extraordinaire se tenait devant nous, si grosse qu'elle bouchait presque le tunnel.

— Qu'est-che que ch'est ?

— Je suis Siddhârta Gautama, répondit la grosse fourmi avec un sourire béat, trouvant visiblement formidable d'être Siddhârta Gautama. Peut-être mieux connu de vous sous le nom de Bouddha.

Tandis que la fourmi Barton restait bouche bée d'étonnement, je me souvins de la statuette de Bouddha que l'infirmière indienne de l'hôpital avait offerte à ma mère et protestai :

— Pouttha est pas une vourmi.

— J'apparais aux humains sous la forme dans

laquelle ils se sont réincarnés. Vous êtes réincarnés en fourmis, je vous apparais donc en fourmi, dit la grosse bestiole avec un large sourire.

Barton retrouva sa langue.

— Nous sommes donc vraiment morts ?

— Oui, c'est ainsi.

— Bip, bip et encore bip !

— Chuis de chon afis.

Il y avait donc autre chose que le néant après la mort. C'était très surprenant. En tout cas pour moi. Et très inquiétant, par-dessus le marché.

Barton se planta devant la fourmi Bouddha et lui demanda avec colère :

— Peut-être pourrais-tu me dire pourquoi, nom de bip, je suis maintenant une bip de fourmi ?

— Parce que vous l'avez mérité. Tous les deux.

— Pas moi, je n'ai pas mérité ça !

— Les humains qui n'ont pas été bons envers les autres et ont donc amassé du mauvais karma se réincarnent en insectes, c'est comme ça.

— J'ai été bon pour les autres !

Comme j'aurais aimé pouvoir dire cela de moi ! Mais je ne pouvais même pas prétendre avoir été seulement couci-couça envers les autres…

— J'ai même été bipement bon !

De rage, Barton tremblait de tout son petit corps de fourmi. Bouddha lui sourit largement.

— Ah oui ?

— Oui ! J'ai dépensé je ne sais combien de bip de millions pour des bip-bip de pauvres, alors, je devrais être dans ce bip de paradis, et même avec une foule de bip-bip de vierges que je pourrais biper !

Je n'avais pas l'impression que cet exposé fût de nature à emporter l'adhésion de Bouddha.

— Si je suis une fourmi, qu'est-ce qu'on fait donc aux dictateurs ? Cet embipé de Hitler, l'embipé de Staline et l'embipé de George W. Bush ?

— Chorche est touchours fifant, objectai-je.

— Tu m'aides beaucoup, la folle !

— Les dictateurs se réincarnent en autre chose, répondit la grosse fourmi.

— Ah voui ? En goi ? voulus-je savoir.

— En bactéries du côlon.

Ainsi, Hitler vivait maintenant dans l'archipel des Hémorroïdes ?

— Tu ne peux pas me faire une biperie pareille !

Au lieu de répondre, la grosse fourmi Bouddha sourit comme si elle avait affaire à un petit enfant, puis nous tourna le dos et s'éloigna.

— Reste ici ! lui cria Barton.

Tout à coup, Bouddha fut enveloppé d'une lumière blanche aveuglante. Par réflexe, nous nous cachâmes les yeux derrière nos antennes. Quand la lumière disparut, Bouddha n'était plus là.

— Cha, ch'est de la téléportachon, fis-je, impressionnée.

— Quel *motherbipper* !

Barton dressa son nouveau corps de fourmi et, de rage impuissante, se mit à cogner des deux pattes de devant sur la paroi du tunnel. Un peu de terre s'effrita. Il continua à frapper, frapper, frapper… Enfin, il se remit sur ses six pattes, baissa tristement sa tête de fourmi et, se parlant plutôt à lui-même, déclara :

— Je voulais pourtant faire encore tellement

de choses dans ma vie… tourner tant de films extraordinaires…

En ce qui me concernait, j'aurais déjà été bien contente si j'avais pu être une seule fois dans ma vie au générique d'un film à peu près peu correct.

— … gagner des Oscars…

Je n'avais pas eu l'occasion de me poser ce genre de question.

— … avoir des enfants…

Des enfants ? Je n'y avais vraiment jamais pensé. À part pour vérifier, en m'efforçant de m'imaginer entourée de moutards aussi abominables que possible, que je n'avais pas l'étoffe d'une bonne mère. Et maintenant que j'étais certaine de ne plus jamais l'être, je constatais avec stupeur que cela me causait un léger pincement à l'endroit de mon nouveau corps où devait se trouver mon cœur de fourmi. Je n'aurais jamais cru que cette idée puisse un jour me faire mal, si peu que ce soit.

— Maintenant, je suis mort et tout est fini…, gémit Barton.

Bien qu'ayant moi-même une grosse envie de pleurer, je m'approchai de lui pour le consoler :

— Chtrictement parlant, nous ne chommes pas morts du tout…

Il me regarda avec colère.

— Nous chommes fifants…

Cette fois, il approcha son visage du mien, et je remarquai que les yeux des fourmis étaient constitués de centaines de minuscules facettes. Jamais autant d'yeux ne m'avaient regardée avec autant de haine.

— Toi, la folle, c'est ta faute si je suis là !

Et je pensai : *Aïe, bip, il a raison !*

9

Barton regardait fixement les parois de terre humide. Sans doute songeait-il à tout ce qu'il avait perdu : une femme merveilleuse, l'amour de millions de fans, ses voitures de course, ses villas, l'amitié de plusieurs autres stars, et surtout, un avenir splendide.

Je me mis moi aussi à réfléchir à ce que j'avais perdu en mourant, mais cela me prit beaucoup moins de temps qu'à lui. En fait, il n'y avait réellement que Yannis qui me manquerait. De plus, à bien y regarder, je l'avais déjà perdu comme ami avant l'accident. Et maintenant, je ne le reverrais plus jamais.

Ce constat me rendit subitement mes esprits. Les vapeurs de l'alcool enfin dissipées, je luttai contre les larmes. Barton me regardait avec mépris, sans la moindre pitié dans ses innombrables mini-yeux, et il n'était pas question de pleurer devant un homme… euh, devant une fourmi au cœur aussi dur. J'étais trop fière pour cela ! Ravalant mon chagrin, je décidai de montrer à Barton comment on faisait preuve de grandeur dans une telle situation :

— Pardonne-moi.

Barton parut surpris.

— Quand on a fait une connerie, il faut toujours s'excuser. C'est ce que m'a appris ma mère.

C'était surtout ce qu'elle me disait quand nous nous étions disputées mais, en réalité, je n'étais jamais allée jusqu'à ravaler ma fierté d'ado pour lui demander pardon.

— Une connerie ? Une connerie ? s'indigna Barton. Ce que tu as fait là est bien plus qu'une connerie. Bon Dieu, tu m'as tué !

— Ce n'est pas tout à fait vrai, objectai-je, profondément affectée de son refus d'accepter mes excuses. Si tu n'avais pas conduit comme un cinglé et si tu avais regardé devant toi, nous ne serions pas rentrés dans le camion.

— Tu es montée en marche dans ma voiture, objecta-t-il à son tour. Voilà pourquoi j'étais distrait.

— Je suis montée dans ta voiture parce que, sans cela, tu n'aurais jamais accepté de parler avec moi.

— Tu as aussi tué Boopsie.

— C'était un accident.

— Comment diable peut-on tuer un chien par accident ?

— En le projetant contre un mur avec sa jambe.

— Et c'est ce que tu appelles un accident ?!?

Je tentai de m'expliquer :

— Eh bien… il y a eu ce Tchétchène…

— Un Tchétchène ?

— Je suis montée dans son taxi… à cause du policier pédé…

— Un policier pédé ? demanda Barton, comprenant de moins en moins.

— Il s'est fâché parce que ma voiture n'avait pas la vignette du C.C.T.

— Du C.C.T. ?

Barton avait l'air de penser que je me payais sa tête. Évidemment, ça devait faire des années qu'il n'avait pas conduit lui-même une voiture au garage.

— Oui, du centre de contrôle technique. C'est l'organisme qui délivre les vignettes pour…

— Ça suffit !

Il me tourna le dos.

— Je ne suis pas la seule responsable de ce foutoir ! dis-je avec colère.

— Oh, que si !

— Si tu n'avais pas été un tel salaud, je ne me serais jamais trouvée dans ta loge avec ton Proutie.

— Comment ça ?

— Nous aurions dû être sur le plateau à tourner ma scène. Mais toi, il fallait absolument que tu modifies le scénario.

— Un vrai artiste doit garder le contrôle de l'ensemble du produit.

— N'importe quoi. Tu voulais seulement montrer au réalisateur lequel de vous deux avait la plus longue.

— C'est moi qui ai la plus longue.

— Plus maintenant.

Je pointai une antenne en direction de son abdomen, et Barton examina avec horreur sa nouvelle anatomie de fourmi. Il avait perdu encore autre chose d'important pour lui.

— En réalité, tout cela est même entièrement de ta faute, l'accusai-je. Nous ne serions pas ici si tu n'étais pas aussi égoïste.

Il leva les yeux de son abdomen, et je lui balançai en plein dans sa figure de fourmi :

— C'est à cause de toi que je suis morte, sale thon !

Laissant Barton en plan, je partis en direction de la lumière au bout du tunnel. Dans mon dos, je l'entendis se demander :

— Sale thon ? Qu'est-ce qu'elle a voulu dire ?

10

En émergeant à l'air libre, je ne pus tout d'abord rien voir, aveuglée par la lumière. Puis mes centaines de facettes oculaires s'accoutumèrent peu à peu au jour, et j'aperçus autour de moi des brins d'herbe qui montaient vers le ciel, aussi hauts que des arbres. Le soleil brillait, l'air frais ne sentait plus le renfermé comme celui du tunnel, mais ma situation ne s'était guère améliorée pour autant. Comment allais-je survivre ici ? Trouver à manger ? D'ailleurs, qu'étais-je censée manger en tant que fourmi ? À part des miettes dans une cuisine ? Zut, mon prof de biologie aurait tout de même pu me dire que son cours ne me servirait peut-être à rien dans cette vie, mais qu'on ne savait jamais pour la prochaine !

D'un autre côté, qu'est-ce que je risquais ? Si je ne trouvais rien à manger, je mourrais de faim et je me réincarnerais. C'était donc un moindre mal. En même temps, mourir de faim était une mort assez atroce, que l'idée de se réincarner ne devait guère adoucir. En tout cas, j'étais débarrassée de Barton. J'avais sûrement mieux à faire que partager ma nouvelle vie avec ce type arrogant et subir ses reproches.

— Aïe, bip, ça fait mal aux yeux ! jura-t-il soudain derrière moi en s'extrayant du trou.

— Qu'est-ce que tu fiches là ? lui demandai-je avec agacement.

— Suis-je censé rester à examiner les parois du tunnel ? répliqua-t-il, encore aveuglé par le soleil.

— S'il ne tient qu'à moi, oui.

Commençant à regarder autour de lui, Barton posa la question que je m'étais posée à moi-même un peu plus tôt :

— Que mangent donc ces bip de fourmis ?

— Ne pourrais-tu pas arrêter un peu de dire des gros mots ? Tu ne faisais pas ça sur le tournage.

— Parce qu'il n'y avait pas encore ces bip de fourmis.

— Mais il y avait déjà un idiot.

— Mieux vaut un idiot qu'une folle.

Comme je n'avais pas envie de continuer à me quereller avec lui, je proposai :

— Écoute, si nous partions chacun de son côté ?

— Tout à fait d'accord avec ça.

— Je pars vers la gauche, et toi vers la droite.

— Non.

— Non ?

— Un Marc Barton ne se laisse pas dicter de quel côté il doit aller.

— Et un Marc Barton parle donc de lui-même à la troisième personne.

Sa mine de fourmi s'allongea, ce qui le rendit beaucoup moins séduisant, presque repoussant. Sans sa vie et son corps d'avant, il ne restait rien de Marc Barton, semblait-il.

— Je vais à gauche, et toi à droite, répétai-je.

Une Daisy Becker non plus ne se laisse pas dicter la direction dans laquelle elle doit partir.

Au moment où j'allais me mettre en marche, le ciel s'obscurcit.

— Qu'est-ce que c'est ? demanda Barton.

— Rien de bon, je le crains, fis-je d'une voix étranglée.

L'obscurité grandissait autour de nous. Qu'est-ce qui nous faisait de l'ombre tout à coup ?

— Peut-être devrions-nous regarder en l'air ? suggérai-je avec angoisse.

— Fais-le, toi, répondit Barton, les pattes tremblantes de peur.

— Toi d'abord.

— Non, *ladies first*.

— Je ne suis pas une lady.

— J'avais remarqué.

Il faisait maintenant aussi sombre que pendant une éclipse de soleil.

— À trois, on regarde en l'air tous les deux, d'accord ? proposai-je.

— D'accord !

— Une… deux… trois !

Je ne regardai pas, mais Barton, oui.

— Ce… ce sont des humains…

Cette fois, je levai les yeux à mon tour. C'étaient bien des humains qui nous faisaient de l'ombre. Mais pas n'importe lesquels. Mes trois colocataires, Aïché, Sylvie et Yannis. Tous trois vêtus de noir.

11

Sylvie tenait le bras de son Larsi-Schmarsi, lui aussi en noir. Mon agent Schmohel était là également, dans un vieux costume qui n'avait probablement jamais connu le fer à repasser. Je les voyais tous comme des géants. Sans doute parce qu'ils l'étaient effectivement, comparés à moi. Le groupe s'avançait vers nous, faisant trembler la terre de plus en plus fort à mesure qu'il approchait.

— Fichons le camp ! criai-je.

— Pour une fois, je suis d'accord avec toi ! s'écria Barton.

— Alors, allons-y.

— À droite ou à gauche ?

— Est-ce qu'on ne s'en fout pas complètement ?

— Je suis de nouveau d'accord avec toi, dit Barton.

Mais nos six pattes respectives flageolaient tellement que nous restâmes à regarder en l'air, paralysés et comme fascinés. La semelle de Yannis était maintenant juste au-dessus de nous. Avec un chewing-gum rose collé dessous. L'idée de devoir non seulement être écrasée par sa chaussure, mais me retrouver ensuite collée à ce chewing-gum rose déclencha mon réflexe de fuite. Je me mis à courir et, à ce signal, Barton fit de même.

— Merde ! Merde ! Merde ! répétais-je en slalomant entre les brins d'herbe géants.

— Bip ! Bip ! B… ! criait Barton.

Juste avant le dernier « ip », la semelle de Yannis s'écrasa sur le sol dans un grondement de tonnerre. Tout près de nous. Le choc nous projeta contre la tige d'un pissenlit et, en retombant, j'atterris directement sur Barton. Nous gisions maintenant l'un contre l'autre. Face à face. Fourmi contre fourmi. Les humains passèrent à côté de nous, chacun de leurs pas faisant trembler la terre. Affolés, nous nous accrochions l'un à l'autre. De toutes nos douze pattes.

Cela dura jusqu'à ce que les pas s'éloignent, que la terre tremble un peu moins et que l'ombre des humains gigantesques ne plane plus sur nous. Après un moment de silence, Barton me dit :

— Tu peux descendre, maintenant.

— Oui, confirmai-je. Je peux.

Mais je me contentai de rester couchée sur lui. En état de choc.

— MAINTENANT !

— O.K., O.K., O.K…

— Aïe, tu me marches sur la figure ! vociféra Barton.

— Désolée, je ne suis pas encore bien habituée à marcher comme ça, m'excusai-je.

— J'ai… aïe… remarqué… Aïe !

— Ben oui, j'ai quand même six pattes…

Il me fallut encore trois autres « aïe » pour atteindre le sol. Une fois là, au lieu de m'excuser de nouveau, je regardai du côté où Yannis et les autres s'étaient dirigés. Le groupe s'était immobilisé. Près d'une immense chose noire qui ressemblait étrangement à une tombe. Aussitôt, je me précipitai.

— Où vas-tu ? me demanda Barton.

— À mon enterrement ! répondis-je, courant vers le cortège à travers la forêt des brins d'herbe.

— Attends-moi ! cria Barton en se mettant à courir à toutes pattes derrière moi.

— Ne voulais-tu pas que nous suivions des chemins séparés ? lui criai-je sans m'arrêter.

— Je le veux toujours.

— Mais ?

— Mais elle est là ! répliqua-t-il en pointant vers le cortège une antenne désemparée.

« Elle » ? De qui parlait-il ? Certainement pas de Sylvie ni d'Aïché. C'est alors que j'aperçus deux autres humains s'approchant de la tombe. L'un d'eux était mon père, la veste de son costume noir dangereusement tendue sur son estomac. Il me fit peur, car non seulement il avait grossi, mais ses cheveux étaient gris et son visage tout ridé. Quand avait-il autant vieilli ? La dernière fois que je l'avais vu, c'était trois ans plus tôt, à Berlin, lorsqu'il m'avait rendu visite sans prévenir. Il m'avait suppliée de lui pardonner, et j'avais répondu que je préférais encore me jeter sous une locomotive à vapeur. À l'époque, il avait encore fière allure, mais il avait maintenant l'air d'un homme brisé. Était-ce si étonnant ? Après sa femme, il devait aujourd'hui enterrer sa fille sans avoir pu faire la paix avec elle.

Je suppose que j'aurais dû m'en vouloir de l'avoir aussi mal traité. Mais lequel de nous deux avait commencé à amasser du mauvais karma ? Et puis, j'avais de la peine à me sentir d'humeur conciliante, avec la blonde des impôts super sapée en noir à côté de lui. Elle avait vingt ans de moins que mon père. Déjà, adolescente, je ne comprenais pas ce qu'elle lui trouvait[1]. En tout cas, elle était la seule dans l'assistance à ne pas paraître spécialement affligée.

— Tu ne veux quand même pas y aller à cause de la nana des impôts ? dis-je à Barton.

— « Nana des impôts », c'est quelque chose comme « vignette du C.C.T. » ? demanda-t-il, perplexe.

Bon, ce n'était pas pour la nana des impôts.

Je regardai un peu mieux les gens autour de la tombe, et c'est alors que je la vis : une fantastique brune vêtue d'une élégante robe noire. On aurait dit une princesse. Pas une princesse anglaise, hollandaise ou danoise, non. Une merveilleuse princesse française, comme au temps où ils avaient encore une monarchie. Nicole Kelly, la femme de Barton.

---

1. *Mémoires* de Casanova : « Tant d'amours ne se fondent même pas sur l'amour… »

12

— Que… qu'est-ce qu'elle fait là ? m'étonnai-je.

— Je vais le savoir tout de suite, répondit Barton en passant aussitôt devant.

Cette fois, c'est moi qui eus du mal à le suivre. Nous courûmes à toutes pattes, jusqu'à atteindre, hors d'haleine, les abords de ma tombe, où, instruits par l'expérience, nous nous tînmes à distance prudente des pieds géants qui nous entouraient.

Nicole Kelly se plaça près de Yannis, qui lui sourit gentiment.

Il lui souriait gentiment ? Mais pourquoi ? Il n'y avait pas de quoi sourire ! C'était mon enterrement, merde ! Il aurait dû pleurer comme un veau !

Et pourquoi diable lui souriait-elle à son tour ?

— Pas de paparazzi dans les parages, constata Barton.

— Pardon ?

— D'habitude, nous sommes constamment espionnés par les photographes.

— Plus toi, maintenant.

— Merci de me le rappeler.

— À ton service.

— Si les paparazzi ne sont pas là, ça veut dire que Nicole l'a exigé en rappelant aux journalistes toutes les fois où elle a été complaisante avec eux. Ce devait être vraiment important pour elle d'être là.

— Elle ne peut tout de même pas m'être reconnaissante de ta mort… ? dis-je d'un ton hésitant.

Barton me regarda avec aigreur, et je m'empressai de faire marche arrière :

— C'était juste une idée comme ça…

— Une idée absurde. Nicole m'a toujours aimé.

Sa formule m'étonna. Pourquoi ne disait-il pas : Nous nous sommes toujours aimés ? Leur amour de rêve était peut-être moins bien partagé que ne le prétendait la presse, et le fait que Barton couche avec des femmes qui lui demandaient des rôles semblait aller dans ce sens. Mais il valait peut-être mieux ne pas aborder ce sujet avec lui. D'ailleurs, Yannis s'avançait vers la tombe et entamait un discours :

— « Daisy était une personne très spéciale… »

— Spécialement folle, oui, dit Barton en fronçant le nez.

Je lui donnai un coup de ma patte avant gauche.

— Aïe !

— Tais-toi, maintenant. Ce n'est pas si souvent qu'on peut écouter son propre éloge funèbre !

— C'est peut-être plus fréquent qu'on ne croit, dit Barton. Lorsque Bouddha fait revivre quelqu'un, peut-être l'envoie-t-il toujours assister à son enterrement.

— Dans ce cas, ce devrait être aussi le tien.

— Objection valable. Mon corps est sans doute déjà dans un avion volant vers les États-Unis, et…

— Pourrais-tu la fermer, à la fin ? l'engueulai-je.

Car Yannis poursuivait son discours :

— « Nous aimions tous Daisy… »
Ce n'est pas bien de mentir, Yannis.
— « … mais elle ne pouvait pas l'imaginer… »
Maintenant non plus.
— « … parce qu'elle ne s'estimait pas digne d'être aimée. »
Je confirmais.
— « … Si elle s'était davantage aimée elle-même, elle n'aurait pas repoussé ceux qui l'entouraient… »
Je ne comprenais pas très bien ce qu'il voulait dire par là.
— « … et elle aurait pu recevoir davantage d'amour. »
Ah bon ?
— « Malgré toutes ses folies, Daisy était la personne la plus digne d'être aimée que j'aie connue. Que nous ayons connue… »
Il avait les larmes aux yeux. Aïché, Schmohel et papa aussi. Même Sylvie et son Larsi-Schmarsi. Chose plus étonnante, même la Kelly. Seule la fille des impôts semblait regretter de ne pas être plutôt en train de se limer les ongles.
— « Daisy, où que tu sois… »
— Ici ! Par terre ! criai-je avec désespoir, sans que quiconque s'en aperçoive, bien sûr.
— « … au ciel, peut-être… »
— ICI !
— « … j'espère que tu nous entends en ce moment… »
— Oui, murmurai-je, les larmes me venant aux yeux à mon tour.
— « … même si tu ne t'estimais pas digne d'être aimée… nous t'aimons ! »
En entendant cela, je me mis à pleurer sur mon propre enterrement.

13

Tandis que je sanglotais, je sentis soudain un grattouillement sur mon dos de fourmi. Barton me caressait de l'une de ses pattes de devant. J'en fus si stupéfaite que je cessai aussitôt de pleurer.

— Qu'est… qu'est-ce que tu fais ? reniflai-je.

— À ton avis, ça ressemble à quoi ?

— À une tentative maladroite de me consoler.

— C'en est une.

— C'est gentil de ta part…

— Oh, je trouve toujours agaçant d'entendre une femme pleurnicher[1].

Ces dures paroles étaient-elles destinées à masquer sa compassion ? Était-il comme ces héros de films qui, les vingt premières minutes, se comportent comme de vrais enfoirés machos et égoïstes, pour se transformer par la suite en types dotés d'un cœur ? Sûrement pas. Dans la vraie vie, les sales cons égoïstes ne se transforment jamais en hommes de cœur.

---

1. *Mémoires* d'Urrgh, l'homme de l'âge de pierre : « Quand femme pleurer, moi prendre gourdin. »

Pendant que je me posais ces questions au sujet de Barton, il observait le cortège funèbre.

— Tu as beaucoup d'amis, constata-t-il.

— Tu en as beaucoup plus que moi : Clooney, Damon, Pitt, Jolie, et tous les autres dont j'oublie le nom.

— Des acteurs, des réalisateurs, des producteurs… Rien que des relations de travail.

On sentait le mépris dans sa voix.

— Mais on a une tout autre impression quand on vous voit dans les magazines…

Il me regarda avec un pauvre sourire.

— … et c'est fait pour ça, conclus-je.

— Bingo.

— Tu as bien dit : « Bingo » ?

— Oui, pourquoi ?

— C'est la première fois que j'entends quelqu'un prononcer ce mot ailleurs que dans un navet.

Barton ne put s'empêcher de sourire.

— C'est un fait que j'ai joué dans pas mal de navets.

— Mon Dieu, oui ! Je me souviens par exemple de celui où tu traversais le désert de Gobi en fauteuil roulant.

— Ce rôle ne m'a rapporté que des critiques haineuses et des courbatures dans les bras, dit Barton toujours plus gaiement.

Son sourire était redevenu renversant. Il n'avait donc pas tout perdu de son pouvoir de séduction.

— Mon agent m'avait promis que le rôle me vaudrait un Oscar. Depuis, c'est mon ex-agent.

Cette fois, ce fut moi qui ne pus m'empêcher de rire. Et à mon propre enterrement !

Peut-être, mais vraiment peut-être, y avait-il une chance que Barton ne soit pas un si mauvais gars… une si mauvaise fourmi… un si mauvais mec-fourmi.

— La seule qui s'intéressait réellement à moi, c'était Nicole, dit-il avec nostalgie.

En ce moment, celle-ci regardait justement Yannis prendre la pelle pour jeter de la terre sur mon cercueil. Barton s'en aperçut. Avec ce qui me sembla être de la jalousie, il reprit :

— Et je ne sais pas comment cela se fait, mais on dirait maintenant qu'elle s'intéresse à ce serpent à lunettes.

J'aurais voulu pouvoir lui répondre : « N'importe quoi ! C'est tout à fait impossible. » Que pourrait bien trouver la femme la plus sexy du monde à un type comme Yannis, qui passait ses journées à s'occuper des guerres puniques ? Pourtant, d'une façon ou d'une autre, elle paraissait vraiment s'intéresser à lui, et cela me rendait… jalouse[1] ? Quelle idée ! Moi qui n'avais jamais rien attendu de Yannis, qui l'avais même planté là après avoir couché avec lui !

— Il faut que je me rapproche de Nicole, dit Barton.

— C'est dangereux, l'avertis-je en pointant de l'antenne toutes ces semelles rassemblées.

— Mais elle parle de je ne sais quoi avec ce Harry Potter du pauvre…

Non seulement cela, mais elle le tenait par le bras. Qu'est-ce qu'elle avait à le tenir par le bras ?

— Tu as raison, il faut nous approcher !

1. *Mémoires* de Casanova : « La jalousie est à l'amour ce que le Vésuve fut à Pompéi. »

Filant comme le vent, nous passâmes en courant devant la tombe ouverte, puis devant les chaussures de Schmohel, si sales qu'on ne pouvait que supposer leur couleur d'origine, pour arriver près de Yannis et de la star.

— C'était un beau discours, déclara la Kelly d'une voix merveilleusement modulée.

— Merci, répondit Yannis.

— Tu aimais cette Daisy, n'est-ce pas ? Je veux dire, pas seulement comme amie, mais comme femme.

Mon petit cœur de fourmi se mit à palpiter. Qu'allait-il répondre ? J'avais soupçonné qu'il avait des sentiments pour moi, et c'était devenu une quasi-certitude la veille – dans ma précédente vie –, mais il ne me l'avait jamais avoué.

Yannis garda le silence.

Mais il hocha la tête.

Cette confirmation de son amour me bouleversa. Davantage même que le fait d'être réincarnée en fourmi.

14

— D'où se connaissent-ils, tous les deux ? demanda Barton, m'arrachant à mes pensées.

Ce n'était pas très difficile à deviner. Yannis et la star avaient dû se rencontrer sur les lieux de l'accident.

— Je suis vraiment désolée, dit la Kelly à Yannis en battant des cils sur ses extraordinaires yeux bruns.

Elle paraissait sincère. Soit elle était encore meilleure actrice que je ne le pensais, soit elle compatissait réellement – contrairement à son époux.

— C'est très gentil à toi de dire cela, répondit Yannis. Mais c'est bien plus terrible pour toi… Tu as perdu ton mari.

Voilà comment était mon Yannis. Au lieu de se faire consoler, il préférait consoler les autres.

— Oui, c'est vrai, dit-elle tout bas.

— Non ! cria Barton en faisant des bonds sur place. Tu ne m'as pas perdu !

Évidemment, la Kelly n'entendit pas la petite fourmi qui trépignait devant ses pompes Gucci.

— Je serais très heureuse si tu acceptais de prendre un verre avec moi maintenant, dit-elle en souriant à Yannis.

— Quoi ! nous écriâmes-nous d'une seule voix, Barton et moi.

— Seulement si tu as le temps, bien sûr, ajouta-t-elle. Mais je n'ai pas très envie de rester seule en ce moment.

— Ta femme serait-elle par hasard en train d'essayer de séduire Yannis ? demandai-je à Barton, sentant la jalousie atteindre en moi des niveaux insoupçonnés[1 & 2].

Barton écarta l'idée d'un revers de main.

— Nicole n'est pas le genre de femme à coucher avec quelqu'un aussi facilement. Elle vient d'une famille très puritaine. Moi-même, j'ai dû attendre trois mois avant de pouvoir dégrafer son soutien-gorge, trois autres mois avant de coucher avec elle, et encore trois mois pour enfin…

— Je ne veux pas de détails ! le coupai-je.

— Je te tiendrai compagnie avec plaisir, répondit Yannis à la star en s'éloignant lentement de ma tombe avec elle.

— Il faut que je les suive ! s'exclama Barton en se mettant à courir.

— Moi aussi ! criai-je.

Nous courûmes comme des fous, mais voilà, une fourmi aura beau courir de toutes ses forces, les humains, même en flânant, seront toujours plus rapides. Beaucoup, beaucoup plus rapides. Yannis

1. *Mémoires* d'Urrgh, l'homme de l'âge de pierre : « Quand femme jalouse, moi prendre gourdin. Aussi quand femme ronfler. Ou regarder bêtement. »

2. *Mémoires* de Casanova : « Je ne suis que légèrement surpris qu'Urrgh ait amassé si peu de bon karma durant sa vie d'homme de l'âge de pierre. »

et la Kelly nous distançaient de seconde en seconde, et j'avais l'impression que mes poumons – ou la chose qui servait à respirer aux stupides fourmis que nous étions – allaient éclater.

— Yannis ! appela Aïché.

Il s'arrêta, disant à la Kelly qu'il la rejoindrait dans un instant.

— C'est notre chance, haletai-je.

Nous nous mîmes à courir de plus belle. J'entendis vaguement Aïché demander à Yannis si elle pouvait faire de la cuisine turque ce soir, ou si mon père préférait quelque chose de plus conventionnel. Qu'en avais-je à faire de savoir ce qu'on mangerait à mon propre repas de funérailles ? Pour Barton et moi, l'important était d'atteindre à temps les chaussures noires de Yannis.

— Et maintenant, qu'est-ce qu'on fait ? s'enquit Barton une fois devant les chaussures. S'il s'en va, il nous sèmera de nouveau.

— On monte.

Sitôt dit, sitôt fait. Ce fut un peu comme l'ascension du Kilimandjaro (encore un mot qu'on préfère ne pas prononcer quand on est ivre). Quand nous eûmes atteint en ahanant le dessus du pied, Barton déclara, soucieux :

— Quand Harry Potter repartira, nous allons faire un vol plané et nous retrouver par terre.

Il avait raison, hélas. Pire, nous serions sans doute piétinés et resterions collés après le chewing-gum rose.

Je levai les yeux vers la jambe de pantalon de Yannis, et cela me donna une idée :

— Grimpons à l'intérieur et accrochons-nous à ses poils.

— Moi, je devrais m'accrocher aux poils de jambe d'un homme ?

Barton en frémissait de tout son corps de fourmi. Moi-même, je pouvais imaginer des perspectives plus exaltantes.

Là-dessus, Yannis dit à Aïché :

— Il faut que j'y aille.

— Tu ne vas pas nous faire le coup de *Coup de foudre à Notting Hill* et avoir une aventure avec une star de cinéma ? dit-elle en souriant.

Yannis regarda tristement ma tombe, que les jardiniers du cimetière étaient en train de finir de recouvrir de terre. Puis il se ressaisit et, se tournant vers Aïché, lui demanda :

— Pour qui me prends-tu ?

— Pour quelqu'un qui mérite de trouver enfin une femme bien.

Cela me piqua au vif. Car Aïché avait parfaitement raison. Yannis méritait quelqu'un de bien. Quelqu'un d'autre que moi.

Mais si je ne me ressaisissais pas rapidement moi aussi, il s'en irait et je ne le reverrais jamais. Alors, refoulant ma douleur, je dis à Barton :

— Si tu as une meilleure solution que le pantalon, vas-y.

— Bon, d'accord, grimpons, soupira Barton. Mais je ne regarde pas en l'air.

— Pourquoi ?

— Au cas où Harry Potter ne porterait pas de caleçon !

15

Durant ce qui me parut une éternité, je restai accrochée à un poil de jambe qui sentait la vanille, car Yannis, quand il était en panne de produit pour la douche, se servait volontiers de ceux des femmes de l'appartement.

— Harry Potter utilise un drôle de gel douche, ronchonna Barton, accroché à un poil voisin.

— C'est celui de nos colocataires.

— Il se met aussi de leur rouge à lèvres ?

— Ce n'est pas son genre.

— Alors, il est bien en train de draguer ma femme.

— Il ne drague pas ta femme. Elle l'a invité. S'il y en a un des deux qui fait du plat à l'autre, c'est plutôt elle.

— Nicole ne ferait jamais une chose pareille.

— Et je ne le lui conseillerais pas !

Je m'étonnai moi-même de mon ton mordant. Et aussi d'avoir pu imaginer cela. L'idée qu'une star de Hollywood puisse désirer un homme comme Yannis n'était-elle pas parfaitement absurde ? Alors, pourquoi ne la trouvais-je pas plus absurde que ça ?

— Et moi, je conseille à ton Harry Potter de ne pas poser ses pattes sur ma femme !

Quelle était la vraie raison de la fureur de Barton ? Aimait-il réellement sa femme, après tout ? Ou bien l'idée qu'elle puisse avoir une aventure avec un autre le blessait-elle seulement dans son orgueil ?

— Comment comptes-tu le punir, s'il le fait ? demandai-je à Barton d'un ton de défi. Toi, une fourmi ?

— Eh bien…, balbutia-t-il.

— C'est ce que je pensais.

— Et toi, que comptes-tu faire, au cas hautement improbable où Nicole le draguerait ? répliqua insolemment Barton.

— Eh bien…, bafouillai-je, ne sachant pas plus que lui que répondre.

— C'est ce que je pensais.

Les fourmis ne pouvaient influencer en rien la vie des humains. Barton et moi venions seulement de le comprendre. Si clairement que nous gardâmes le silence tout le reste du long trajet en voiture. Yannis et la Kelly se taisaient eux aussi, pensant probablement à nous, sans se douter à quel point nous étions proches.

Maman avait-elle été près de moi après sa mort, sans que je m'en sois jamais aperçue ? En tout cas, elle ne s'était certainement pas réincarnée en fourmi. Elle avait été bien trop bonne dans sa vie humaine pour cela. Mais peut-être en chat ? Qui sait, peut-être même ce chat à qui j'avais lancé un pot de fleurs la semaine dernière parce qu'il m'avait réveillée en pleine nuit – vers onze heures du matin – par ses miaulements incessants. Et si cela avait été une tentative de ma mère pour entrer en contact avec moi ?

Si j'avais fait un peu plus attention aux animaux qui m'entouraient, peut-être aurais-je pu retrouver ma mère, lui dire que je regrettais de l'avoir tant de fois accusée d'être la pire mère de tous les temps. Et puis, si elle avait été ce chat, j'aurais pu l'emmener chez moi. Vivre avec elle. Tout recommencer depuis le début.

Qui n'aimerait pas pouvoir revenir en arrière ?

Surtout après s'être réincarné en fourmi ?

Cependant, si maman était devenue un animal – et c'était tout de même assez probable, sans être certain –, j'avais une chance de la retrouver un jour !

Cette perspective exaltante fit battre plus vite mon cœur de fourmi. Pour quelques instants seulement, parce qu'une autre pensée me vint alors à l'esprit : comment une fourmi allait-elle pouvoir parler avec un chat ?

La limousine s'arrêta. Yannis descendit, nous toujours sous son pantalon, accrochés à ses poils de jambe. De là, je le vis suivre une allée gravillonnée, franchir un seuil, marcher sur un parquet de chêne, puis entrer dans une autre pièce au sol couvert de tapis persans, et enfin s'asseoir sur un canapé de style en cuir mauve.

— Nous sommes chez Brad Pitt, m'expliqua Barton. Angelina et lui ont une villa, près de Berlin, qu'ils prêtent volontiers aux collègues.

Comme sans doute n'importe quelle lectrice de presse people, je m'étais imaginée passant quelques jours dans l'une de ces somptueuses villas. Mais, dans ces rêves éveillés, j'étais un être humain, pas une fourmi. Plus exactement, j'étais une femme à qui Brad Pitt murmurait en la regardant au fond des yeux :

« J'en ai tellement assez de ma vie parfaite, tu sais ! Je rêvais depuis des années d'une femme imparfaite dans ton genre. »

— On dirait que Nicole n'a pas voulu loger dans l'hôtel où j'étais avant l'accident, constata Barton.

Au fait, que pouvait éprouver Yannis en passant devant mon ancienne chambre ? Était-ce aussi terrible que pour moi lorsque je vivais dans l'appartement de mes parents, à Bremerhaven, après la mort de ma mère ? Avec les photos de famille, l'étagère où maman rangeait ses romans de Jane Austen, et surtout le lit conjugal où la fille des impôts était venue dormir avec mon père, si peu de temps après la mort de maman…

— Je crois que nous pouvons descendre maintenant, dit Barton, m'arrachant au souvenir de ce jour où j'avais vu pour la première fois la nana des impôts en sous-vêtements – spectacle qui, le soir même, m'avait envoyée à l'hôpital pour un lavage d'estomac à la suite d'une intoxication alcoolique.

Nous descendîmes du pantalon, puis de la chaussure, pour atterrir sur le tapis persan, entre des brins de laine bleue presque aussi hauts que ceux de l'herbe du cimetière.

— Veux-tu boire quelque chose ? demanda la Kelly à Yannis. Du thé, du café ?

— De l'eau, cela ira très bien. Mais ne te dérange pas, je vais me servir moi-même.

Il se leva et, passant près d'un aquarium (les poissons là-dedans étaient-ils des humains réincarnés ?), se dirigea vers un petit chariot doré sur lequel étaient posées des bouteilles – whiskey, scotch, eau minérale.

— Harry Potter n'a pas demandé à qui était la maison, observa Barton d'un ton sec.

— Et alors ?

— Ça veut dire qu'il y est déjà venu.

Yannis ouvrit les portes d'un buffet ancien en chêne et en sortit des verres. Barton avait raison. Il n'aurait pas aussi bien connu l'endroit s'il le visitait pour la première fois.

Yannis prépara un verre d'eau pour lui, un autre pour la Kelly. Elle but une gorgée et dit :

— Mon mari et ta Daisy se ressemblaient beaucoup.

— Pas du tout ! protestâmes-nous en chœur.

— Lui non plus ne savait pas aimer.

Cela nous coupa aussitôt la chique.

— À part sa carrière. Celle-là, il l'aimait.

En ce moment, elle avait l'air particulièrement fragile. Elle ne ressemblait plus du tout à une star de cinéma. Plutôt à une femme tout à fait ordinaire, tombée amoureuse de l'homme qu'il ne fallait pas.

— Peut-être aussi son chien.

Celui que j'avais tué. À ces mots, Barton me regarda si méchamment que, pendant quelques secondes, je fis mine de m'intéresser passionnément au tissage du tapis.

— Mais, moi, il ne m'aimait pas, reprit la Kelly avec une profonde tristesse.

— Ce n'est pas vrai, murmura tout bas Barton en la regardant. C'était seulement parce que… parce que…

Il chercha ses mots, puis renonça.

— Parce que quoi ? insistai-je.

Au lieu de répondre, Barton me lança un regard qui signifiait clairement : « Ce ne sont pas tes bip d'oignons », et je laissai tomber.

— Marc parlait toujours de son désir d'avoir des enfants…

Il en avait même parlé dès les premiers instants de sa vie de fourmi.

— … mais il n'aurait jamais eu la patience d'être un père…

— Pff ! protesta Barton.

— … ce qui n'a rien d'étonnant, quand on pense à ce qu'il a subi enfant.

Cela me surprit beaucoup. Dans les magazines people, on disait que Barton était d'une famille pauvre, mais aimante, et qu'il devait tout à son père. N'était-ce qu'un mensonge publicitaire ? S'était-il passé quelque chose dans sa jeunesse qui avait détruit sa capacité à aimer ?

— Que lui est-il arrivé ? demanda Yannis.

— Il n'aimerait pas que j'en parle, dit la Kelly.

— C'est vrai ! cria Barton.

Compréhensif, Yannis hocha la tête.

— Mais peut-être était-ce aussi ma faute, soupira tristement la Kelly. Peut-être fais-je partie des gens que personne n'aimera jamais.

Ça, c'était une absurdité ! Elle était la femme la plus sexy du monde, n'importe quel homme aurait voulu l'avoir ! D'un autre côté… vouloir une femme, ce n'est pas vraiment l'aimer.

— Tout être humain peut être aimé, objecta Yannis.

Il lui passa un bras affectueux autour des épaules. Très prudemment. Précautionneusement, même. Le chagrin de la star de Hollywood réveillait tous ses instincts de consolation.

— Harry Potter, tu es mort ! s'écria Barton.

Fou de rage, il fonça vers Yannis et se mit à taper

de ses deux pattes de devant sur le bout de sa chaussure gauche. Bien évidemment, Yannis ne sentit rien. Si Barton n'avait pas été aussi désespéré, son geste aurait semblé ridicule.

La Kelly se laissa prendre par les épaules sans résister. Comme je l'avais toujours fait moi-même dans mes moments de tristesse. Une star de Hollywood voulait apparemment prendre ma place dans la vie de Yannis ! Je trouvais ça dingue. Et presque insupportable.

Cessant de tambouriner sur la chaussure, Barton revint vers moi, épuisé, et nous restâmes à contempler ensemble ces deux êtres humains dont nous ne soupçonnions pas, avant notre mort, à quel point cela nous mettrait en colère de les voir dans les bras l'un de l'autre.

— Tu me fais du bien, dit tout bas la Kelly d'un ton sincère.

Yannis ne répondit pas, mais il paraissait évident qu'elle aussi lui faisait du bien. Et pas parce qu'il était fier de tenir dans ses bras la femme la plus sexy du monde – il ne fonctionnait pas ainsi. Il ne la considérait pas comme un trophée. Mais il était capable de la consoler, de la soutenir, et cela le comblait. À moins qu'il n'ait eu lui aussi besoin d'être consolé ?

Et moi, pauvre idiote, qui ne m'étais encore jamais posé cette question ! Alors qu'il était mon meilleur ami !

S'ils continuaient comme ça, la Kelly allait peut-être essayer ?

— Il ne faut pas que cela arrive ! m'écriai-je.

— Euh… quoi exactement ? demanda Barton, surpris.

— Ça ! braillai-je, folle de jalousie, en montrant Yannis qui caressait doucement les cheveux de la Kelly. Il faut absolument les séparer !

16

— Excellente idée, ironisa Barton. Et comment comptes-tu t'y prendre ?

Très bonne question. Si nous n'avions pas bêtement accumulé autant de mauvais karma, nous serions devenus des animaux un peu moins ridicules ! Au fait… maman ne m'avait-elle pas raconté quelque chose à ce sujet, lorsqu'elle m'avait parlé du bouddhisme ? Si je me souvenais bien, nous n'étions pas condamnés à nous réincarner indéfiniment en fourmis.

— Tu veux savoir comment je compte m'y prendre ? dis-je à Barton.

— Oui.

— C'est très simple, nous n'avons qu'à amasser du bon karma !

— Du karma ?

— Tu sais ce que c'est, non ?

— Comme tout le monde, répliqua-t-il, impatienté.

Autrement dit, comme moi, il ne connaissait pas la moitié de la question. Pas même le huitième.

— Si nous amassons suffisamment de bon karma, la prochaine fois, nous nous réincarnerons sous une forme plus intéressante, expliquai-je avec enthousiasme. En chats, en chiens, ou…

— Oui, et alors ?

— Alors, nous pourrons les séparer !

— Une vie de chat… vraiment génial, dit Barton avec une grimace de mépris.

Moi aussi, j'aurais préféré redevenir humaine, mais c'était tout bonnement impossible. Désignant de l'antenne Yannis et la Kelly, je demandai à Barton :

— Tu aimes mieux les laisser faire ?

— Et avec un loser pareil, en plus…, maugréa Barton.

Je lui aurais bien lancé à la figure que Yannis n'avait rien d'un paumé, et que, contrairement à nous, il ne finirait certainement pas en insecte rampant, mais Barton me devança :

— Et comment diable une fourmi peut-elle amasser du bon karma ?

C'était la question à un million d'euros. Sauf qu'on ne nous offrait pas de choisir entre quatre solutions, ni d'appeler un joker au téléphone. Quand on était coincé dedans, ce système du karma était vraiment hypercompliqué.

— Et puis, il y a un autre problème, objecta encore Barton.

— Lequel ? m'enquis-je, bien que peu désireuse d'entendre parler de problèmes supplémentaires.

— Avant de nous réincarner, nous devons d'abord mourir.

Je n'avais pas poussé le raisonnement aussi loin. Et je n'en avais toujours pas l'intention.

— Un problème après l'autre, dis-je.

Barton soupira. De toute évidence, il avait des doutes sérieux sur mon projet.

Au-dessus de nous, la Kelly demanda à Yannis, qui la tenait toujours entre ses bras consolateurs :

— M'accompagneras-tu à New York pour l'enterrement de Marc ? Je prends les frais en charge, bien entendu.

Yannis se mit à réfléchir.

Barton et moi, nous retînmes notre souffle.

Yannis continua à réfléchir.

Et nous à retenir notre souffle.

Yannis avait du mal à se décider.

Nos visages de fourmis bleuissaient déjà quand il répondit enfin en souriant :

— Je peux aussi rédiger ma thèse à New York.

Bien que frappés d'horreur, nous nous remîmes à respirer, et Barton s'écria :

— Nous devons absolument amasser du bon karma !

Nous n'avions pas commencé à réfléchir à la façon de procéder qu'une voix stridente s'élevait :

— Hé, vous !

À quelques poils bleus de tapis persan se tenait une autre fourmi. Aussi rouge que nous, mais beaucoup plus grande et plus baraquée. Et la mine particulièrement sévère.

— Est-ce un autre humain réincarné ? demandai-je à Barton.

— Il vaudrait mieux lui poser directement la question.

— Objection valable, dis-je en me tournant vers l'autre fourmi. Êtes-vous un être humain réincarné vous aussi ?

— Qu'est-ce que c'est que ça ? demanda-t-elle d'une voix tranchante.

— Je dirais que ce n'en est pas un, constata Barton.
— Belle déduction, Holmes, répliquai-je.
— Une fois, j'ai refusé de jouer le rôle de Sherlock Holmes, commenta Barton.
Comme si cela pouvait avoir une quelconque importance dans un moment pareil !
— Je suis le commandant Frtxl, dit la fourmi en se plantant devant nous. Et il me paraît clair que vous êtes des déserteurs.
— J'ai déjà joué un rôle de déserteur, dans un film de Spielberg, et…
— … on s'en fiche complètement, le coupai-je devant l'air de plus en plus furieux de l'autre fourmi.
— Vous allez me faire le plaisir de me suivre ! gronda-t-elle.
— Sûrement pas, déclara Barton, qui, de toute évidence, détestait qu'on lui donne des ordres.
— Oui, nous avons autre chose à faire, ajoutai-je.
Car, moi aussi, je détestais recevoir des ordres. Sur ce point au moins, nous nous ressemblions.
— Ah, c'est comme ça ? fit Frtxl d'un ton acerbe.
— Oui, c'est comme ça, répliquai-je sur le même ton.
— Et si je vous le demande gentiment ? susurra-t-elle.
— Non plus.
— Et si mon bataillon vous en prie aimablement ? susurra-t-elle d'une voix encore plus suave.
— Quel bataillon ? demandai-je avec hésitation.
— Celui-là, répondit Frtxl.
Tout un tas de fourmis rouges à la mine patibulaire surgirent de derrière les grands poils de laine bleue du tapis et nous encerclèrent.
— Dans ce cas, ce sera peut-être différent, dis-je d'une voix étranglée.

17

— En avant, marche ! ordonna Frtxl à sa troupe de fourmis rouges.

— Où allons-nous ? demanda Barton, qui, tout en comprenant que nous n'avions pas le choix, ne supportait toujours pas l'idée d'être commandé.

— Je ne suis pas sûre que nous ayons vraiment envie de le savoir, protestai-je à voix basse.

— Qu'est-ce que tu crois ? siffla Frtxl. Nous partons en guerre !

— Bip, jura Barton.

— Je t'avais bien dit que nous préférions ne pas savoir, gémis-je.

En compagnie des fourmis soldats, nous sortîmes de la maison, débouchant sur le gravier de l'allée chauffé par le soleil. En temps normal, j'aurais apprécié cette douce chaleur sous mes pieds, comme à Bremerhaven, quand j'étais enfant et que je trouvais génial le chauffage par le sol chez notre vieux voisin Lemke. Mais le spectacle qui s'offrait à nous me glaça le sang. De tous côtés, des troupes de fourmis à l'allure martiale se dirigeaient vers une grosse pierre noire ornementale sur laquelle se tenait une monstrueuse fourmi rouge ridiculement obèse – la reine, de toute évidence – entourée de cinq fourmis soldats très costaudes.

— Nous sommes vraiment dans la merde, constata Barton, cette fois sans se biper.

— Et nous n'avons aucune chance d'amasser du bon karma, soupirai-je.

— La *signorina* souhaite amasser du bon karma ? fit une voix près de nous.

C'était une fourmi au sourire charmeur, beaucoup plus élégante que toutes celles que nous avions vues jusqu'ici. Mais le plus stupéfiant était son accent italien.

— Vous… vous êtes un humain aussi ?

En émettant cette hypothèse, je me demandai s'il ne pouvait pas s'agir de Francesco, le pizzaïolo de Bremerhaven, mort d'une salmonellose après avoir mangé de son légendaire tiramisu.

— J'étais un humain, corrigea la fourmi. Dans un passé bien trop éloigné.

— Éloigné de combien au juste ? intervint Barton.

— Trois cents ans.

Ce n'était donc pas le pizzaïolo.

— Trois cents ans ! s'écria Barton, épouvanté. On peut se réincarner en fourmi pendant des siècles ?

L'avenir nous paraissait tout à coup bien sombre.

— Ce n'est encore rien, *signore*.

— Ah bon ? Comment cela ? s'inquiéta Barton.

— Cette misérable vie d'insecte peut se prolonger durant des milliers d'années.

Le visage de fourmi de Barton devint tout pâle. Moi-même, je ne me sentais pas très bien.

— C'est le sort que connaît mon fidèle compagnon Urrgh.

La courtoise fourmi nous en désigna une autre, d'apparence belliqueuse, qui se tenait près d'elle.

— Dis bonjour, Urrgh.

— Bonjour Urrgh, grogna Urrgh, qui n'était visiblement pas le plus brillant de la fourmilière.

— Urrgh fut jadis un homme de l'âge de pierre, nous expliqua la fourmi italienne. S'il séjourne parmi nous, bêtes inférieures, c'est parce qu'il n'était pas partisan, en tant que chef de tribu, de la résolution pacifique des conflits. Vous êtes-vous jamais demandé pourquoi les Néandertaliens avaient disparu ?

— Très honnêtement, non, répondis-je.

Barton resta silencieux. Il avait cessé de suivre à partir du moment où il avait appris qu'on pouvait se réincarner en fourmi pendant des millénaires.

— La réponse à cette énigme historique est : Urrgh.

Fier d'avoir causé avec sa tribu l'extinction des Néandertaliens, Urrgh nous gratifia d'un sourire en biais.

— Et toi, qui es-tu ? demandai-je à l'aimable fourmi.

— Giacomo Girolamo Casanova.

Tiré de ses sombres pensées par cette information, Barton se mêla de la conversation :

— J'ai joué ce rôle-là. Il y a deux ans, sous la direction de Tim Burton.

— Mes aventures font donc encore l'objet de récits, chansons et pièces de théâtre, constata Casanova, flatté.

De mon côté, j'essayais de m'habituer à l'idée d'avoir devant moi le plus célèbre séducteur de l'histoire mondiale.

— C'était un film, rectifia Barton. La production

a coûté 45 millions de dollars, et la diffusion en a rapporté 133 millions.

Penser à son métier, à des chiffres et des bénéfices le ragaillardissait un peu.

— Qu'est-ce que c'est qu'un film ? demanda la fourmi Casanova, perplexe.

Nous n'eûmes pas le temps de commencer à le lui expliquer car, de sa pierre, la reine cria :

— À vos rangs, fixe !

Obéissants, les régiments de fourmis se mirent au garde-à-vous. Casanova et Urrgh aussi, bien qu'avec un peu moins d'enthousiasme que les autres. Seuls Barton et moi ne fîmes pas mine d'entrer dans le rang.

— Hé, vous deux ! nous apostropha la chef de bataillon Frtxl. C'est valable pour vous !

Devant notre absence de réaction, elle flanqua à Barton un coup de patte sur la tête.

— Aïe ! cria-t-il.

— Laisse-le tranquille ! dis-je à la dégoûtante bestiole.

— Si c'est ce que tu veux, mets-toi au garde-à-vous. Sinon, ce n'est pas lui que je vais frapper, mais toi. Et je te réduirai en bouillie.

Les centaines de facettes de ses yeux me lançaient des regards si meurtriers que je pris peur. Au point d'en rester paralysée, sans pouvoir ni me mettre au garde-à-vous ni prononcer un mot. Je parvenais tout juste à trembler. Ce qui déplut fortement à la chef.

— Comme tu voudras, gronda-t-elle. Alors, je te réduis en bouillie.

Je fermai les yeux, seul mouvement dont j'étais encore capable dans ma terreur.

— Laisse-la tranquille ! menaça Barton.

Il s'efforçait de prendre un air déterminé, malgré sa tête douloureuse qu'il tenait d'une patte de devant. Il me défendait ! Comme je l'avais défendu. Était-ce par solidarité entre humains victimes d'un sort commun ? Ou voulait-il seulement démontrer qu'un Marc Barton ne s'inclinait pas aussi facilement, même sous les coups ? En tout cas, je lui en fus reconnaissante.

La fourmi chef eut un sourire mauvais.

— Eh bien, je commencerai par toi.

Barton n'avait aucune chance contre elle. Son entraînement d'acteur de films d'action ne l'avait pas préparé aux techniques de combat des fourmis. Et, quand bien même, il ne faisait pas le poids devant Frtxl. J'avais maintenant plus peur pour lui que pour moi, et cela me tira de ma paralysie. Imitant en hâte les autres fourmis, je me redressai et criai :

— Nous sommes au garde-à-vous !

Frtxl jeta à Barton un regard impérieux. Il luttait contre sa fierté, bien plus grande que la mienne. D'un côté, j'étais impressionnée mais, de l'autre, je craignais le pire pour lui. Enfin, la raison l'emporta. Il se mit lui aussi au garde-à-vous, avec moins d'empressement que moi et une répugnance manifeste, mais Frtxl n'en demandait pas davantage.

Perchée sur sa pierre noire devant son armée, la grosse reine hurla :

— Nous allons exterminer les fourmis vertes !

Pendant que je m'étonnais qu'il existe des fourmis vertes – mon Dieu, il ne m'était décidément rien resté de mes cours de biologie ! –, Casanova soupira :

— Les monarques ont toujours le même tempérament instable.

— Silence dans le rang ! brailla Frtxl.

Nous bouclâmes nos clapets de fourmis et, son grand corps tout frémissant, la reine beugla :

— Des milliers d'entre vous mourront pour notre noble cause. Mais une grande récompense attend ceux qui survivront. Les femelles pourront se souvenir leur vie durant de leurs actes glorieux…

Super.

— Quant aux mâles, ils auront le droit de s'accoupler avec moi.

— S'accoupler ?!? sursauta Barton, horrifié.

— Jamais la mort ne me parut aussi séduisante, renchérit Casanova.

— Urrgh avant aimait bien accoupler, déclara avec nostalgie l'ex-homme de l'âge de pierre.

Frtxl se tourna vers nous d'un air menaçant.

— J'ai dit : silence dans le rang ! C'est valable pour tous les membres de cette armée !

Quand elle se désintéressa de nous pour se remettre à acclamer sa reine avec les autres fourmis, Casanova soupira :

— Ah, que mon membre me manque…

— Membre fait plaisir, approuva Urrgh.

Il avait beau l'avoir perdu depuis des millénaires, il semblait fort bien s'en souvenir.

Quant à Barton, il regarda de nouveau entre ses six pattes de fourmi et gémit :

— Ce karma est vraiment une *bitch*.

Frtxl allait encore les rappeler à l'ordre d'un coup sur la tête, quand la reine s'écria :

— En avant, marche ! Sus à l'ennemi !

— Suça l'ennemi ? suggéra Barton.

— Vieille plaisanterie de soldat ! approuva Casanova en connaisseur.

L'armée des fourmis s'ébranla. Tandis que Casanova se mettait en marche avec résignation, Urrgh, au contraire, se réjouissait à la perspective du massacre :

— Bagarre, bon !

Je regardai autour de moi. Aucune chance de fuir : remonter le flot des fourmis soldats était impossible, et rester sur place signifiait se faire piétiner à coup sûr. C'est ainsi que Barton et moi partîmes pour la guerre.

18

Nous marchions vers le champ de bataille, situé sur la terrasse de la villa de Brad Pitt. Le piétinement rythmé de l'armée des fourmis grondait à mes oreilles. Du temps où j'étais humaine, jamais je n'aurais soupçonné que le monde à mes pieds pût être aussi bruyant.

— À qui ai-je l'honneur de parler ? me demanda Casanova. J'aime savoir le nom des personnes réincarnées que je rencontre. Surtout lorsque je dois périr bientôt à leurs côtés.

— Je m'appelle Daisy, répondis-je, m'efforçant d'éloigner de mon esprit la perspective de notre mort violente.

— Je croyais que c'était Taichy, observa Barton.

— Seulement quand je suis soûle.

— Ah, le vin ! soupira Casanova. Comme ce noble breuvage me manque ! Et le tabac, et les seins rebondis d'une femme…

— Sein ! Sein ! Sein ! approuva Urrgh.

— … mais ce qui me manque plus que tout, c'est la chaleur des autres humains, conclut Casanova avec nostalgie.

Moi aussi, je commençais à regretter la chaleur

d'un corps humain. Celui de Yannis. Il ne m'avait encore jamais manqué de cette manière.

— Sein ! Sein ! Sein ! s'écria de nouveau Urrgh.

Les pensées de l'ancien homme de l'âge de pierre convergeaient visiblement dans une unique direction.

— Fesses ! Fesses ! Fesses !

Enfin, dans deux directions.

— Et qu'étiez-vous, *signorina*, au temps de votre vie humaine ? s'enquit Casanova, cherchant à oublier des désirs qu'il ne pouvait satisfaire.

Je lui sus gré de me distraire moi aussi de mes pensées. Oui, qu'avais-je été dans mon autre vie ? Bonne question. Devais-je répondre « actrice » ? C'eût été ridicule, surtout devant Barton. Il fallait bien admettre que la bonne question de Casanova n'avait qu'une mauvaise réponse :

— J'étais une perdante.

— Ne vous en faites pas, me dit Casanova avec sympathie. C'est un sort que vous partagez avec la plupart des humains.

— Pas avec moi, intervint Barton. J'étais tout le contraire.

— Et pourtant, *signore*, vous êtes ici l'un et l'autre à présent, répondit Casanova en souriant.

— Il semblerait, reconnut Barton, agacé.

— Eh oui, *signore*, le destin adore faire de l'ironie.

— Le destin aussi est une *bitch*, répliqua Barton, à qui je ne pus que donner raison en moi-même.

— Qu'est-ce qu'une *bitch* ? s'enquit Casanova.

— Une putain.

— Oh, non ! protesta Casanova. Dire cela du destin, c'est faire insulte aux prostituées. Elles nous font du bien, elles.

Visiblement, personne parmi nous n'était fan du destin.

— Armée, halte ! cria la reine.

Nous avions atteint la terrasse. Toutes les fourmis s'immobilisèrent, au garde-à-vous, tandis que la souveraine prenait position sur une pelle en plastique retournée, sans doute abandonnée là par l'un des quelque cent enfants adoptifs du couple Pitt-Jolie, et dont le jaune synthétique contrastait violemment avec le rouge des fourmis.

— Nous allons anéantir les fourmis vertes, parce que le vert ne mérite pas de vivre ! cria la reine.

— Je ne vois aucune fourmi verte, déclara Barton en regardant autour de lui.

De fait, si notre armée de fourmis rouges était au complet sur la terrasse, les vertes ne se montraient pas. Elles étaient apparemment beaucoup plus malignes que nous.

— Ne vous réjouissez pas trop vite, *signore*, dit Casanova. Elles viendront.

— Mort aux fourmis vertes ! hurla encore la reine, dont le crâne rouge semblait sur le point d'exploser de haine. Détruisez-les !

Cette guerre allait tuer une multitude de ses sujets, et j'étais certaine qu'ils ne se réincarneraient pas – contrairement à nous, humains, qui étions dans le cycle du karma. Mais cette folle se fichait de ce qui arriverait à ses soldats tout autant que le dictateur nord-coréen moyen. Ou que le commandant en chef moyen des forces armées des États-Unis. Ou que l'éditorialiste moyen qui réclame qu'on envoie des soldats dans des pays lointains. Ces fourmis me faisaient pitié. Si seulement nous trouvions une manière d'empêcher ce bain de sang absurde… peut-être pourrions-nous… peut-être…

— Nous sommes finis, gémit Barton.

— Ou le contraire ! fis-je d'un air inspiré.

— Quel est donc le contraire d'être fini ? demanda Barton. Être commencé et pas terminé ?

— Non ! C'est amasser du bon karma !

— Hein ?

— Si nous empêchons la guerre, nous récolterons du bon karma, expliquai-je avec enthousiasme.

— Pardonnez-moi, *signorina*, intervint Casanova. J'ai un peu d'expérience avec le karma.

— Tu n'as pas toujours été une fourmi ?

— Je l'ai été durant cent trente-trois vies, mais ensuite, j'ai amassé du bon karma avec une femme nommée Kim, et je suis devenu un cochon d'Inde[1].

— Formidable, gémit Barton. Cochon d'Inde, c'est au moins mille fois mieux.

— Et, une fois cochon d'Inde, j'ai accumulé encore plus de bon karma et suis devenu un magnifique chat.

— Ça ne se voit pas beaucoup quand on te regarde, observa Barton, agacé.

— Ah, c'est que, par la suite, j'ai de nouveau amassé du mauvais karma. J'ai brisé trop de cœurs de chattes.

— Tu vois ! dis-je en souriant à Barton. On peut devenir un animal supérieur.

— Même si c'est vrai, comment pourrions-nous, à deux, empêcher une guerre ? demanda-t-il.

— Tu poses vraiment trop de questions, dis-je,

1. *Mémoires* de Casanova : « Cet épisode de ma vie a été chanté dans le roman épique de pacotille *Maudit Karma.* »

contrariée (était-ce donc à moi de trouver une solution à tout ?). Et si, pour changer, tu avais une idée constructive ?

— Euh…, commença Barton, cherchant quelque chose à répondre.

— Ce serait super ! le coupai-je.

— Poum-poum ! se réjouit alors Urrgh.

De sa patte gauche, il montrait l'autre bout de la terrasse, où l'armée des fourmis vertes venait d'apparaître. Une armée bien plus considérable que la nôtre. Quoi qu'ait prétendu la reine rouge, nous n'avions aucune chance contre une telle supériorité numérique.

— Ce sera un carnage, constata Casanova. Mais il faut voir le bon côté des choses.

— Bon Dieu, tu vois un bon côté quelque part ? demanda Barton.

— Au moins, nous ne serons pas obligés de nous accoupler avec la reine.

Comparé à la perspective du carnage, c'était pour Barton une maigre consolation.

— Poum-poum-poum ! fit Urrgh, de plus en plus réjoui par le spectacle de l'imposante armée des fourmis vertes prenant position à l'extrémité de la terrasse.

— Ce type commence, lentement mais sûrement, à me taper sur le système, ronchonna Barton.

— Mais non, il a raison ! dis-je en souriant, car l'ancien homme préhistorique venait de me donner une idée.

— Avec ses fantasmes de meurtre ? s'étonna Barton.

— Tu y es presque. Si nous assommons la reine rouge, la guerre n'aura pas lieu, et nous récolterons du bon karma !

19

Bien entendu, Barton me demanda comment je comptais m'y prendre pour estourbir la reine et, bien entendu, je n'en avais pas l'ombre d'une idée. Je ne savais qu'une chose : notre problème ne se résoudrait pas de lui-même, il n'était pas possible de le remettre à plus tard ni de le noyer dans l'alcool, et nous ne pouvions pas davantage fuir. D'ailleurs, même au cas peu vraisemblable où nous parviendrions à nous enfuir, nous n'amasserions pas pour autant du bon karma. Je ne voulais pas, comme Casanova, traîner une existence de fourmi pendant des siècles. Même pas une journée, d'ailleurs. Je voulais retrouver Yannis. Sentir près de moi sa présence. Pour cela, il me fallait ce que je n'avais jamais eu dans ma vie d'humaine : un plan.

Les difficultés n'étaient que trop évidentes. Pour retirer la reine de la circulation, nous devions d'abord échapper à la surveillance de Frtxl, puis grimper sur la pelle retournée, éliminer les gardes du corps, et enfin maîtriser la grosse reine. Tout cela avant qu'elle ait pu donner l'ordre d'attaquer. Je me mis à réfléchir fébrilement. Dans ma tête, c'était comme dans le film où, avec son équipe de cambrioleurs hautement spécialisés, le cerveau George Clooney révise point par point les étapes du casse du siècle. Il ne manquait que la bande-son de musique cool. En tout cas, tel fut le plan que je concoctai à la hâte : Urrgh se jetterait sur Frtxl pour nous permettre de nous éloigner du bataillon. Sur un côté de la pelle, Casanova ferait un énorme raffut jusqu'à ce que les gardes du corps se jettent sur lui. Ainsi, la reine ne serait plus surveillée. À ce moment-là, Barton et moi attaquerions par l'autre côté. L'un de nous deux détournerait l'attention de la reine, et l'autre la ferait tomber de la pelle sans lui laisser le temps de déclencher la bataille.

Naturellement, je savais que les plans forgés dans des films par des types comme George Clooney tournaient toujours mal à un moment ou à un autre, et il en serait probablement ainsi du mien, mais je n'allais pas déjà me laisser arrêter par ce léger détail. Ce plan était la chose la plus élaborée que j'aie jamais imaginée. Je l'exposai donc aux autres, puis leur demandai, tout excitée :

— Alors, qu'en pensez-vous ?

— Incroyablement audacieux, reconnut Casanova en souriant.

— Incroyablement cinglé, estima Barton, dont je commençais, lentement mais sûrement, à trouver insupportable le côté négatif.

— Urrgh pas compris.

J'envisageai un instant de tout réexpliquer à l'ex-homme de l'âge de pierre. Mais le temps nous manquait, et puis j'avais des doutes sur la possibilité pour Urrgh de jamais piger mon projet, quand bien même j'aurais eu à ma disposition une présentation

PowerPoint. Je me contentai donc de lui montrer notre chef de bataillon Frtxl en disant :

— Toi juste faire poum sur celle-là.

— Poum, bon !

— Alors, vous me suivez ? demandai-je à mon petit cercle de fourmis.

— *Naturalmente*, sourit Casanova. Je veux redevenir chat et charmer les chattes, les transporter chaque nuit par ma poésie, mes chants, ma langue, mon mem…

— C'est bon, on a compris, le coupai-je.

— Membre, bon ! approuva Urrgh, qui saisissait d'instinct que c'était là sa chance d'en retrouver un.

Seul Barton ne s'était pas exprimé.

— Qu'est-ce qu'il y a ? lui demandai-je.

— Tu es folle.

— Tu me l'as déjà fait remarquer plusieurs fois.

— Et, chaque fois, j'avais raison.

— Tu es trop négatif.

— Ça vaut mieux que d'être fou.

— Je ne trouve pas.

— Oui, mais tu es folle.

— Folle ou pas, ça ne répond toujours pas à ma question. Tu en es, oui ou non ?

Barton considéra les armées menaçantes qui, face à face, n'attendaient que l'ordre de leurs reines pour attaquer. Il n'avait pas d'autre idée pour amasser du bon karma, ni même pour sortir simplement de là sain et sauf. Mon idée avait beau lui sembler folle, il n'en existait pas de plus raisonnable. Alors, se forçant à sourire, il répondit :

— Membre, bon.

20

Entre-temps, l'armée des fourmis vertes avait achevé de prendre position. Il n'y avait plus entre elle et l'armée rouge que quelques longueurs de fourmi. Une cinquantaine, peut-être. Sur le champ de bataille régnait le fameux calme d'avant la tempête. On aurait entendu tomber une épingle. Enfin, une épingle était un objet gigantesque pour une fourmi. Sa chute d'une hauteur humaine aurait résonné comme celle de la flèche de l'Empire State Building dans les rues de New York. Pourtant, même un tel vacarme n'aurait peut-être pas suffi à déconcentrer les combattants. Les rouges et les verts se tenaient face à face, figés, résolus à mourir pour la cause. Frtxl, absorbée dans une sorte de transe guerrière, ne remarqua pas non plus que nous rampions vers elle. Elle ne se tourna vers moi, stupéfaite que quelqu'un ose lui adresser la parole dans un moment pareil, que lorsque je fus juste à côté d'elle.

— Excusez-moi… Mon ami Urrgh aimerait vous dire quelque chose.

— Quoi… ? demanda la grande fourmi, trop étonnée pour songer à nous engueuler.

— Poum ! répondit Urrgh.

— Poum ?

Urrgh se jeta alors sur elle et se mit à lui taper dessus à pattes raccourcies.

— Poum, confirmai-je.

Je n'avais encore jamais vu personne prendre autant de plaisir qu'Urrgh à cogner. Même Terence Hill et Bud Spencer n'avaient pas l'air de s'amuser autant dans leurs films.

— Venez ! criai-je à Barton et Casanova.

Nous filâmes tous les trois, profitant de la bagarre entre Frtxl et Urrgh, tandis que les fourmis autour d'eux hésitaient entre secourir leur chef et garder la position. Elles n'avaient sans doute jamais vu quelqu'un de leurs propres rangs s'en prendre à la chef du bataillon. On aurait dit des fourmis robots dont les circuits auraient fondu.

Nous pûmes donc courir jusqu'à la pelle jaune sans être arrêtés par les autres fourmis, qui restaient toutes en position. La reine et ses gardes du corps étaient maintenant juste au-dessus de nous, et eux non plus ne nous prêtèrent aucune attention, n'ayant d'yeux que pour l'armée ennemie. Le fait que celle-ci soit bien plus nombreuse que la sienne n'ébranlait pas la reine dans sa détermination – ou plutôt sa folie.

— À toi, maintenant, soufflai-je à Casanova.

— N'ayez pas d'inquiétude, *signorina*, je m'arrangerai pour que ces gardes descendent et se jettent sur moi.

— Et comment comptes-tu t'y prendre ? s'enquit Barton d'un air sceptique.

— Je leur ferai des compliments.

— Des compliments ?

Cette réponse n'avait pas de quoi diminuer le scepticisme de Barton. Ni le mien.

— Les compliments sont une épée tranchante, sourit le charmeur.

Je ne comprenais pas trop où Casanova voulait en venir, mais le temps pressait.

— Nous ne pouvons pas attendre, dis-je à Barton.

Nous partîmes en courant. À peine avions-nous tourné le coin de la pelle – car, pour ne pas attirer l'attention, nous devions grimper par l'autre côté – que la voix de Casanova s'éleva :

— Nobles gardes du corps !

— Que veux-tu ? lui cria l'un d'eux.

— Vous admirer, *signore*.

— Qu'est-ce qu'un *signore* ?

— Cela n'a aucune importance dans ce contexte.

— Et que veut dire « contexte » ?

— Cela non plus n'a aucune importance.

Le silence était tel que, de là où nous étions, vers le manche de la pelle, nous entendîmes les gardes du corps fourmis se gratter le crâne avec perplexité.

— Nobles seigneurs de la garde, vous vous accouplez avec la reine, n'est-ce pas ? leur dit Casanova.

— Oui.

— J'admire votre puissance virile.

— Merci, répondit-on d'un ton flatté.

— Nul ne peut se mesurer à vous !

— Pour ça, tu peux nous faire confiance, confirma le garde du corps, tandis que Barton et moi escaladions sans être vus le manche de la pelle.

— Vous êtes les plus endurants d'entre toutes les fourmis ! poursuivit gaiement Casanova.

Tous les gardes du corps émirent de petits grognements approbateurs.

Barton et moi, nous remontions en courant le long du manche de la pelle. Déjà, nous apercevions les immenses gardes du corps et leur reine géante. Ils nous tournaient le dos et regardaient Casanova, qui les occupait avec ses flatteries. Mais cela ne suffirait pas ! Si nous attaquions la reine maintenant, les gardes se détourneraient de Casanova et nous tueraient. Pour que mon plan fonctionne, il fallait qu'il les amène à se jeter sur lui. Et très vite.

— Mais savez-vous, *signori*, ce que j'admire le plus chez vous lorsque vous vous accouplez avec la reine ? reprit-il.

— Non, quoi ? s'enquirent d'une seule voix les gardes du corps.

Comme tous les êtres vivants, ils ne se lassaient jamais des flatteries.

— C'est que rien ne vous dégoûte.

— Tuez-le ! hurla la reine.

Les gardes sautèrent à bas de la pelle. La reine était seule à présent, et elle nous tournait le dos. Jusqu'ici, mon plan avait remarquablement fonctionné.

— Et maintenant ? me questionna Barton tandis que nous nous approchions de la reine.

— Maintenant, l'un de nous la distrait, et l'autre la fait tomber de la pelle en la poussant.

En énonçant cette dernière étape de mon plan, je me demandai lequel des deux rôles serait le plus déplaisant.

— Et comment la pousser ? Tu l'as regardée ? dit Barton.

Pendant ce temps, le monstre encourageait ses gardes du corps :

— Arrachez-lui les pattes ! Pas si vite ! Lentement ! Plus lentement !

Barton avait raison, une fourmi seule n'avait aucune chance contre elle. C'est à ce moment précis que je compris que, la plupart du temps, il n'était pas aussi facile d'appliquer un plan à la lettre.

— Alors, qu'est-ce qu'on fait ? insista Barton.

Je ne savais pas. À part que mon bon vieux charme de Daisy ne servirait à rien. Il m'avait déjà fait faux bond lors de ma dernière journée d'être humain.

— J'aurais bien une idée, dit Barton.

— Commencerais-tu à devenir constructif ? m'étonnai-je.

— Si tu me laissais au moins parler…

— D'accord, qu'est-ce que tu proposes ?

— De décamper et de réfléchir plus tard à une autre façon d'amasser du bon karma.

L'idée me plaisait, et même beaucoup, car je n'avais aucune envie de savoir ce que ça faisait de se faire arracher lentement les pattes, surtout quand on en avait six. D'un autre côté, eu égard au fait que Casanova était en train de se faire découper en petits morceaux derrière cette pelle, la fuite aurait été légèrement déloyale envers lui. Bon, d'accord : franchement déloyale.

— Pas question, dis-je.

— Tu as une meilleure idée ? voulut savoir Barton.

En tout cas, il n'avait pas encore fichu le camp sans moi. Il m'écoutait.

— J'en ai au moins une. Nous prenons notre élan tous les deux et nous renversons la vieille.

Barton regarda la reine, réfléchit, puis déclara :

— Ça pourrait marcher. Je dis bien : pourrait.

— Mais seulement si nous agissons ensemble.

— Je suis capable d'avoir l'esprit d'équipe, s'indigna Barton.

— Ah bon ? fis-je d'un air de défi.

— Si c'est moi qui dirige l'équipe ! répliqua-t-il en souriant, mais n'ironisant tout au plus qu'à moitié. Alors, à mon commandement : prêt…

— Partez ! achevai-je.

Et je fonçai. Si quelqu'un devait diriger cette équipe, c'était bien la femme-fourmi qui concevait les plans.

Après avoir renâclé un peu, Barton démarra à son tour, me rattrapa bientôt, et nous courûmes à toutes pattes vers le monstre… qui nous semblait de plus en plus énorme à mesure que nous approchions. Et de plus en plus mauvais.

— Elle n'a pas seulement du poil au menton…, haleta Barton.

— … mais aussi au cul, constatai-je.

— Et nous fonçons dessus, acheva-t-il d'une voix étranglée.

Hélas, il avait raison. Nous allions donner de la tête directement contre ce derrière poilu.

Je ne pus m'empêcher de fermer les yeux. Sans cela, je n'aurais peut-être pas fait machine arrière, mais j'aurais à coup sûr ralenti le rythme et perdu mon élan. Je m'écrasai donc à l'aveuglette contre le postérieur de la reine fourmi en même temps que Barton, dans un travail d'équipe plus ou moins coordonné. La tête bourdonnante, je titubai un peu, m'attendant à chaque instant à entendre le cri de la reine en train de choir.

Comme rien ne venait, j'ouvris les yeux avec précaution. Un Barton visiblement abasourdi vacillait près de moi. Et nous contemplions tous deux le postérieur de la reine. Elle n'était pas tombée. Au lieu de cela, elle se retourna lentement. Très lentement. Sa face naturellement rouge était à présent d'un rouge sombre, et son regard manifestait un degré de haine que seuls pouvaient atteindre les tyrans à accès de folie intermittents.

— Nous sommes une équipe de merde, constata Barton.

21

— Savez-vous ce que je vais faire maintenant ? siffla la reine fourmi.

— Rire de bon cœur avec nous de cette petite plaisanterie ? suggérai-je, tentant de minimiser l'importance de notre agression.

— M'occuper de vous tout à fait personnellement.

— Oh, ce n'est pas nécessaire, dis-je avec un sourire contraint.

— Vous avez certainement mieux à faire, renchérit Barton. Après tout, vous avez une guerre à mener, il ne faut pas vous laisser arrêter par de petites choses.

Que Barton l'invite à déclencher la guerre était certes en contradiction avec notre projet d'amasser du bon karma mais, très franchement, j'aurais moi aussi dit n'importe quoi pour me sortir de cette situation.

— Ces lâches de fourmis vertes ne veulent pas vraiment la guerre, s'esclaffa la reine. Elles ne se battront que si je donne l'ordre à mon armée d'attaquer. J'ai donc du temps à vous consacrer. Tout mon temps.

— Fichons le camp, soufflai-je à Barton. À mon signal, prêt…

— … partez ! acheva-t-il.

Cette fois, il s'élança le premier. Nous ne ferions sans doute jamais rien de concert, à supposer que nous survivions ou, dans le cas contraire, que nous nous réincarnions ensemble en fourmis. Mais au fait… n'avions-nous pas récolté du mauvais karma en laissant Casanova se sacrifier pour rien, absolument rien ? N'allais-je pas revenir sous forme d'asticot, ou de mouche bleue, ou encore de bousier ?

Être une mouche bleue ne serait peut-être pas si terrible. Je pourrais toujours bourdonner autour de Yannis et de la Kelly de telle façon qu'ils n'arriveraient jamais à s'embrasser tranquillement. La Kelly, énervée, finirait par quitter Yannis, et je pourrais vivre dans sa chambre et dormir sur son oreiller. Il ne pourrait pas cajoler une mouche comme un chat, mais je pourrais à la rigueur supporter cela. Au moins, je serais avec lui. Pendant ces secondes de terreur, Yannis me manqua comme jamais. J'avais vécu presque toute ma vie près de lui et, dans cet enfer, il n'était pas là. Contrairement à Barton. La fourmi la plus énervante du monde. Casanova avait raison, le destin adorait faire de l'ironie.

— Vous allez me le payer ! nous cria la reine.

Sa tête était de nouveau d'un rouge sombre, et sa graisse tremblotait. Cette femelle souffrait visiblement d'hypertension. Comme notre voisin Lemke à Bremerhaven, qui était mort d'un infarctus à soixante-trois ans et dont les dernières paroles avaient été : « Si seulement je n'avais pas mis autant d'argent dans mon assurance retraite ! »

— Arrêtez-vous ! hurla le monstre tandis que nous courions vers le manche de la pelle.

— Compte là-dessus, haleta Barton.

Le corps massif de la reine se mit en marche. Pour une aussi grosse fourmi, elle était fichtrement rapide. Plus que nous. Beaucoup plus. Elle avait beau souffler et ahaner, elle ne tarderait pas à nous rattraper.

— Vous voulez vous payer ma tête ? cria-t-elle, son visage passant du rouge foncé au violet.

Cette vue m'inspira subitement une nouvelle idée.

— Oui, absolument ! répondis-je.

— Non, pas du tout, souffla Barton.

— Oh, que si, répliquai-je en m'arrêtant.

— Mais nous voulons encore moins nous arrêter ! s'écria Barton, effaré.

— Fais-moi confiance.

— À TOI ?

— Eh bien, laisse tomber, répliquai-je avec agacement. On est obligés de se payer votre tête, poursuivis-je en m'adressant de nouveau à la reine. C'est un instinct tout à fait naturel.

Cette insolence la surprit tellement qu'elle s'arrêta à son tour. Et Barton aussi, de terreur. S'étouffant presque de rage, la reine me demanda :

— Es-tu… es-tu… ?

— Oui, elle est folle, soupira Barton.

Pourtant, je n'avais pas été aussi lucide depuis longtemps. Je revoyais notre ancien voisin, qui avait eu un infarctus pour s'être trop énervé contre son chauffage par le sol qui, à cause d'un défaut de fabrication, refusait de descendre au-dessous de 50 °C – oui, Barton et moi n'étions pas les seuls à pouvoir mourir d'une mort absurde. La reine me rappelait ce vieux voisin, elle aussi me paraissait sur le point de passer de vie à trépas.

— Vous n'avez même pas besoin d'une armée pour

anéantir les fourmis vertes ! lui criai-je. Pour ça, votre haleine pestilentielle suffit.

— Tu vas souffrir comme personne n'a jamais souffert avant toi ! hurla la reine en s'avançant vers moi à grands pas, tandis que j'espérais ardemment ne pas m'être trompée dans mon diagnostic médical de profane.

— Je ne suis pas convaincu par ta stratégie, me dit Barton.

Je ne me laissai pas démonter pour si peu.

— Ou bien vous n'avez qu'à montrer à l'armée verte votre derrière poilu.

— Arrgh ! rugit la reine en se mettant effectivement à vaciller.

Mais elle était déjà dangereusement proche de nous. La prochaine phrase devait porter.

— Ou bien… ou bien… ou bien…, bafouillai-je.

Dommage, je n'avais plus aucune idée.

La tyranne n'était plus qu'à deux pas de nous. D'une seconde à l'autre, elle nous frapperait de ses puissantes pattes. Barton vola à mon secours :

— Ou bien… vous n'avez qu'à leur montrer votre tête !

Cette fois, la reine leva une patte vers sa poitrine.

— Espèce de…

Elle voulut nous injurier, mais ne parvint qu'à laisser échapper un sifflement de cocotte-minute.

— Ce sera la mort la plus cruelle pour les fourmis vertes ! beugla Barton.

Les yeux révulsés, la reine s'avança vers nous en titubant.

— Non, il y a encore plus horrible…, dis-je, une nouvelle idée me venant malgré tout.

— … vous accoupler avec elles ! dit Barton, achevant ma pensée.

Ce fut le coup de grâce.

La reine tomba morte.

Sur nous, hélas.

Je n'eus que le temps d'avoir une dernière pensée dans cette vie de fourmi. Peut-être Barton et moi ne formions-nous pas une si mauvaise équipe ?

22

De nouveau, ma vie entière défila devant mes yeux. Ma vie de fourmi, cette fois. Je me souvins de l'enterrement. De mon émotion. De Yannis avouant qu'il m'aimait. Et du moment où j'avais décidé de l'empêcher de se mettre en couple avec la Kelly.

Je me remémorai aussi mes querelles avec Barton. Le derrière poilu de la reine. Comment nous l'avions tuée, épargnant ainsi la vie d'innombrables fourmis. Cela, j'en étais fière. C'était dingue ! Alors que je ne me souvenais pas d'avoir fait dans ma vie humaine quoi que ce soit dont j'aie pu être fière, j'avais réussi, dans cette courte vie de fourmi, à accomplir un acte important.

Une fois encore, je volai à travers le grand néant blanc, vers la lumière. Non pas sous ma forme d'insecte, mais dans mon corps d'être humain. Nu comme la nature l'avait créé. Cette sensation d'avoir de nouveau un corps humain était extraordinairement agréable. Lui non plus, je ne l'avais pas apprécié à sa juste valeur durant ma première vie, consommant des cigarettes, de l'alcool, des drogues et toutes sortes de cochonneries. Ou peut-être était-ce précisément en prenant plaisir à toutes ces choses que je l'avais malgré tout apprécié à sa juste valeur ?

La lumière était plus brillante que lors de ma première mort, plus chaude, plus apaisante. Je désirais tellement y entrer, me fondre en elle ! Davantage encore que la première fois. Instinctivement, je sentis que cette lumière et moi n'étions pas seules. Au prix d'un violent effort, je me détournai d'elle pour regarder sur le côté. Barton était là. Lui aussi redevenu humain, lui aussi nu. Sans se soucier de ma présence, plein de désir et d'espoir, il ne voyait que la lumière.

Elle devenait toujours plus claire. Malgré moi, je me tournai à nouveau vers elle. Aussitôt, elle m'enveloppa, et je m'y sentis encore plus en sécurité que la première fois. Encore plus heureuse. Si le paradis existait, j'y étais. Impossible de rien imaginer de plus beau, de plus merveilleux. Et, comme la première fois, juste avant de m'avoir enveloppée tout à fait, la lumière me rejeta. Elle ne voulait pas de moi.

Elle repoussa aussi Barton, qui en fut infiniment triste. Tous deux, nous avions les larmes aux yeux.

Je me retrouvai tout à coup gisant sur du gravier. Il me parut toutefois évident que ce n'était pas celui de l'allée de la villa de Brad Pitt, puisqu'il était sous l'eau. Dans la pénombre, une faible clarté laissait apercevoir de hautes plantes vertes qui ondulaient doucement dans le courant. J'étais donc au fond d'une mare, d'un lac, ou même d'une mer. À peine eus-je compris cela que je me mis à étouffer.

23

Affolée, je levai les yeux. Une lumière brillait au-dessus de l'eau. Je devais absolument remonter à la surface ! Trouver de l'air !

En cherchant à nager, je m'aperçus que je n'avais plus que deux bras au lieu de six pattes. Cela signifiait que je n'étais plus une fourmi. Mais je n'étais pas redevenue un être humain, puisque je ne sentais que ces deux bras… et pas de jambes. Mon Dieu, je n'avais plus de jambes !

Mais j'avais un autre problème plus urgent : je ne pouvais pas me retenir de respirer plus longtemps. Je ne souhaite à personne de se retrouver dans une situation où avoir perdu ses jambes n'est pas le problème le plus urgent.

Je nageai vers le haut aussi vite que je pus. Ce faisant, je m'étonnai de progresser aussi aisément, avec des mouvements aussi naturels, moi qui avais toujours évité soigneusement piscines et baignades. Enfant, déjà, je me demandais pourquoi il fallait apprendre à nager. Nous autres humains n'avions rien à faire dans l'eau. Après tout, dans les stations balnéaires, les seuls à mourir sont des nageurs trop sûrs de leurs capacités. Alors que ceux qui ne nagent pas restent tranquillement allongés sur la plage à admirer les plaisantes formes des sportifs de sexe masculin ou féminin, selon leur goût. Plus que quelques brasses et je pourrais de nouveau respirer ! Surtout, ne pas renoncer ! Rassemblant mes dernières forces, j'émergeai à la surface et... ne pus plus respirer du tout.

Je luttai désespérément mais, plus je luttais, plus je me sentais étouffer. À moitié folle de terreur, je voulus porter les mains à mon cou. Mes bras étaient trop courts. D'ailleurs, je n'avais plus de cou. Je crus que j'allais m'évanouir. Incapable de me maintenir hors de l'eau, je glissai sous la surface, certaine que j'allais me noyer. Trop faible pour me débattre, je m'enfonçai... m'enfonçai... et soudain, je pus de nouveau respirer ! Sous l'eau !

Comment diable était-ce possible ?

Un gigantesque poisson rouge nageait vers moi – sur le moment, en tout cas, il me parut gigantesque, étant donné qu'il avait la même taille que moi.

— C'est toi, Daisy ? glouglouta-t-il avec la voix de Barton.

En pratiquement toute autre circonstance, j'aurais noté avec plaisir que Barton ne m'appelait plus ni « la folle » ni « Taichy », mais employait pour la première fois mon vrai prénom. En l'occurrence, je me contentai de conclure que la détresse respiratoire éprouvée au moment de ma réincarnation n'était due qu'à la panique de me retrouver subitement sous l'eau. Je contemplais mon nouveau corps de poisson rouge, mes courtes nageoires, mes écailles, m'efforçant aussi de localiser mes branchies, quand une voix aimable et douce s'éleva derrière nous :

— Soyez les bienvenus, mes amis.

Un poisson extraordinairement gros, aux nageoires orange et blanc, nageait vers nous. Un poisson-clown comme je n'en avais vu jusqu'ici que dans le film Pixar *Le Monde de Nemo*. Il souriait béatement.

— Bouddha, constata Barton d'une voix excédée.

— Pourquoi diable sommes-nous devenus des poissons rouges ? demandai-je avec colère.

Le poisson-clown eut un large sourire. Décidément, il me déplaisait tout autant que les vrais clowns.

— Le diable n'y est pour rien. Il n'existe même pas.

En d'autres circonstances, une pécheresse occasionnelle telle que moi aurait été rassurée par cette information. Mais ce n'était pas ce qui m'intéressait pour le moment.

— Tu ne réponds pas à ma question. Pourquoi sommes-nous des poissons rouges ?

— Eh bien, vous avez amassé du bon karma.

— Justement ! Nous devrions être devenus autre chose !

— Des chats ou des chiens, peut-être ? questionna le poisson-clown en souriant.

— Tout juste !

— Pour cela, il en faut un peu plus.

— Il en faut plus ? Il en faut plus ?

— C'est bien ce que j'ai dit.

— Nous avons empêché une guerre, protestai-je. Qui peut en dire autant ?

— Presque personne, glouglouta Bouddha.

Il m'énervait de plus en plus avec son sourire permanent. Si j'avais été un humain, j'aurais mis ce poisson-là sur le gril !

— Pourquoi donc n'avons-nous pas été mieux récompensés ? demandai-je.

— Parce que vous l'avez fait pour de mauvaises raisons.

Cela me réduisit subitement au silence.

— Vous vouliez devenir des animaux supérieurs afin de mal agir.

Honteuse, je considérai le gravier du fond. Nous avions cru bien faire en voulant séparer Yannis de la Kelly, mais c'était une mauvaise action aux yeux de Bouddha.

— Profitez de votre nouvelle vie, nous dit le gros poisson. C'est réellement la récompense de vos actes. Vous l'avez méritée.

Une brillante lumière enveloppa Bouddha, et il se fondit en elle. Au bout de quelques secondes, il ne resta plus rien de lui ni de la lumière.

— Qu'est-ce que ses adeptes peuvent bien trouver à ce *motherbipper* ? demanda Barton, excédé.

J'étais trop découragée pour répondre. Bouddha avait beau dire, une vie de poisson rouge passée à nager n'était pas une récompense. C'était tellement moins bien que d'être un chat ou un chien ! Même renaître en mouche bleue m'aurait semblé préférable. Comment des poissons rouges pourraient-ils empêcher Yannis et la Kelly de se mettre ensemble ? Et, surtout, comment pourrais-je jamais retourner auprès de Yannis en étant un poisson rouge ?

24

Nous étions environnés d'une foule de poissons exotiques de toutes les couleurs de l'arc-en-ciel. Un peu plus loin, on voyait monter des bulles d'air – sans doute d'un oxygénateur. Il n'y avait donc pas de mer. Ni de lac. Pas même une mare.

Je me mis à nager – à ma propre surprise, la sensation de l'eau glissant sur mon corps me procura un certain plaisir – et découvris mon reflet dans une vitre. Nous étions effectivement dans un aquarium. Mais pas n'importe lequel : celui de Brad Pitt et Angelina Jolie.

Les autres poissons avaient-ils subi le même sort que nous ? Non, à en juger par leur regard stupide, j'étais certaine qu'aucun d'eux n'était un humain réincarné. En quoi Casanova et Urrgh avaient-ils pu renaître ? Ils avaient certes agi de façon un peu plus désintéressée que nous[1 & 2].

---

1. *Mémoires* de Casanova : « Mon ami Urrgh et moi revînmes à la lumière du jour sous l'apparence de cette sorte d'ours qu'on nomme panda. Cependant, nous n'étions pas de l'espèce décrite par Marco Polo dans ses récits de voyage. Nous n'avions pas de taches noires sur un pelage blanc, mais étions largement tachés de roux. Tandis que j'exultais de la joie d'être redevenu un mammifère, mon ami Urrgh, un peu plus terre à terre, se réjouissait de son nouveau membre. »

2. *Mémoires* de l'homme préhistorique Urrgh : « Membre ! Membre ! Membre ! »

À travers la vitre, nous avions une vue imprenable sur le canapé lilas. Et sur Yannis et la Kelly, qui, à cet instant, entraient ensemble dans la pièce. Ils n'étaient pas vêtus comme la première fois. Combien de temps avait pu s'écouler depuis notre mort de fourmis ?

— L'avion s'envole demain, dit la Kelly. Aux États-Unis, les journalistes vont me harceler.

— Je serai avec toi, dit Yannis en lui prenant la main.

— Embipé ! jura Barton.

— Merci, répondit la Kelly avec gratitude, lui donnant sur la joue une caresse qu'il accepta beaucoup trop complaisamment. J'ai envie de faire quelque chose… mais ce n'est pas bien. C'est même très mal…

— Quoi donc ? demanda Yannis.

— T'embrasser…

Épouvantés, nous collâmes nos museaux de poissons contre la vitre.

La Kelly n'attendit pas la réponse de Yannis pour l'embrasser. Et, à voir la façon dont il lui rendit son baiser, il ne trouvait pas du tout que c'était mal.

Rien ne m'avait jamais causé une telle douleur. Pas même la mort.

Yannis et la Kelly s'embrassaient toujours plus tendrement. Si ça continuait, ils allaient se déshabiller sous nos yeux globuleux. Je me mis à frissonner, alors que l'eau de l'aquarium était tiède.

— Ils ne pourraient pas au moins aller dans la chambre ? pesta Barton.

— Nous pourrions aussi détourner les yeux.

— Oui, nous pourrions.

Mais nous ne le fîmes pas.

La Kelly dénoua sa natte et secoua ses cheveux.

— Elle fait toujours ça quand elle a l'intention de s'abandonner, glouglouta tristement Barton.

— Nous devrions vraiment regarder ailleurs.

— Oui, il faudrait.

Mais nous regardions toujours. Après réflexion, Barton ajouta :

— Même si nous regardons ailleurs, nous les entendrons, puisque…

— … nous ne pouvons pas nous boucher les oreilles avec nos petites nageoires.

Être poisson faisait soudain de moi une voyeuse. Combien de fois des humains revenus sous je ne sais quelle forme, araignée, mouche, moustique ou autre bestiole, m'avaient-ils vue faire l'amour ? Et quelle sorte de gens étaient-ils pour s'être réincarnés en de tels animaux ? Il y a des pensées qu'on ferait mieux de ne pas poursuivre.

Lentement, Yannis déboutonna le chemisier de soie rose de la Kelly, découvrant deux splendides seins.

— Dis-moi que c'est du silicone, suppliai-je Barton.

— Je peux te le dire.

C'était au moins une petite consolation.

— Mais je mentirais.

Ah, merde !

À présent, c'était la Kelly qui retirait son tee-shirt à Yannis. Pour une femme qui avait fait attendre Barton plusieurs mois avant de coucher avec lui, elle n'y allait pas par quatre chemins.

— Je les trouve très irrespectueux, ronchonnai-je.

— Oui, si vite après notre mort…, dit Barton, lui aussi très choqué.

— Même si Bouddha trouve que c'est mal, je veux toujours les séparer.

— On bipe sur Bouddha ! approuva Barton.
— Un gros tas de bip !
— D'éléphant !
— Qui a une gastro !
Mais tout cela n'était que bulles en l'air. Nous ne pouvions biper aucun gros tas sur Bouddha, c'était lui qui établissait les règles. Ou ne faisait-il que les appliquer ? En tout cas, nous ne pouvions rien faire sans récolter du mauvais karma.
— Si au moins nous avions une seule raison désintéressée de les empêcher d'être ensemble, soupirai-je.
— Tu veux dire, à part le fait que ce soit totalement contre nature qu'un loser puisse avoir une femme comme elle ?
— Yannis n'est pas un loser !
— Qu'est-ce qu'il fait dans la vie ?
— Des recherches sur les guerres puniques.
— C'est ce que je disais, un loser.
Yannis fit lentement descendre le jean de la Kelly, révélant les cuisses les plus sexy du monde.
— Dis-moi qu'il est mauvais au lit, me supplia Barton.
— Je peux te le dire.
— Mais ce serait un mensonge.
— Tout juste.
À son tour, Yannis ôta son jean. À présent, ils étaient tous deux en sous-vêtements, Yannis en boxer, la Kelly en petite culotte de dentelle noire.
— C'est moi qui la lui ai offerte, soupira Barton. Ça m'avait coûté 1 989 dollars.
De quoi laisser songeur le client moyen de H & M.
En voyant Yannis et la Kelly s'embrasser avec

passion, je me demandai si les poissons rouges pouvaient pleurer. J'allais certainement le savoir bientôt.

— Il faut vraiment que nous regardions ailleurs, murmurai-je.

— Oui…, acquiesça faiblement Barton.

Mais nous pressions toujours nos museaux de poissons contre la vitre. Par pur masochisme. Par bêtise. Et c'était finalement une bonne idée. Une très bonne idée. Parce que je remarquai une chose qui m'arracha soudain à mon état d'apitoiement sur moi-même.

— Tu as vu ça ? dis-je à Barton avec enthousiasme.

— Qu'une bosse est en train de se former dans le caleçon du loser ? J'aurais préféré ne pas le voir.

— Non, pas ça. Mais Yannis garde les yeux ouverts quand il l'embrasse !

— C'est ce que je disais : un loser.

— Ça signifie qu'il n'est pas amoureux d'elle !

— Comment le sais-tu ?

— Parce que, quand il m'embrassait, il fermait les yeux.

— Et ça, tu le sais parce que…

— … je les gardais ouverts.

— Et que tu ne l'aimes pas.

C'était vrai. Ou plutôt, ça l'avait été. Autrefois.

Mais maintenant, je me sentais affreusement jalouse. Je voulais à toute force les séparer. Et Yannis me manquait tellement !

Barton regarda sa femme – si on pouvait encore lui donner ce nom – et constata :

— Elle ferme les yeux.

Son inquiétude à l'idée que la Kelly puisse tomber amoureuse de Yannis se lisait sur son visage de poisson.

— Harry Potter n'a pas le droit de lui faire du mal.

— Comment pourrait-il lui en faire ?

Je ne parvenais pas à imaginer un garçon aussi gentil que Yannis brisant le cœur d'une superstar.

— Nicole sait qu'aucun homme ne l'aime pour elle-même…

— Toi inclus ?

— Maintenant, c'est différent…, glouglouta-t-il tout bas.

Il aimait sa femme.

Eh oui, on ne reconnaît l'amour qu'après qu'on l'a perdu. En tout cas, lorsqu'on est un idiot. Comme Barton. Comme moi. Moi aussi, je comprenais enfin que tout était changé. J'aimais Yannis.

25

— Nicole croit visiblement que ton Harry Potter est sincère, gronda Barton. Mais il est comme tous les autres, il ne s'intéresse qu'à son corps !

Même si j'avais envie de défendre mon cher Yannis, au fond de moi, je savais que Barton avait raison. Yannis était un type correct, mais le Dalaï-lama en personne n'aurait pas résisté à la tentation de se vautrer sur le canapé design avec une femme pareille. Et si Yannis faisait cela, j'en aurais le cœur brisé.

— Il va lui faire du mal, observa tristement Barton.

Ces paroles me donnaient une nouvelle idée !

— Eh bien, c'est super ! m'écriai-je d'un ton joyeux.

— Super ? Es-tu devenue définitivement cinglée ?

Barton essaya de me frapper d'un coup de nageoire, mais il était trop loin et ne parvint qu'à m'envoyer un petit courant d'eau.

— Si nous réussissons à les séparer, nous empêcherons Nicole d'avoir le cœur brisé. Ce sera une bonne action, et nous amasserons du vrai bon karma. Après ça, nous pourrons rester avec eux pour toujours. Être leurs animaux favoris.

Je me voyais déjà devenue le chat de Yannis, dormant sur son lit, me blottissant contre lui chaque fois que j'en aurais envie. Ce ne serait certes pas la relation amoureuse rêvée, mais bien mieux que de le regarder d'un point de vue de poisson rouge s'ébattre avec la Kelly.

— Très joli plan, répliqua Barton avec ironie. Tu n'oublies qu'une chose.

— Laquelle ? demandai-je, agacée qu'il recommence déjà à chercher le cheveu sur la soupe de poissons.

— Ils sont déjà presque en train de coucher ensemble.

— Alors, il faut nous dépêcher ! ripostai-je.

Tout en pelotant la Kelly, Yannis ouvrait les yeux de temps à autre et regardait parfois dans notre direction. Pour qu'il la lâche, il fallait trouver un moyen d'attirer son attention. Mais lequel ? Je n'y arriverais sûrement pas en tapant sur la vitre à coups de nageoires. Ni à coups de tête. Même si je me précipitais contre la paroi assez violemment pour me causer un traumatisme crânien, Yannis ne remarquerait rien.

Qu'était capable de faire un poisson rouge ? À part nager, produire des bulles et observer de ses yeux globuleux ? Je ne savais absolument rien des poissons, nous n'en avions jamais eu chez mes parents, je ne connaissais personne qui en ait... En fait, la seule fois où je m'étais vraiment intéressée à eux, c'était en regardant *Le Monde de Nemo*...

— *Le Monde de Nemo* ! m'écriai-je.

— Pardon ?

— Tu n'as pas vu *Le Monde de Nemo* ?

— Le film ?

— Non, fis-je avec agacement. La pièce de théâtre dansé.

— Ils en ont aussi fait du théâtre dansé ? s'étonna Barton.

— Non, bien sûr que non !

— Alors, pourquoi tu dis ça ?

— Tu connais le film, oui ou non ?

— Je n'aime que les films d'animation dans lesquels je fais la postsynchronisation et où je suis donc très bien payé pour peu de travail. Les autres, je m'en fiche. Où veux-tu en venir ?

— Suis-moi !

Je nageai à toute vitesse jusqu'à la surface. Là, je me couchai sur le côté et fis la morte, comme font les poissons du *Monde de Nemo* lorsqu'ils veulent qu'on les sorte de l'aquarium et qu'on les jette dans les toilettes, d'où ils regagnent la mer libre.

— À quoi ça va servir ? demanda Barton, qui avait fini par se décider à remonter.

— Ne pose pas tant de questions et contente-toi de faire comme moi.

Bien que sceptique, il me rejoignit et se mit lui aussi à faire le mort. Du coin de mon œil globuleux, je vis que Yannis nous avait aperçus. Au moment même où la Kelly allait lui retirer son caleçon, il s'écria avec effroi :

— Il y a des poissons morts !

La Kelly lâcha le caleçon de Yannis. Tous deux, ils se levèrent et, presque nus, s'approchèrent de l'aquarium.

— Comme ils sont gros ! dit Barton, fasciné.

— Bien sûr, ce sont des humains, lui soufflai-je.

— Je parle de ses seins.

Ils pendaient au-dessus de nous comme deux merveilles de la nature. En réalité, ils ne pendaient pas le moins du monde. Ils ne connaissaient même pas la loi de la pesanteur. Sigmund Freud prétendait qu'il existait chez les femmes une envie de pénis, mais moi, je souffrais plutôt d'une envie de seins.

— Ils font encore des bulles, observa la Kelly.

Nous cessâmes aussitôt d'en faire.

— Plus maintenant, dit Yannis d'une voix étranglée.

Nous leur rappelions leurs bien-aimés défunts, sans qu'ils puissent se douter que nous étions réellement là, sous l'apparence des poissons qu'ils avaient sous les yeux.

La Kelly retourna vers le canapé et enfila son chemisier de soie rose. Nous avions gâché l'ambiance. Exactement comme je l'espérais.

— Formidable, glouglouta tout doucement Barton.

Je constatai avec surprise que cette reconnaissance de sa part me remplissait de fierté.

Yannis nous contemplait toujours. Avec tristesse. Je sentais bien qu'il pensait à moi. Il m'avait aimée. Pendant des années. Et il m'aimait encore. Comme je l'aimais moi aussi maintenant.

— Je les sors de l'aquarium, dit-il soudain, les larmes aux yeux. Sans cela, ils risquent de contaminer les autres poissons.

Barton et moi, nous nous regardâmes, nos yeux globuleux remplis d'épouvante.

Moins d'une minute plus tard, nous étions dans la cuvette des toilettes et Yannis actionnait la chasse d'eau. Le tourbillon nous emporta.

— Cette fois, je déteste vraiment les films d'animation ! s'écria Barton.

26

On pourrait croire que, dans une situation de danger mortel, le fait de savoir qu'on se réincarnera quoi qu'il arrive permet d'être un peu plus détendu. Mais, lorsqu'on se trouve emporté dans des canalisations par le tourbillon d'une chasse d'eau et qu'on a l'impression que son petit corps de poisson va être déchiqueté, on n'a pas le loisir de relativiser. Ma tête heurta l'émail de la cuvette puis, aussitôt après, la tête de poisson de Barton, et nous disparûmes tous deux dans le noir. En tombant, nous n'arrêtions pas de nous cogner contre le métal froid des tuyaux, et de crier… crier… crier… puis de piailler un peu, pour changer… jusqu'à ce que nous finissions par faire plouf dans une canalisation faiblement éclairée par des lampes.

Il nous fallut un peu de temps, dans le bouillon peu appétissant, pour retrouver la parole, ce qui, au début, consista surtout en des « iiih ! », des « ouaaah ! » et des : « Un poisson peut-il vomir aussi ? »

La puanteur était abominable – presque aussi terrible que dans une colocation exclusivement masculine –, et les poissons la sentaient très bien, même s'ils n'avaient pas de nez. J'ignorais totalement si les biologistes étaient au courant de l'odorat des poissons. L'inverse ne m'aurait pas étonnée car, comme disait souvent Yannis, la science n'est jamais que l'état actuel de l'ignorance.

Tandis que je m'étonnais de pouvoir penser à Yannis dans ce cloaque puant, Barton recommença à faire ce qu'il faisait le mieux, et de loin : râler.

— Ah oui, c'était vraiment un plan formidable, me glouglouta-t-il tandis que nous dérivions lentement au gré du courant.

— Je ne pouvais tout de même pas deviner qu'il allait nous jeter aussitôt dans les toilettes, glougloutai-je à mon tour.

— Et à quoi t'attendais-tu ? À des obsèques solennelles en mer ?

— Je ne m'attendais à rien.

— Voilà, c'est bien ça ton problème, tu ne réfléchis jamais jusqu'au bout.

Barton n'avait pas tort, réfléchir jusqu'au bout n'était pas vraiment l'une de mes principales qualités, mais ses récriminations me mirent de mauvaise humeur :

— C'est tellement plus facile de critiquer quand on n'a rien à proposer soi-même !

— J'ai quelque chose à proposer, répliqua-t-il.

— Tu m'étonnes.

— Nous allons simplement nous taire, et, dès que nous sortirons de cet égout, nous prendrons des chemins séparés.

— Je croyais que tu voulais toi aussi retrouver Yannis et Nicole…

— De toute façon, nous ne les reverrons jamais, glouglouta Barton avec amertume.

Je n'avais pas du tout pensé à ça. Comment retournerions-nous jamais à la villa en étant des poissons, sans même parler de nous rendre à New York, vers où Yannis et la Kelly s'envoleraient dès demain ?

Nous dérivions toujours avec le courant, passant devant quantité d'objets que les gens jettent dans les toilettes sans réfléchir et que j'évitais autant que possible de regarder. Pour me distraire de ce spectacle et de la pensée de Yannis, je me demandai où nous allions finir par arriver. Je me souvenais du cours de chimie de seconde, que, par exception, je suivais attentivement, parce que je trouvais mignon le prof stagiaire, Lenny. Il ressemblait à celui qui joue le rôle de l'innocent au visage d'enfant dans les boys bands et, en plus, il nous apprenait des choses très sympas, telles que la façon de fabriquer une bombe sale et les effets que cela pourrait avoir sur un rassemblement du parti néonazi.

En tout cas, je me souvenais d'une chose : nous n'allions pas être rejetés à la mer comme dans *Le Monde de Nemo*. Parce que l'eau des égouts passait par une station d'épuration. Où la première étape était une herse retenant les objets d'une certaine taille, dont les poissons rouges faisaient certainement partie. Et tout ce qui restait pris dans la grille était composté.

Je jetai un coup d'œil à Barton, qui me foudroya de son regard globuleux. Son humeur ne s'améliorerait probablement pas si je lui révélais qu'il allait bientôt être transformé en compost. Le broyage ferait-il très, très mal ? Depuis notre chute dans la canalisation, je devais admettre, à mon grand regret, que les poissons étaient tout à fait capables de ressentir la douleur. Allions-nous périr d'une forme de mort sous la torture ? Et, si oui, Bouddha – ou celui, quel qu'il soit, qui avait inventé ce système de réincarnation – n'amassait-il pas lui-même du mauvais karma en nous faisant subir cela ? (Après la mort de ma mère aussi, je m'étais demandé si Dieu n'avait pas plutôt sa place en enfer, s'il permettait des saloperies comme le cancer.)

Au bout d'une petite éternité durant laquelle mon malaise ne cessa de croître, le courant nous amena enfin à l'air libre. C'était merveilleux de revoir la lumière du jour sur ces eaux troubles. En même temps, on pouvait craindre que la station d'épuration ne soit plus très loin.

L'idée de la proximité de la mort me tordait les branchies. C'est alors que je sentis soudain sur mon côté, venant de je ne sais où, un courant d'eau fraîche. Non seulement l'odeur écœurante de l'égout se dissipait, mais cela signifiait… qu'il y avait une issue ! Un salut possible !

Quelle pouvait être l'origine de cette eau ? Un ruisseau, un lac, un fleuve ? Peu importait, c'était un lieu où des poissons pouvaient vivre ! Si nous parvenions à nager à contre-courant jusque-là, nous échapperions à la herse et au compostage. Tout excitée, je voulus exposer mon plan à Barton.

— Il y a de l'eau f…

— N'étions-nous pas censés nous taire ? me coupa-t-il.

— Mais…

— Je n'appelle pas précisément « se taire » ce que tu fais là.

— Écoute-moi…

— Ça non plus.

— Mais, putain…

— Et ça encore moins.

— Écoute-moi, à la fin, ou je te transforme en poisson pané !

Surpris de ma brutalité, Barton se tut, et je crus un instant avoir capté son attention, mais il reprit :

— Quant aux menaces, c'est bien la dernière façon d'obtenir quoi que ce soit de moi.

— Arghh !

— Je crois que je vais plutôt me boucher les oreilles.

— Tu n'as pas d'oreilles !

— Alors, je vais me boucher ce qui nous en tient lieu, dit Barton.

— Nous n'avons rien à la place des oreilles.

— Mais il me semble que nous entendons avec quelque chose, et c'est ce que je vais me boucher maintenant.

— Tes nageoires sont trop courtes.

Barton regarda ses mini-nageoires. C'était dingue. Nous discutions anatomie des poissons et, pendant ce temps, le courant nous éloignait toujours plus de l'arrivée d'eau claire.

— C'est d'une importance capitale, implorai-je.

— Si tu ne te tais pas, je chanterai chaque fois que tu parleras.

— Tu veux chanter ?

— *Country roads, take me home*[1]...

Il plaisantait, sûrement ?

— ... *to the place I belong*...

Non.

1. « Take Me Home, Country Roads », paroles et musique de William T. Danoff, Taffy Danoff et John Denver. BMG Ruby Songs. (Avec l'aimable autorisation de BMG Rights Management, France.)

Nous nous éloignions toujours plus de l'affluent qui aurait pu nous sauver. J'aurais peut-être dû filer seule en abandonnant Barton à son destin de compost. Mais ce n'était pas avec ça que j'amasserais du bon karma.

— *West Virginia, mountain mamma...*

La herse se dressait maintenant devant nous. Terriblement menaçante. Barton s'arrêta. Allait-il enfin m'écouter ? Quasiment à l'ultime seconde ? Mais non, cet idiot se contenta de déclarer :

— Tu sais quoi ? Je n'ai jamais compris ce que pouvait être une *mountain mamma.*

Il n'avait tout bonnement pas conscience du danger.

— Est-ce la mère d'une montagne ? Et si oui, le père d'une montagne s'appelle-t-il *mountain daddy* ? Et y a-t-il aussi un *mountain* grand-oncle...

— Là ! m'exclamai-je en tendant vers l'avant ma nageoire gauche.

— Qu'est... qu'est-ce que c'est ? demanda Barton en apercevant enfin la grille.

— Quelque chose dont nous devons nous éloigner au plus vite ! criai-je d'une voix perçante.

Je fis demi-tour et gigotai frénétiquement de mes petites nageoires pour remonter le courant. Karma ou pas karma, cela m'était maintenant tout à fait égal que Barton me suive ou non.

— Ouah ! s'écria-t-il alors. De la cocaïne !

Cocaïne ?

Tout de même un peu surprise, je me retournai et vis, parmi les tampons, les préservatifs et autres déchets accrochés à la grille, un petit sachet de poudre blanche dont quelqu'un avait dû se débarrasser en hâte lors d'une descente de police. La poudre fuyait légèrement du sachet.

— Je n'y avais pas touché depuis cinq ans, dit Barton, se parlant plutôt à lui-même.

Barton avait pris des drogues dures ? Et pas seulement fumé un peu, comme moi, ou avalé de temps à autre une petite pilule ? La presse n'avait jamais parlé de ces problèmes d'addiction, encore moins d'une quelconque cure de désintoxication. Barton était donc un type bien plus déglingué que je ne l'avais cru jusqu'ici. Il allait plus mal que moi.

— Je me demande quel effet ça peut faire à un poisson, dit-il, le regard fixé sur les petits tas de poudre qui flottaient dans sa direction.

Il se mit à nager vers eux. Il en voulait ! Non seulement cet idiot allait rechuter, mais il se prendrait dans la herse !

— Je le déteste ! gémis-je.

Je nageai à toute vitesse vers Barton et cherchai à l'entraîner. C'était plus difficile que je ne l'aurais cru. Impossible de l'attraper avec mes nageoires. Il m'échappa et se remit à nager vers la grille.

— La dernière fois que j'en ai vu autant, c'était à l'anniversaire de Charlie Sheen, s'extasia-t-il.

Ses yeux commençaient à chavirer, il était comme hypnotisé par la came. Que faire ? Je ne pouvais pas l'emmener de force, et il n'écoutait pas mes avertissements. Il ne me restait qu'un moyen. Ouvrant ma bouche de poisson, je me collai comme une ventouse à son arrière-train. Qui, sans surprise, avait un fort goût de poisson.

— Qu'est-ce que tu fais ? s'étonna-t-il. Est-ce un genre de préliminaires entre poissons ?

Résistant à la tentation de le recracher aussitôt, je continuai à l'aspirer, nageant en arrière de toutes mes forces pour l'entraîner loin de la grille, tandis qu'il se tortillait comme un fou en criant :

— Je veux ce truc ! Ça m'aidera à supporter cette connerie de réincarnation !

Mais je tins bon et ne le lâchai pas avant d'avoir atteint le courant froid. Une fois là, je glougloutai, épuisée :

— Si nous ne rejoignons pas cette eau claire, nous mourrons.

— Eh bien, nous nous réincarnerons !

— Après avoir été déchiquetés dans d'atroces souffrances.

Barton comprit enfin que je parlais sérieusement. Pourtant, il continuait à rouler des yeux et à tourner son corps de poisson dans la direction du petit sachet de cocaïne, en proie à un combat intérieur. Le désir contre la raison. Si les poissons pouvaient transpirer, il aurait eu le front couvert de sueur. J'avais beau chercher désespérément les mots qui auraient pu le retenir, je ne trouvais rien.

Cependant, ses yeux globuleux perdaient peu à peu leur air affolé, son cerveau de poisson rouge redevenait lucide. Peut-être sous l'effet de l'eau pure et fraîche. Ou simplement parce que nous avions presque perdu de vue le petit sachet de cocaïne. Tout à coup, Barton secoua violemment son corps de poisson[1].

---

1. *Mémoires* de Casanova : « Aucune drogue n'est plus dévastatrice que l'amour. Le jour où, devenus des petits ours de cette curieuse espèce de panda roux, nous fûmes lâchés pour la première fois dans notre enclos, j'aperçus une dame panda d'une merveilleuse beauté, dont le pelage roux luisait sous le soleil. Cette vision me fit aussitôt perdre l'esprit. En vérité je vous le dis, même après des siècles, l'amour est encore capable de vous surprendre. »

— C'était moins une, dit-il tout bas.

Et il ne parlait pas du fait qu'il avait failli se prendre dans la herse.

— Par là ? me demanda-t-il en désignant de la nageoire la direction d'où venait l'eau fraîche.

— Par là.

Nous nous mîmes tous deux à nager. Au début, l'eau claire me procura même un certain plaisir mais, très vite, le courant se renforça et nous dûmes lutter pour ne pas être rejetés dans l'égout. Mes petites nageoires devenaient un peu plus douloureuses à chaque battement. Je n'avais pas eu aussi mal aux muscles depuis le jour où Sylvie m'avait traînée avec elle à la salle de sport. J'avais des crampes aux nageoires, j'étais à bout de forces, prête à renoncer et à me laisser dériver jusqu'à la grille. Tout plutôt que de continuer à me débattre, à supporter cette douleur. Puis, à l'instant où j'allais abandonner, j'aperçus... des algues ! Nous avions atteint un lac !

Trop épuisée pour me réjouir ou faire quoi que ce soit d'autre, je me laissai flotter dans le courant. Barton était fatigué lui aussi, mais il gardait encore un peu d'énergie. Maintenant que nous étions en sûreté, il allait certainement me quitter, comme il l'avait annoncé. Je resterais toute seule. Petit poisson dans une immense étendue d'eau. Cela me faisait peur.

Même si je trouvais souvent Barton difficile à supporter, même si, dans ma vie d'humaine, je m'étais toujours débrouillée pour éviter d'être trop liée à quelqu'un, l'idée de passer seule toute ma vie de poisson me paraissait soudain insupportable. Je me sentais épuisée et sans défense.

Barton remarqua mon état de fatigue. Comprit-il aussi que j'avais peur de la solitude ? Quoi qu'il en soit, il glouglouta :

— Tu peux dormir tranquille. Je reste à côté de toi.

Dans ma stupéfaction, j'oubliai un instant mon épuisement pour répondre :

— Mais… tu voulais pourtant que nos chemins se séparent…

— Tu m'as sauvé la vie, dit-il gravement. Je ne te laisserai pas tant que je ne t'aurai pas rendu la pareille.

Et il comptait bien le faire. Tel l'Indien qui suit le cow-boy qui l'a sauvé jusqu'au jour où il peut payer sa dette. Il ne manquait plus à Barton qu'à ajouter : « Par le grand Manitou. »

J'étais si soulagée que je fermai aussitôt les yeux.

— Je veille sur toi, Daisy, dit encore Barton juste avant que je m'endorme.

Je n'avais rien entendu d'aussi beau depuis ma première mort.

27

À mon réveil, Barton nageait toujours près de moi. Il était vraiment resté. Cet homme n'avait qu'une parole. Ou plutôt quatre : « Je veille sur toi. » Je lui souris avec gratitude, sans qu'il réagisse. Il continuait donc à me détester. Pour lui, tout était de ma faute, bien sûr : sa mort, et maintenant le fait que nous ne puissions plus rejoindre la villa de Brad Pitt. Un instant, je me posai la question de savoir si je devais aborder le sujet de son addiction à la cocaïne, mais je me répondis à moi-même : *Laisse tomber, Daisy, si tu ne veux pas qu'il te joue L'Attaque du poisson rouge tueur.*

Je préférai donc profiter du soleil, dont les rayons étincelaient à la surface de l'eau, réchauffant agréablement mes écailles. De gros cailloux blancs miroitaient au-dessous de moi, les algues vertes se balançaient doucement dans l'eau scintillante, si élégantes et majestueuses que je les imaginai comme des ballerines réincarnées en plantes aquatiques.

— Ces algues ne sont-elles pas magnifiques ? dis-je à Barton.

— Pas mal, répondit-il avec dédain.

— Mais ces cailloux qui brillent…
— Ben quoi, c'est juste des cailloux.
Les beautés de la nature le laissaient visiblement froid. Je m'efforçai de renouer le dialogue :
— On se croirait dans la mer Baltique.
— Voyez-vous ça…
Il n'en avait sans doute jamais entendu parler. Ces Américains ne s'intéressaient pas plus à la géographie qu'à la souveraineté des autres nations.
— Oui, la mer Baltique est…
— … loin de Nicole.
De toute évidence, Barton ne voulait pas savoir où se situait cette mer.
— Bon, qu'est-ce qu'on va bien pouvoir faire maintenant ? ronchonna-t-il.
Je n'allais pas le laisser gâcher les premiers bons moments de ma vie de poisson rouge. Du moins, pas tout de suite. Le soleil brillait trop joliment sur l'eau. La danse des algues était trop charmante. Et j'avais été assez longtemps dans la merde.
— Moi, je sais, dis-je.
— Ah oui ? s'étonna Barton. Et quoi donc ?
— Nous sentir comme des poissons dans l'eau !
Je me mis à nager. Mes nageoires ne me faisaient plus mal, et je gagnais un peu plus d'énergie à chaque mouvement. Glisser dans cette eau d'une transparence merveilleuse me semblait aussi naturel que si j'étais née pour cela. Et ce n'était pas faux, car la nature n'avait certainement pas créé les poissons rouges pour qu'ils nagent dans des aquariums – ou des égouts. L'eau était mon élément, celui de mon corps de poisson.
Je fonçai vers le haut, replongeai aussitôt vers le fond à la même allure. J'enchaînai les loopings. Si

j'avais eu des jambes, je les aurais agitées dans l'eau pour faire du bruit. Du temps où j'avais un corps humain, je ne m'étais sentie aussi vivante que sur la piste de danse après la quatrième caïpirinha. À vrai dire, je me sentais beaucoup mieux maintenant, parce que l'ivresse des profondeurs était bien plus puissante que celle de l'alcool.

Je dansai avec les algues, entrai en riant dans leur ballet. Oui, je riais ! J'éprouvais une sensation de liberté extraordinaire. Peut-être avais-je finalement tiré le gros lot avec cette mort ? J'avais laissé mon ancien monde derrière moi, avec tous ses soucis humains dérisoires – les loyers, les petits boulots, ma carrière ratée…

— Tu vas bientôt arrêter les bêtises ? râla Barton.

— Ce ne sont pas des bêtises, c'est notre nouvelle vie !

Pendant ce court moment de griserie, je m'imaginai réellement menant une vie de poisson rouge heureuse et comblée. Comme Barton gardait un silence méprisant, je m'approchai de lui.

— Allez, viens ! C'est tellement agréable ! dis-je en lui touchant la nageoire.

Il la retira en hâte, et je le menaçai pour rire :

— Soit tu viens avec moi, soit je refais la ventouse sur ton derrière.

— Tu es fatigante, gémit-il.

— Tu es le premier poisson à me le dire.

Après un looping autour de lui, je fis mine de vouloir me coller à son arrière-train.

— Bon, bon, d'accord, soupira-t-il.

Je filai gaiement à toute allure. Barton me suivit,

d'abord lentement et à contrecœur. Puis il essaya une petite accélération.

— Ce… ce n'est pas déplaisant, s'étonna-t-il.

— N'est-ce pas ? fis-je en riant.

— C'est mieux que n'importe quel tapis de course !

Il accéléra encore pour me suivre. Tous deux, nous nous mîmes à tourner autour d'une algue, fonçant vers le haut, puis vers le bas, toujours plus vite, comme sur un manège de chaises volantes. Barton s'amusait vraiment à présent. Pour la première fois de sa vie de poisson.

Notre tour de manège terminé, je restai immobile à regarder Barton se laisser flotter sur le dos en souriant, comme si, pour la première fois depuis bien des années, il s'autorisait enfin un plaisir gratuit. À ce spectacle, j'éprouvai comme un petit chatouillis au ventre. Quelque chose que je n'identifiai pas tout de suite… Était-ce par hasard… ?

N'importe quoi ! À la rigueur, c'était du plancton. Oui, voilà, j'avais dû avaler du plancton !

Je me hâtai de refouler cette sensation, et je m'apprêtais à refaire un petit tour d'algue pour me changer les idées, quand une voix de tonnerre gronda soudain :

— Excusez-moi…

Je me retournai, effrayée. Un brochet nageait lentement vers nous. À part dans des films comme *Godzilla*, je n'avais encore jamais vu un monstre pareil.

— Cela m'ennuie de vous déranger…, dit le brochet.

— Mais ? demandai-je avec hésitation.

— J'ai faim.

28

À la façon dont ce brochet nous regardait, il paraissait évident que ce n'était pas un poisson herbivore, mais je répondis tout de même :

— Nous vous laissons volontiers cette algue.

— C'est vraiment très aimable à vous, dit le brochet fort civilement.

Ses manières étaient parfaites, on ne pouvait pas lui ôter cela. Un instant, j'espérai contre toute raison qu'il s'intéressait réellement à l'algue et non à nous.

— Vous n'êtes pas très au courant des habitudes alimentaires des brochets, me semble-t-il, observa le poisson géant.

J'étais si effrayée que, sur le moment, je ne m'étonnai toujours pas de sa façon recherchée de s'exprimer.

— Eh bien… nous ne sommes pas d'ici, répondis-je simplement.

— Ah, dans ce cas, je me ferai un plaisir de vous les expliquer.

— Ne prenez pas cette peine, dit Barton en s'efforçant de ne pas montrer sa peur.

— Cela ne me donne aucune peine, dit le brochet.

— Mais nous avions d'autres projets.

— Ah oui ? Lesquels ?

— Décamper !

Aussitôt, nous tentâmes de prendre la clé des champs – ou, plus précisément, la clé du champ de sable troublé par les mouvements de nageoires du brochet –, mais à peine avions-nous fait demi-tour qu'il se dressait déjà devant nous, nous barrant le passage d'un air menaçant.

— J'aimerais vraiment, vraiment beaucoup vous expliquer…

Barton et moi, nous tremblions maintenant à qui mieux mieux. La gueule du brochet était plus grande que nous deux réunis.

— … nous autres brochets, nous ne sommes pas végétariens.

— Végétaliens, peut-être ? demandai-je d'une toute petite voix.

— Je dirais plutôt « pescariens ».

C'était bien ce que j'avais craint.

— Un instant, protesta Barton, qui, à ma grande surprise, ne tremblait presque plus. Comment un brochet connaît-il des mots tels que « végétarien » et « pescarien » ?

Oui, c'était une bonne question.

— Ordinairement, les poissons carnassiers ne connaissent pas ces concepts, dit le brochet en souriant. Mais…

— … vous êtes un humain réincarné, constata Barton. Comme nous.

Le brochet sourit de plus belle.

Barton avait pigé plus vite que moi. Celui qui nageait devant nous avait été un humain. Comme Casanova. Comme Urrgh. Il n'allait pas nous manger, car alors, la question ne serait plus pour lui d'être pescarien, végétarien ou végétalien, mais tout simplement cannibale. Et il ne pouvait pas se le permettre, parce que les cannibales avaient à coup sûr plus de chances de se réincarner en bactéries du côlon que, par exemple, en poissons. Je me détendis un peu.

— Comment vous appelez-vous ? lui demandai-je sans trembler.

— Mon nom est Albert Einstein.

— LE Einstein ? Le physicien ?

Je n'arrivais pas à y croire. La bouche de poisson de Barton en resta elle aussi béante de surprise.

— Vous en connaissez un autre ? dit le brochet en riant.

Il fallait bien admettre qu'on rencontrait des gens intéressants dans cette affaire de réincarnation. Je me souvins de la célèbre affiche où Einstein tirait la langue. Que savais-je d'autre de lui ? Le brochet que j'avais en face de moi avait mis au point la théorie de la relativité (en toute honnêteté, je n'aurais pas pu dire en quoi cela consistait), et je me souvenais aussi d'une vague histoire de vitesse de la lumière, d'atome et de nazis. À part ça, les cheveux du grand génie donnaient envie de se renseigner sur le vrai métier de son coiffeur. Électricien ? Constructeur d'éoliennes ? Comique ?

Je me demandai si je devais moi aussi me présenter, et si oui, de quelle façon. Comparée à Einstein, je n'étais rien. Peut-être aimerait-il savoir ce que le monde était devenu après lui ? Il devait bien être curieux des progrès de la technologie. Pendant que je réfléchissais à tout cela, Barton demanda soudain à Einstein :

— Pourriez-vous nous prendre sous votre protection ?

Une fois de plus, il avait raisonné plus vite que moi : là où il y avait un brochet, il devait y avoir d'autres poissons carnassiers, pour qui des poissons rouges tels que nous ne seraient que des amuse-gueules.

— Je devrais vous aider parce que nous avons tous été des humains ?

L'idée semblait beaucoup amuser Einstein.

— Et parce que nous ne saurions pas aussi bien nous défendre seuls, précisa Barton.

— Je crains que vous n'ayez pas très bien compris la situation.

— C'est-à-dire ?

— C'est-à-dire que je vais vous manger tous les deux.

— Mais… mais… vous ne pouvez pas manger des êtres humains, balbutiai-je dès que j'eus retrouvé la parole.

— Je n'en vois pas ici.

— C'est pourtant ce que nous sommes !

— Oh, tout cela est très relatif.

Cette nouvelle théorie de la relativité me déplaisait profondément.

— Je ne fais que suivre ma nature, poursuivit Einstein.

— Je ne suis pas sûre que notre présence en tant que poissons soit tout à fait naturelle, répondis-je en hâte.

Je ne disais pas cela uniquement pour me sortir de cette situation, je le pensais vraiment. La migration des âmes n'était-elle pas du domaine du surnaturel ?

Mais Einstein ne voyait pas les choses de la même façon.

— Oh, c'est tout à fait naturel, au contraire. La cause de tout cela est qu'aucune énergie ne se perd dans l'univers.

— Hein ?

— Oui, c'est ce que j'allais demander moi aussi, dit Barton.

— Notre corps est constitué d'atomes, expliqua Einstein. Ces atomes ne disparaissent jamais. Lorsque nous mourons, ils se dispersent et se recombinent d'une autre manière. Dans notre cas, ils sont devenus des corps de poissons.

— Ça veut dire que nous avons toujours existé ? demanda Barton.

— Nos atomes, oui. Depuis que le temps existe, ils se promènent et s'assemblent en objets sans cesse renouvelés. Et ils le feront jusqu'à la fin des temps.

Si je comprenais bien la théorie d'Einstein, mes atomes avaient peut-être déjà été les éléments d'un dinosaure. Ou d'un torrent déchaîné dans un canyon, ou d'une pierre ponce, ou d'un papillon, et ils pourraient aussi bien se retrouver un jour dans le bouclier d'une station spatiale, dans les gaz d'un nuage de Jupiter ou les couleurs d'un arc-en-ciel au centre de la Voie lactée.

Ce serait tout de même un peu idiot s'ils devenaient les composants d'une chaussette d'homme.

— Ainsi, nous sommes tous immortels, conclut gaiement le brochet.

Si l'on suivait la pensée d'Einstein, assurément fondée scientifiquement, elle avait certes quelque chose de consolateur. Au regard de l'éternité de mes atomes, le temps où j'avais été Daisy était infinitésimal, quoi qu'il ait signifié pour moi. Mon chagrin d'amour était dérisoire. Ce que j'avais fait à ma mère, à mon père ou à Yannis n'était qu'instants fugaces dans la durée infinie de mes atomes. Il n'y avait donc pas de raison d'accorder une telle importance à tout cela.

Et pourtant, je sentais que quelque chose ne collait pas dans cette forme de théorie de la relativité, même si elle était fondée, même si elle avait été mise au point par un génie comme Einstein. Je ne faisais pas partie de ceux qui croyaient les scientifiques capables de tout comprendre. Bon sang, ils ne savaient même pas nous dire comment un homme et une femme réussissaient à passer leur vie ensemble sans développer des fantasmes de meurtre ! Quelle explication pourraient-ils donner du monde, du karma ou de la réincarnation ? Non, il y avait là quelque chose qui dépassait la science. Nous n'étions pas que des atomes réassemblés, nous avions une âme !

— Comment expliquez-vous Bouddha, dans ce cas ? demandai-je.

— Bouddha ? fit le brochet, surpris.

— Le gros type qui vous apparaît après votre mort et vous apprend que vous avez amassé du mauvais karma.

— Excusez-moi, mais je crois que vous avez le cerveau un peu dérangé, dit Einstein en souriant.

Il n'avait pas rencontré Bouddha ? Le gros bonhomme hilare ne se montrait donc pas à tout le monde ? Apparemment, non, sans quoi Einstein aurait réagi autrement. Et, à bien y réfléchir, c'était plutôt logique. Avec tous les gens qui mouraient chaque jour, comment Bouddha aurait-il eu le temps de s'occuper de chacun ? Pourtant, Barton et moi l'avions déjà rencontré deux fois. Pourquoi nous ? Qu'avions-nous de spécial ?

Je décidai de lui poser la question, si jamais il nous rendait de nouveau visite lors de notre prochaine mort. Qui surviendrait d'ailleurs bientôt, parce que le brochet me paraissait de plus en plus affamé.

— Nous pouvons nous arranger pour que ce soit long et douloureux, déclara Einstein.

— Ou bien ? questionna Barton en s'efforçant de parler calmement, sans trop y parvenir.

— Court et douloureux.

— Vous n'avez pas de manière courte et indolore au programme ? demandai-je.

— Être mangé fait toujours mal. C'est regrettable, sans doute, mais la nature a un goût prononcé pour la souffrance.

Malgré moi, je repensai au cancer de ma mère. Oui, la nature était aussi une *bitch*. Bien sûr, grâce à elle, nous avions le sexe, les bons petits plats et la marijuana, mais tout cela ne faisait pas le poids devant la souffrance. Ma mère s'était toujours montrée très courageuse, du moins en ma présence. Peut-être devais-je maintenant prendre exemple sur elle ? D'autant que la douleur, dans mon cas, serait vite passée. Oui, c'était cela, je devais affronter ma mort avec courage !

Le brochet ouvrit sa terrifiante bouche, je vis les terrifiantes dents jaunes qui, dans un instant, allaient se planter dans ma tendre chair de poisson et la déchiqueter, et je criai :

— Non, non, pitiéééééééé !

Ce n'était pas tout à fait aussi courageux que ce que j'avais prévu.

Affolée, je me tournai vers Barton, espérant que, cette fois encore, il percuterait plus vite que moi et que nous nous en sortirions quand même, mais lui aussi semblait désemparé.

C'est alors que j'eus une nouvelle idée :

— Ne voulez-vous vraiment pas savoir à quoi le monde ressemble aujourd'hui ?

Einstein resta la gueule ouverte, mais ne mordit pas.

— Les humains ont maintenant des portables…

Il me regarda d'un air perplexe.

— Ce sont des téléphones qu'on peut emporter partout avec soi.

Cela ne l'impressionna pas du tout.

— Avec ça, on peut même aller sur l'internet, poursuivis-je.

— Qu'est-ce qu'un internet ? demanda Einstein.

Mon Dieu, comment expliquer Internet à quelqu'un qui ne sait pas déjà ce que c'est ?

— Eh bien, ça permet de voir plein de choses…

Ce n'était sans doute pas la définition scientifique du concept d'Internet, mais je n'avais malheureusement pas de portable avec moi pour la chercher sur Wikipédia. Et puis, si j'en avais eu un, je n'aurais rien eu à chercher, il m'aurait suffi de le montrer au brochet. En même temps, je n'aurais pas pu me servir du portable avec mes nageoires. Sans compter que, dans l'eau, il aurait probablement fait « plouf ».

— Quelle sorte de choses peut-on voir sur cet Internet ? insista Einstein.

La réponse honnête aurait été : en règle générale, du porno.

— Eh bien, des informations comme celles d'un dictionnaire, par exemple.

— Un dictionnaire…

Einstein n'était toujours pas impressionné.

— On y trouve aussi des actualités.

— Pour cela, il y a la radio et les journaux.

— Bon, dis-je enfin. On peut aussi y voir du porno.

Qui sait, cela pouvait tout de même l'intéresser. Einstein n'était qu'un homme, ou du moins, il l'avait été. Mais le brochet plissa le front avec dégoût, puis posa une autre question :

— Les hommes d'aujourd'hui vont-ils sur Mars ?

— Non, reconnus-je d'une toute petite voix.

— Ont-ils vaincu la faim ?

— Non, fis-je encore plus bas.

— Aboli la guerre ?

— Non…, répondis-je d'une voix presque inaudible.

— Cela signifie donc que le seul grand progrès de ces dernières décennies est un téléphone transportable grâce auquel on peut regarder de la pornographie ?

— Eh bien, ma foi…

J'aurais préféré pouvoir répondre autre chose. De plus, à la réflexion, je me dis qu'il n'était peut-être pas nécessaire de me mettre à lui raconter que la N.S.A., Facebook, Google et compagnie nous espionnaient sur nos portables et que nous le savions, mais que nous nous en fichions complètement, parce que nous trouvions tous ces trucs formidables. Si Einstein apprenait cela, il se mettrait sûrement à pleurer. Ou, plus grave, il nous mangerait très lentement. Mais, même sans cette information, il paraissait profondément déçu par le monde d'en haut.

— J'aurais préféré que tu ne me racontes pas ces choses, dit-il.

De nouveau, il ouvrit sa grande bouche pour en finir avec moi.

— Nous avons aussi des tablettes…, bredouillai-je.

— Fiche le camp, Daisy ! cria Barton.

Avant qu'Einstein ou moi ayons pu réagir, Barton s'avança et fonça directement dans la gueule du brochet. Qui, dans sa surprise, referma ses mâchoires d'un coup sec. À l'intérieur, j'entendis Barton pousser un cri bref. Puis je vis le mouvement de déglutition d'Einstein.

À mon tour, j'eus envie de crier. De peur. De désespoir, surtout. Mais je ne pus émettre aucun son. Barton s'était sacrifié pour me donner une chance de m'enfuir. Il avait payé sa dette, comme il l'avait promis.

Bien sûr, il savait qu'il allait se réincarner, et sans doute en quelque chose de mieux qu'un poisson rouge, puisqu'il avait récolté du bon karma par cette action. Mais, tout de même, il avait accepté pour cela une mort affreuse. Pour me sauver, moi, Daisy Becker, de Bremerhaven. Personne n'en avait jamais fait autant pour moi.

L'acte héroïque de Barton ne pouvait pas rester inutile, je lui devais cela. Il fallait profiter de l'occasion pour m'enfuir ! Je me mis à nager de toutes mes forces. Sans doute plus vite qu'aucun poisson rouge avant moi. Je nageai… nageai… nageai…

— Hamm ! fit la mâchoire du brochet.

29

Le film de ma vie de poisson qui défila dans ma tête contenait quelques fort belles scènes. Je me revis dansant avec les algues, je revis Barton souriant et détendu, et je sentis même de nouveau un petit chatouillis de plancton dans mon ventre. Mais celui de mon corps humain, cette fois, car j'étais de nouveau Daisy Becker flottant nue vers la lumière bienfaisante.

Malheureusement, ces belles images ne tardèrent pas à être remplacées par d'autres tout à fait horribles : les égouts, la herse de la station d'épuration, la cocaïne, le brochet Einstein. Et la pire de toutes : Yannis et la Kelly en train de s'embrasser. De nouveau, cela me fit un mal atroce. Savoir que je n'avais pas laissé Yannis m'aimer, que j'avais gâché cet amour, était plus douloureux que n'importe quel coup de mâchoire de brochet aux dents pointues.

Barton, lui aussi sous sa forme humaine, flottait près de moi vers la lumière, souriant dans le néant blanc. Je compris qu'en plus de tout le reste, j'allais perdre en Barton le seul compagnon qui me restait. Il avait payé sa dette envers moi. Quelle que soit la forme sous laquelle nous renaîtrions, il suivrait désormais son propre chemin, et je serais livrée à moi-même.

La lumière repoussa la forme nue de Barton. Maintenant, il était triste, comme si, après avoir espéré voir se dissoudre pour toujours dans la lumière toute la souffrance de son âme, il venait de comprendre qu'il allait devoir continuer à la porter. J'eus très envie de le prendre dans mes bras pour le consoler. N'était-ce pas la première fois de ma vie que je n'éprouvais pas d'autre envie avec un bel homme nu ?

Moi aussi, je flottai vers la lumière. Elle me réchauffa. M'enveloppa. Me consola. Et, au moment de se refermer sur moi, me rejeta à mon tour. Elle me dédaignait après m'avoir attirée. Décidément, cette lumière était bien une *bitch*, et la pire de toutes !

Quand je me réveillai, il faisait nuit noire autour de moi. Et ça sentait le renfermé. Je m'efforçai de percevoir mon corps, de me faire une idée de ce qui m'entourait. Je n'étais plus dans l'eau, cela au moins était certain. Je n'avais plus de nageoires mais, à la place, quelque chose qui, malgré tout, s'apparentait à des moignons de bras. Et je sentais aussi des sortes de moignons de pieds. J'avais enfin quatre membres, et non plus deux ou six !

De l'extérieur me parvenaient des pépiements d'oiseaux. En quantité. Plus surprenant, je comprenais ce qu'ils signifiaient :

— Maman, j'ai faim !

— Moi aussi !

— Non, moi d'abord !

— Vous avez déjà eu cinq vers de terre chacun aujourd'hui. Maman a besoin de faire une pause.

— Mais nous avons faim !

— Silence !

— Faim !

— SILENCE ! Si quelqu'un dit encore qu'il a faim, je le jette hors du nid !

— La dalle !

— GRRRRR !

— La dalle, la dalle, la dalle !

— Le printemps prochain, c'est sûr, je n'aurai pas de petits !

Le fait que je comprenne la signification de ce gazouillis me donna à penser. Que les mots « ver de terre » me fassent venir l'eau à la bouche, encore davantage. Tout cela ne laissait place qu'à une seule conclusion : ce n'était pas à la bouche que j'avais l'eau, mais au bec. J'étais un oiseau. Plus précisément, un poussin. Dans un œuf. Dont je devais sortir au plus vite, sous peine de mourir de faim.

30

Je penchai la tête en arrière et, avec ce que je supposai – à juste titre, comme il apparut ensuite – être mon bec, me mis à frapper contre ce que je supposai – là encore à bon droit – être la paroi intérieure de l'œuf. Une fois, deux fois, et au total quelque chose comme quatre cents fois, jusqu'à ce que j'entende enfin un petit « cric ». Mais je n'avais réussi qu'à fissurer cet imbécile d'œuf. Il refusait de se casser.

On ne réfléchit pas assez à tout le travail que doivent fournir les petits poussins avant d'avoir le droit d'apercevoir la lumière du jour et de respirer autre chose que l'air confiné d'un œuf. D'ailleurs, la plupart d'entre nous ne se rendent pas compte non plus du boulot que c'est pour un bébé humain de venir au monde. Et à peine sont-ils arrivés que, pour les remercier de leur effort, on leur tape sur les fesses pour les faire crier. Pas étonnant que la plupart des humains passent le reste de leur vie à se demander, plus ou moins consciemment, pourquoi ils ont pris la peine de franchir le canal de naissance.

Mon agent Schmohel avait toujours été très préoccupé par cette question. Un jour que, pour la énième fois, je venais pleurer dans son bureau – bourré de vieux souvenirs allant des affiches de films avec Hildegard Knef au Colt doré du *James Bond* – et gémir que je ne réussirais jamais comme actrice, Schmohel m'avait dit : « Tu as pourtant déjà réussi quelque chose d'incroyable. »

Première nouvelle.

« Le simple fait que tu vives est déjà extraordinaire. »

Il m'étonnait.

« Tu ne serais pas là si tes parents ne t'avaient pas conçue au moment précis où ils l'ont fait. S'ils avaient conçu un enfant à un autre moment, ce serait quelqu'un de totalement différent de toi. Il serait né un autre jour, ce serait peut-être un garçon, ou bien il aurait d'autres cheveux, une autre couleur d'yeux… »

Et peut-être mes parents auraient-ils été plus heureux avec lui ? Ou lui avec eux ?

« Mais ce n'est pas tout, avait continué à philosopher Schmohel en bourrant sa pipe.

— Ah bon ?

— Quelle était la probabilité que tu naisses, toi précisément ? Et déjà, que deux personnes comme tes parents se rencontrent ? De combien de hasards cela a-t-il dépendu ? Et que tes parents eux-mêmes soient nés était tout aussi improbable. Et que leurs parents à eux soient nés, et les parents de ces parents, et…

— S'il te plaît, ne remonte pas jusqu'à l'âge de pierre.

— Mais je vais encore plus loin…

— Alors, la soirée va être longue !

— Nous ne serions pas là, tous, si, il y a un paquet de millions d'années, une comète n'avait pas causé la disparition des dinosaures. Quelle était la probabilité que, dans tout l'infini de l'univers, cette comète-là rencontre justement notre Terre ? Et, avant cela, que la planète ou la lune d'où elle provenait ait été détruite ?

— Si tu continues, je vais avoir la migraine.

— La probabilité que tu existes, toi personnellement, était donc quasi nulle, avait conclu Schmohel avec un sourire en tirant sur sa pipe. Et pourtant, tu es là. »

Je n'avais encore jamais envisagé les choses sous cet angle.

« Tu es un miracle. »

Les gens que je connaissais ne me voyaient pas ainsi.

« L'existence de chaque être humain est si extraordinairement improbable que chacun est un miracle. »

J'avais un peu de mal à considérer chaque être humain comme un miracle. Surtout quand je pensais à ceux qui se présentaient aux castings des émissions de téléréalité.

« Toute l'humanité est un miracle.

— Schmohel ?

— Oui ?

— Se peut-il que tes années de fumette t'aient laissé des séquelles ?

— Ça se voit tant que ça ? »

Tout en donnant des coups de bec contre la coquille de mon œuf, je me demandais si Schmohel n'avait pas tout faux. Il parlait de hasard comme Einstein des atomes, mais ni l'un ni l'autre ne tenaient compte de l'âme, et pourtant elle existait visiblement. Elle ne semblait soumise à aucune probabilité, encore moins aux lois de la nature telles que nous les connaissions, et la mort ne la détruisait pas. Même une âme aussi égarée que la mienne ou celle de Barton.

Mon bec tapait, tapait, tapait. L'œuf faisait « cric », « crac », « croc » et se craquelait toujours plus, sans jamais se briser. Pendant ce temps, au-dehors, les piaillements continuaient :

— LA DALLE ! LA DALLE ! LA DALLE !

— Si quelqu'un crie encore « la dalle », je le flanque hors du nid !

— LA D… AHHHH !

On entendit un choc sourd.

La maman oiseau n'y allait vraiment pas avec le dos de la plume.

Les autres oisillons se turent, effrayés, car l'un d'eux avait réellement été balancé hors du nid. Mais l'état de choc dura peu, et les piaillements reprirent :

— APPÉTIT ! APPÉTIT ! APPÉTIT !

— Pfff… Bon, ça va, les casse-pieds, j'y vais.

J'entendis s'éloigner un battement d'ailes. À force de continuer inlassablement à picoter l'intérieur de ma coquille, je finis par la briser. Il y eut un grand « CRAC », les morceaux tombèrent autour de moi, et je vis le ciel. Nuageux. Il n'allait sans doute pas tarder à pleuvoir. Et je serais toute mouillée. J'aurais peut-être dû garder ma coquille sur la tête, comme le poussin Caliméro des dessins animés.

Trois autres oisillons occupaient le nid, entourés comme moi des morceaux de leur coquille, sans compter la coquille vide où avait dû se tenir quelques instants plus tôt le poussin numéro quatre, celui qui avait osé crier « la dalle », et un œuf intact, dont aucun poussin n'était encore sorti. Le nid était perché presque au sommet d'un grand sapin – il n'y avait que quelques branches au-dessus de nous –, et la forêt alentour s'étendait aussi loin qu'un œil d'oiseau pouvait voir. Pas trace de civilisation humaine. Impossible de savoir si je me trouvais encore à proximité de la maison de Brad Pitt. Je n'avais pas davantage idée de la sorte d'oiseau que j'étais. Mes supposés frères et sœurs et moi n'avions qu'un maigre plumage, un bec noir et des yeux cerclés de noir. Pourvu que nous ne soyons pas des albatros !

Mes frères ou sœurs n'étaient donc pas très beaux, et moi non plus, sans doute. Mais surtout, ils me jetaient des regards noirs. De toute évidence, ils n'appréciaient pas la présence d'un nouveau convive avec qui ils allaient désormais devoir partager la nourriture.

— L'un de vous est-il un humain réincarné ? gazouillai-je.

Ils me regardèrent comme si j'avais gazouillé en swahili.

— Moi, j'en suis un, fit une toute petite voix.

Cela venait de l'œuf intact.

— Barton ?

Une vague de joie me submergea. Ainsi, je ne serais pas seule dans cette vie non plus ! En tout cas, pas tant que Barton et moi serions trop petits pour nous envoler du nid.

— Où sommes-nous, Daisy ? me questionna-t-il de l'intérieur de l'œuf.

Quelle dose d'information supporterait-il sans piquer une crise de nerfs ?

— Que dirais-tu si je te répondais : « Dans un œuf » ?

— AHHHH !

— C’est ce que je pensais.

— Je suis dans un bip d’œuf ?

Les autres oisillons nous regardaient avec surprise, n’ayant apparemment encore jamais entendu une façon aussi radicale de s’exprimer.

— Oui, et il faut que tu casses ta coquille avec ton bec.

— Et après, je serai où ?

— Dans un nid, en haut d’un arbre.

— Bip !

Les oisillons s’étonnèrent de plus belle.

— C’est à peu près ça.

— Est-ce que ce satané bipeur de Bouddha est là-dehors, que je lui dise ma façon de penser ?

— Non.

Le gros bonhomme souriant ne s’était pas manifesté, je ne pouvais donc pas lui demander, hélas, ce qui faisait de nous des personnes assez spéciales pour qu’il nous soit déjà apparu deux fois, et jamais à Einstein.

— Tant mieux pour ce *motherbipper* ! jura Barton avant de mettre à taper du bec contre sa coquille.

Je préférai ne pas lui dire à quel point ce serait difficile, d’autant que j’étais incapable de l’aider.

— Qu’est-ce qu’un *motherbipper* ? demanda le poussin à côté de moi.

La biologie n’était pas mon fort, mais je croyais pouvoir partir du principe que les oiseaux aussi se reproduisaient en bipant. Et les mâles humains ne parlaient-ils pas de leur petit oiseau ? Cependant, ce n’était pas à moi de donner à des bébés oiseaux un cours combiné d’argot et d’éducation sexuelle. Sans me rendre compte sur le moment des conséquences que cela pourrait très vite entraîner, je répondis donc :

— Demande à ta maman.

Pendant que Barton tapait et bipait tout ce qu'il savait, je m'efforçais de lutter contre le désespoir qui menaçait de m'envahir. Même s'il ne s'était écoulé que peu de temps entre nos vies de poissons rouges et d'oiseaux de je ne sais quelle espèce – et rien n'était moins sûr car, apparemment, il s'était passé plusieurs jours entre chacune de nos précédentes réincarnations –, je ne serais pas en mesure de voler pour tenter de rejoindre Yannis avant un bon moment. À supposer qu'il soit encore à portée de vol d'oiseau. Il avait eu largement le temps de se mettre en couple avec la Kelly, et il s'apercevrait bientôt à quel point cette femme était plus digne que moi de son amour. Si ce n'était déjà fait depuis longtemps.

Tout à coup, mes frères ou sœurs s'agitèrent et se mirent à piailler :

— Maman ! Maman ! Maman !

Un grand oiseau blanc venait droit sur nous. J'avais beau, en tant qu'humaine, être aussi peu amateur de sorties nature que Woody Allen, je reconnus aussitôt son espèce. Une cigogne. Avec un bec rouge et un plumage blanc devant, noir derrière. J'étais donc une cigogne et pas un albatros. C'était toujours ça.

En vol, maman cigogne était à la fois belle et majestueuse. Elle imposait le respect. Mais surtout, elle donnait l'impression d'être libre comme… eh bien, comme un oiseau. Elle atterrit en battant des ailes, provoquant un courant d'air qui me souffla en pleine face. De surprise, j'ouvris le bec et, avant même de s'être posée, maman cigogne y laissa tomber un ver de terre. Effrayée, je refermai mon bec et avalai le ver. Ce n'était pas mauvais du tout. Ça ressemblait un peu aux escargots au gorgonzola du restaurant italien *Da Tartuffo* de Bremerhaven, où mon père aimait tant aller et où je ne mangerais certainement plus jamais, parce que les cigognes étaient rarement bien accueillies dans les restaurants.

Mes frères et sœurs poussins ouvraient des becs avides pour recevoir eux aussi des vers de terre, et je me pris à espérer très fort qu'aucun être humain réincarné ne se trouvait parmi ces bestioles gluantes. Comment savoir si on ne venait pas tout juste d'avaler Jimi Hendrix, Kurt Cobain ou Michael Jackson ?

Maman cigogne referma son bec. Mes trois frères ou sœurs piaillaient toujours :

— FAIM ! FAIM ! FAIM !

— C'est tout ce que j'ai comme vers de terre, répondit la dame cigogne qui, en un sens, était ma mère, sans l'être vraiment.

Elle que j'avais trouvée si libre en vol paraissait soudain épuisée. Ce qui ne parlait guère en faveur de la maternité.

— BIP ! BIP ! BIP ! jurèrent les oisillons.

— Où avez-vous appris des mots pareils ? questionna maman cigogne avec un mélange d'horreur et de colère.

Les petits cigogneaux désignèrent du bout de l'aile l'œuf de Barton, qui commençait à se fissurer, mais ne faisait toujours pas mine de vouloir se briser. À l'intérieur, on entendit Barton pester :

— Tu vas finir par te casser, espèce de bip de machin ?

Maman cigogne avait peine à en croire ce qui lui servait d'oreilles. Plus Barton jurait (« Quand je rencontrerai ce bip de Bouddha, je lui crèverai ses bip d'yeux ! »), plus elle était furieuse. Elle poussa l'œuf de son bec rouge, et il commença à se balancer. Je compris aussitôt : elle voulait le jeter hors du nid !

— Qu'est-ce qui se passe, Daisy ? cria Barton.

Comme la réponse ne lui aurait pas plu, je gardai le silence. Là-dessus, maman cigogne lâcha l'œuf et demanda avec étonnement :

— Qui est Daisy ?

Je réfléchis. Devais-je lever ma petite aile ? Je n'étais pas très sûre qu'il soit prudent d'attirer sur moi l'attention de la sévère mère cigogne. Mais je ne voulais pas non plus qu'elle pousse Barton et son œuf hors du nid. Parce que je me retrouverais toute seule. Je pépiai donc :

— C'est moi qui suis Daisy.

— Les enfants ne choisissent pas leur nom ! me brailla-t-elle.

Comme cela n'aurait pas servi à grand-chose de lui expliquer que je n'avais pas choisi moi-même ce nom, que c'était ma vraie mère qui me l'avait donné, je préférai fermer mon bec.

— C'est moi qui décide comment vous vous appelez, tous !

Du bout de l'aile, elle désigna tour à tour les trois autres oisillons, eux aussi silencieux dans les débris de leur coquille.

— Toi, tu seras Bec énervant, toi, Plume énervante,

toi, Aile énervante, toi là-bas (elle pointa son aile vers le sol), Petit tas énervant !

C'était une chance qu'on ne puisse pas bien distinguer, d'en haut, le sol de la forêt.

Maman cigogne se pencha vers moi, plongeant dans l'ombre ma minuscule tête d'oiseau, et reprit :

— Toi, je te nomme…

— Patte énervante ? proposai-je.

— Non. Ferme-ton-bec !

Ce nom était en même temps un bon conseil.

— D'autres questions, Ferme-ton-bec ?

Je secouai la tête, espérant ne plus être dans le collimateur de la marâtre cigogne. L'un des oisillons demanda alors :

— Maman ?

— Quoi encore ? s'énerva dame cigogne.

— Moi, je voudrais poser une question.

— Laquelle ?

— Qu'est-ce que c'est qu'un *motherbipper* ?

À cet instant, je découvris que les cigognes aussi pouvaient rougir violemment.

— Où… où…, dit-elle en claquant du bec, cherchant ses mots. Où avez-vous appris cette expression ? Encore avec l'œuf ?

Les cigogneaux hochèrent frénétiquement la tête.

Cette fois, la mère indigne allait sûrement jeter l'œuf de Barton hors du nid. Mais, pour commencer, elle étendit ses grandes ailes au-dessus de nous d'un air menaçant.

— Malheur à vous, si jamais vous osez encore me poser une question pareille !

— C'est Ferme-ton-bec qui nous a dit de te la

poser, fit Plume énervante, me montrant de l'aile en tremblant.

— C'est vrai ? me demanda maman cigogne. Dans ce cas, tu vas vite aller donner le bonjour de ma part à Petit tas énervant !

C'était le moment ou jamais de formuler un démenti. Mais je n'étais pas très sûre d'avoir le droit de pépier quoi que ce soit, puisque maman cigogne venait juste de m'ordonner de clore mon bec. Elle me regardait toujours d'un air impérieux, quand soudain, après un grand « crac », un Barton totalement épuisé sortit enfin de son œuf. Il n'était pas plus gros que les autres poussins, avec le même bec noir et aussi peu de plumes. Et, pourtant, il était différent.

Maman cigogne le regarda et je fermai les yeux, m'attendant à ce que Barton soit aussitôt éjecté du nid. Au lieu de cela, elle s'écria avec transport :

— Enfin un garçon ! Et pas une idiote de fille ! Quel bonheur !

Si j'avais été une féministe radicale réincarnée, j'aurais sans doute été très fâchée que notre mère n'accorde pas plus d'importance à sa progéniture femelle qu'un seigneur moyen de *Game of Thrones*. Mais j'étais trop contente que Barton soit épargné.

Maman contemplait avec amour son nouvel oisillon, tandis que Barton la fixait avec terreur. Il ne s'attendait certes pas à ce spectacle d'une grande cigogne en extase. À cet instant, la pluie se mit à tomber à grosses gouttes.

— Ouiiin ! pleurnicha aussitôt Barton, car rien ne nous protégeait de la pluie.

— N'aie pas peur, lui dit notre mère, prenant pour

la première fois une voix douce et apaisante. Mes plumes sont imperméables.

Elle étendit ses ailes et je me réjouis de ne pas avoir à finir toute mouillée. Du moins, c'était ce que je croyais, car elle ne prit sous son aile que le petit Barton, pendant que nous autres, poussins femelles, fûmes rapidement trempées comme des serpillières. Ce fut la première fois de ma vie que je regrettai de ne pas être un homme.

31

La nuit vint sans que la pluie eût cessé. Mon plumage imbibé d'eau me collait à la peau et puait comme la peste aviaire. Je tremblais de tout mon corps. Déjà, dans mes vies précédentes, il m'arrivait de me demander ce qu'on trouvait de si formidable à la nature. Nous autres humains, nous avions tout de même inventé les maisons, le chauffage et la livraison de pizzas à domicile pour nous préserver de ses caprices.

Au moins, Barton avait les ailes de maman cigogne pour le protéger. Il était au chaud et au sec, tandis que mes sœurs et moi claquions du bec, transies de froid. La nature n'était pas du goût de ses propres créatures, qui auraient certainement adoré avoir une maison, le chauffage et un service de livraison à domicile de vers de terre.

De temps à autre, j'essayais de persuader maman cigogne d'étaler ses ailes jusqu'à ma petite personne mais, pour toute réponse, elle me donnait des coups de bec sur la tête. Bien que très tentée de protester contre cette forme d'éducation, pédagogiquement sans valeur et politiquement tout à fait incorrecte, je me souvins qu'un oiseau comme elle ne devait probablement rien comprendre à des notions telles que la valeur pédagogique ou le politiquement correct. Surtout, je me souvins de Petit tas énervant gisant en morceaux sur le sol de la forêt – le dieu des oiseaux ait son âme. Je préférais me taire plutôt que de subir le même sort.

Peu à peu, maman cigogne s'endormit avec sa progéniture. Barton et moi, nous ne trouvions pas le sommeil, mais nous attendîmes que tout le monde en écrase ferme pour oser enfin nous parler. Avec une certaine résignation, Barton constata :

— Des oiseaux. Nous sommes des bip d'oiseaux.

— Des cigognes, précisai-je.

La pluie ne gouttait plus de mon bec, elle en dégoulinait telle une petite cascade.

Barton ne réagit pas à ma remarque. Il lui était visiblement indifférent de savoir s'il était une cigogne, un albatros ou un émeu.

— Peut-être devrions-nous essayer de voir le côté positif de la situation ? suggérai-je.

Je ne m'attendais pas à ce que Barton en trouve un. Moi-même, je ne voyais absolument rien de plaisant dans ma nouvelle existence.

— Le côté positif, c'est que je ne suis pas aussi mouillé que toi, répliqua-t-il sèchement – dans tous les sens de ce mot.

Pendant que j'essayais de savoir si un cigogneau aussi pouvait faire la gueule, une brillante lumière vola droit sur notre nid. Une grosse boule de lumière, au milieu de laquelle flottait un bébé cigogne bien gras qui souriait comme Snoop Dog après le quatrième joint. Nous sûmes aussitôt de qui il s'agissait.

— Le *motherbipper*, constata Barton.

— Lui-même, confirmai-je.

Le gros corps de Bouddha atterrit au milieu du nid aussi légèrement qu'une plume, sans même réveiller le reste de la famille.

— Comment allez-vous ? nous demanda-t-il.

— C'est une blague ? rétorqua Barton en le foudroyant de ses petits yeux de cigogneau.

— Non, je vous pose la question honnêtement.

Il avait beau dire, nous avions vraiment l'impression de l'amuser. Le seul problème était de savoir si nous l'amusions comme un père aimant attendri par les erreurs et les hésitations de ses petits enfants, ou plutôt comme un spectateur de *Vidéo Gag* qui rit quand la grosse retraitée tombe sur le buffet en dansant le tango.

J'allais balancer à Bouddha que mes petites fesses d'oisillon étaient gelées, mais déjà, la lumière qui l'enveloppait réchauffait mes plumes mouillées et exerçait son effet apaisant. En tout cas suffisamment pour que je réussisse à lui poser la question qui me taraudait depuis notre rencontre avec Einstein :

— Pourquoi apparais-tu à certains humains réincarnés, et pas à d'autres ?

— Bonne question, dit Bouddha en souriant.

— Je trouve aussi.

— Et même, très bonne question.

— Je ne veux pas une note, mais une réponse.

— Je n'apparais qu'à des personnes très spéciales.

— Spécialement folles ? demanda Barton.

Malgré tout ce que nous avions vécu ensemble, il ne me pardonnait visiblement toujours pas et ne pouvait s'empêcher de me dire des choses désagréables. Cela me fit de la peine, et c'était bien son intention.

— Vous avez tous les deux une grande force de volonté.

Barton hocha la tête. Cette idée d'être quelqu'un de volontaire lui était familière. Tandis que moi, j'avais du mal à imaginer que Daisy Becker de Bremerhaven puisse avoir plus de volonté qu'un Albert Einstein, par exemple.

— Il y a en vous quelque chose de grand, mais il vous faut le découvrir.

— Tu me fais penser à ces gourous qui se baladent pieds nus à Hollywood et font de l'argent sur le manque d'estime de soi des stars, dit Barton.

À l'entendre, j'eus l'impression qu'il avait déjà eu affaire à l'un de ces gourous aux pieds nus dans une phase difficile de son existence. Moi aussi, cette phrase de Bouddha me rappelait quelqu'un.

— Tu parles comme ma mère.

— C'est une personne à part, elle aussi.

— Tu… tu… tu…, bafouillai-je, mon petit cœur de cigogne battant la chamade, mon bec cherchant les mots à piailler. Tu connais… ma… maman ?

Quelques secondes plus tôt, si on m'avait demandé si je croyais possible pour Bouddha de sourire encore plus largement, j'aurais fait non de mes petites ailes. Et pourtant, il souriait à présent comme jamais aucun oiseau, humain ou fumeur de pétard ne l'avait fait avant lui.

— Co… co…, piaillai-je encore.

Mais déjà, Bouddha s'envolait sous le ciel noir et pluvieux dans sa boule de lumière, sans m'avoir laissée finir de balbutier : « Co… comment va ma mère… que fait-elle… puis-je la voir… et sinon, peux-tu lui dire de ma part qu'elle me manque beaucoup… qu'elle me manque trop… trop, trop… »

Je restai le bec en l'air, la pluie l'emplissant peu à peu. Fixant l'endroit que Bouddha venait de quitter, Barton murmura tout bas :

— J'espère que je ne rencontrerai jamais mon père.

32

Sur le moment, aucun de nous deux ne chercha ce qui pouvait bien se cacher de grand en lui. Nous ne pensions qu'à nos parents. Moi complètement tourneboulée d'avoir appris que ma mère vivait encore quelque part, et Barton dégoûté à l'idée qu'il risquait un jour de rencontrer son père. Cela dura jusqu'au moment où, en avalant l'eau tombée dans mon bec, je m'étranglai et me mis à tousser convulsivement.

— La ferme ! gronda maman cigogne, que j'avais dû réveiller.

Mais pas moyen de m'arrêter. Je continuai à tousser jusqu'à ce qu'elle me donne des coups de bec sur la tête et que j'en devienne muette de frayeur. Combien de mères humaines en manque de sommeil rêvaient secrètement de pouvoir réduire au silence aussi vite leurs petits enfants malades ? Et en quoi ces mères se réincarnaient-elles ? Peut-être en bébés cigogneaux ?

— En bactérie du côlon, marmonna Barton.

Je ne m'étais pourtant pas posé la question tout haut ? Barton était-il soudain devenu capable de lire dans les pensées ? Était-ce un poussin mutant ?

Avec des superpouvoirs comme les X-Men des films ? Et un nom de héros du genre « Superpoussin » ?

— Mon père est certainement devenu un bacille du côlon. Dans une mouffette.

Sous l'immense mépris, la voix de Barton trahissait une douleur qui serra mon petit cœur de poussin.

— Je sais que ce n'est pas à moi de te poser cette question…

— Alors, laisse tomber.

— … mais, dans les articles que j'ai lus sur toi, on disait toujours que ton père avait été ta grande motivation. Que, sans lui, tu n'aurais jamais fait carrière.

— C'est vrai.

— Mais ?

— Mais ça ne s'est pas passé exactement comme l'a toujours dit mon attaché de presse. Le vieux m'a motivé au sens où il m'a traité toute sa vie de raté. Ce que je faisais n'était jamais assez bien. J'avais beau être bon en classe, au football ou comme danseur de ballet…

— De ballet ?

— Adolescent, j'ai été un très bon danseur de ballet, et, si ça te fait rire, tu vas aller rejoindre Petit tas énervant.

Je ris quand même. L'image de Barton dansant *La Mort du cygne* en collant était trop plaisante.

Il essaya de me donner un coup de sa petite aile, mais j'étais hors de sa portée. Je ne remarquais même plus la pluie qui tombait toujours, toute mon attention concentrée sur les révélations de Barton. Des choses qu'il n'avait sans doute jamais dites qu'à sa femme, et encore.

— Même quand j'ai commencé à gagner des

millions de dollars, je n'étais pas assez bien pour mon père. Pourtant, ce n'était qu'un vendeur de voitures d'occasion constamment dans la dèche, et qui tabassait sa femme toutes les deux ou trois semaines.

À ce souvenir, Barton se tut subitement, et je n'osai pas lui demander si son père le battait lui aussi. De toute façon, le petit Marc l'avait vu maltraiter sa mère.

— Si j'avais découvert un remède contre le cancer, il m'aurait sûrement demandé : « Tu n'as rien contre le sida ? » Et si j'avais encore sorti ça de mon chapeau, il aurait dit : « Tu n'as pas un truc pour changer l'eau du robinet en bière ? »

— C'est sans doute celui-là qui aurait rapporté le plus, plaisantai-je, espérant égayer un peu Barton.

— Ce n'est pas drôle, répliqua-t-il.

— Non, reconnus-je.

Nous nous tûmes un moment. Puis une question me vint. Après une petite hésitation, je me risquai à la formuler :

— Tu as sûrement toujours voulu avoir un chien…

— Nous en avions un.

— Ah bon ?

— Il s'appelait Rex. C'était un collie, et je l'aimais. Mais pas mon père, bien sûr. Une nuit, il a disparu. J'avais huit ans.

— Ton père l'avait abandonné ? demandai-je avec horreur.

— Oui. Mais à moi, il a dit que Rex s'était enfui, et que ce ne serait pas arrivé si je m'en étais mieux occupé.

Barton me regarda, ses yeux d'oisillon remplis de douleur, et j'eus très envie de le prendre dans mes petites ailes, mais elles étaient trop courtes. D'ailleurs, m'aurait-il laissée le consoler, moi qui avais tué son terrier ? Pourrait-il jamais me pardonner cela ?

En tout cas, Barton n'était pas un salaud, seulement un petit garçon blessé à qui il arrivait de se conduire comme un salaud. Peut-être était-ce ce petit garçon blessé qui était capable de grandes choses, plus grandes que celles qu'avait voulu faire la star de cinéma dans le seul but d'impressionner son père ? Peut-être Barton allait-il le découvrir pendant sa vie de cigogne ? Peut-être même pourrais-je l'aider à cela, réparer un peu le mal que je lui avais fait quand nous étions des humains ?

33

Durant les semaines suivantes, notre situation ne cessa de s'améliorer. Du moins jusqu'au jour où elle devait empirer de manière catastrophique. Après la pluie de la première nuit, le soleil brilla avec constance dans un ciel à peine nuageux, où une brise légère soufflait sur nos plumages. Maman cigogne était certes toujours d'aussi mauvaise humeur mais, de même qu'on pouvait s'attendre à recevoir de temps en temps un coup de bec sur la tête, on pouvait compter sur elle pour nous approvisionner inlassablement en vers de terre qui n'avaient sans doute pas imaginé passer leur journée ainsi. À ma propre surprise, cette alimentation monotone ne m'ennuyait pas du tout. C'était exactement ce dont avait besoin mon corps d'oiseau. La seule chose dont je regrettais vraiment l'absence au menu était mon expresso du matin. Ou mes quatre expressos.

Cela ne me dérangeait plus que maman cigogne préfère Barton et le favorise en laissant toujours tomber dans son bec les plus gros vers de terre. En compensation, je n'avais pas à supporter ses cajoleries incessantes. Ni d'être appelée « mon petit poussinet mignon ».

Jalouses, nos sœurs se mettaient à insulter Barton dès que maman cigogne quittait le nid pour aller chercher à manger. Elles lui lançaient le genre de mots qu'on entend souvent sur les aires de jeux, comme « bête zizi ». Des mots que, devenu adulte, on aimerait parfois dire au téléphone à certains employés des centres d'appels.

Cependant, ces offenses glissaient sur Barton comme les gouttes d'eau sur un plumage. Les oiselles pouvaient bien jacasser, il s'en désintéressait jusqu'à ce qu'elles ferment leur bec, découragées. Quand je demandai à Barton comment il faisait pour rester aussi calme, il sourit.

— Les critiques de cinéma sont bien plus énervants.

Alors, pour la première fois, nous avons commencé à bavarder tranquillement, sans être dérangés par des fourmis, des brochets ou des Bouddhas souriants. Nous n'avons pas parlé de nos vies animales, ni même de Yannis et de la Kelly, mais d'un autre sujet qui nous rapprochait tout autant : le métier d'acteur.

Au début, me raconta Barton, les critiques le blessaient, parce qu'elles ne disaient rien d'autre, au fond, que ce que son père lui avait toujours répété : qu'il était un raté et le resterait, quoi qu'il fasse. À la différence que les critiques de cinéma formulaient cela un peu plus élégamment. À propos d'une comédie où Barton jouait le rôle d'un malade du cancer qui tentait pour la dernière fois de réaliser son rêve de participer au championnat olympique de curling, le *New Yorker* avait écrit : « Tumeur, mais tu ris quand même. »

Variety avait qualifié son film d'art et d'essai *Du chocolat pour Treblinka* d'« ebola cinématographique ». Et, au sujet de son film de zombies, une mégasuperproduction intitulée *All You Can Eat*, le journaliste de *Deadline Hollywood* avait observé que, grâce à la pauvreté de son jeu d'acteur, on prenait spontanément le parti des zombies dès la dixième minute du film.

En écoutant Barton me raconter cela, je songeai que les stars en prenaient autant dans la gueule que nous autres petits acteurs. Avec cette différence que leur argent leur permettait de s'offrir des compensations un peu plus raffinées qu'une bouteille d'amaretto.

— Pourquoi es-tu devenu acteur ? lui demandai-je.

— Parce que je voulais apporter quelque chose aux gens.

Lorsqu'un acteur dit cela, on se sent souvent comme devant une reine de beauté affirmant que son plus cher désir est la paix dans le monde. Mais Barton le pensait vraiment.

— Ma mère était heureuse quand elle allait au cinéma, dit-il avec nostalgie.

Il n'eut pas besoin d'ajouter : « Et seulement alors. »

— Elle adorait Robert Redford.

C'était donc pour cela – et, là non plus, il n'avait pas besoin de le formuler – que, dès l'enfance, Barton avait voulu ressembler à Redford, devenir un acteur grâce à qui les gens s'évadaient vers un monde de rêve, éprouvaient des émotions qu'ils ne connaissaient pas dans la vraie vie. De la même façon que je voulais, moi, devenir une nouvelle Meryl Streep, une Glenn Close ou une Sandra Bullock. Sauf que Barton avait été bien plus près que moi de réaliser son rêve.

— Le film préféré de ma mère était *Nos Plus Belles Années*, avec Robert Redford et Barbra Streisand.

Comme je ne connaissais pas le film, Barton se mit à me raconter cette histoire d'amour qui s'étend sur quatre générations. Redford y joue le rôle d'un marine de la Seconde Guerre mondiale, Streisand celui d'une communiste. Ils tombent amoureux, mais la chasse aux sorcières des années 1950 les sépare. Lorsqu'ils se retrouvent, dans les années 1970, ils comprennent qu'ils ont manqué leur chance d'être heureux ensemble. Comme moi avec Yannis. Et Barton avec la Kelly. Sauf que, dans le film, Redford et Streisand mangeaient nettement moins de vers de terre que nous en ce moment.

Si n'importe qui d'autre m'avait raconté cette histoire, je me serais contentée de hausser les épaules avec ennui en disant qu'il fallait savoir choisir son partenaire. Mais l'intensité du récit de Barton m'emporta. Même sous son apparence de cigogneau, c'était un acteur passionné, doué d'un talent qu'on n'avait reconnu ni dans ses films à succès, ni à travers ses incursions malheureuses dans le cinéma indépendant. J'avais désormais mon petit cinéma privé au nid, où Barton me racontait trois à quatre films par jour. Il me fit rire avec *Les Temps modernes*, pleurer avec *Tendres Passions*, et les deux avec *La Rose pourpre du Caire*. Mais le plus formidable était sa façon de réinterpréter les grands classiques. Je m'amusai royalement à sa version des *Oiseaux* d'Hitchcock. J'aimais tellement ses récits que je refusais d'imaginer qu'il me quitterait un jour, dès que nous saurions voler. J'aurais vraiment voulu rester avec lui dans ce nid pour toujours.

Quand nous parlions ainsi ensemble, nos sœurs nous trouvaient complètement cinglés, et maman cigogne marmonnait avec résignation :

— La prochaine fois, je ne laisserai qu'un seul œuf dans le nid, dès le début.

Un jour, après m'avoir offert une version particulièrement intéressante de *Vol au-dessus d'un nid de coucou*, Barton me dit :

— À ton tour maintenant.

— À mon tour… de quoi ?

— À toi de jouer pour moi maintenant. Tu es bien actrice, non ?

— Je l'ai été.

— Tu l'es toujours. On ne se débarrasse pas d'une passion aussi facilement que d'un corps.

— Mais je ne suis pas une bonne actrice, objectai-je.

— Je veux bien le croire, plaisanta-t-il.

Un instant, j'eus très envie de le pousser hors du nid. Une seule personne au monde avait le droit de me traiter de mauvaise actrice, et c'était moi-même. Mais Barton reprit :

— La seule question est de savoir si tu es mauvaise parce que tu n'as pas de talent, ou si c'est parce que tu n'essaies pas suffisamment.

Lorsqu'on ne fait pas d'efforts, on peut toujours justifier l'échec en se disant qu'il n'est pas dû au manque de talent. Ç'aurait été trop bête de travailler d'arrache-pied, pour m'apercevoir ensuite que j'étais mauvaise ! Non, ne pas essayer était la meilleure excuse.

— Je… je ne sais pas, balbutiai-je, me sentant prise sur le fait.

— Eh bien, nous allons le savoir, dit Barton. Raconte-moi une histoire.

— Et si je ne le fais pas ?

— J'arrête moi aussi de t'en raconter.

— C'est du chantage.

— On m'a déjà dit bien pire que ça. Même depuis que je suis un oisillon.

J'hésitai sérieusement. Je ne voulais ni me couvrir de ridicule, ni qu'il cesse de me raconter des histoires. Je n'avais donc plus qu'une solution : me lancer, et ne pas me couvrir de ridicule.

— Bon. Tu connais *Robbi, Tobbi et le Fliewatüüt*[1] ?

— Le *Fliewatüüt* ?

— On dirait que non.

C'est ainsi que je me mis à lui raconter les voyages du petit garçon du cours élémentaire des humains et du petit robot du cours élémentaire des robots. Grâce au *Fliewatüüt*, leur véhicule universel capable aussi bien de rouler que de voler comme un hélicoptère et de naviguer, ils visitent le phare à rayures jaunes et noires, puis le pôle Nord, puis, bien sûr, le château de Plumpudding. Je m'efforçais vraiment de raconter cette histoire avec du suspense, d'une manière amusante et excitante, comme ma mère me la lisait autrefois le soir, dans mon lit.

Quand j'eus terminé, je regardai Barton avec appréhension. Son jugement comptait énormément pour moi. Quelle actrice, que dis-je, quel être humain n'aurait pas aimé être félicité par un célèbre acteur de Hollywood, même si cet acteur avait maintenant l'aspect d'un jeune cigogneau ?

---

1. Livre pour enfants célèbre en Allemagne, publié en 1967. Le nom *Flie-wa-tüüt* est composé de *fliegen* (« voler »), *Wasser* (« eau ») et… « tuut » pour le klaxon de la voiture. *(N.d.T.)*

— Tu as un vrai talent, dit-il, sans que je puisse deviner si cela l'étonnait ou s'il s'y attendait.

Je nageais dans le bonheur. J'étais au septième ciel.

Pendant environ trois secondes.

Jusqu'à ce que maman cigogne nous déclare qu'il était temps pour nous d'apprendre à voler[1 & 2].

---

1. *Mémoires* de Casanova : « Moi aussi, je me sentis flotter sur un nuage quand je vis la belle dame panda. Comme je cherchais mes mots pour me présenter à elle et, pour la première fois de ma vie, ne les trouvais pas, il arriva une chose qui me déchira le cœur… »

2. *Mémoires* d'Urrgh, l'homme de l'âge de pierre : « Petite ourse fait yeux doux à moi. »

34

— Euh…, dis-je à la dame cigogne. Je ne me sens pas encore vraiment prête à voler.

Les oisillons que nous étions avaient certes bien grandi. Nos ailes n'étaient plus des moignons, notre duvet avait fait place à de vraies plumes. Mais, lorsqu'on est un jeune oiseau prêt pour sa première tentative de vol, ne devrait-on pas le sentir au moins un minimum au fond de soi ? Ou bien ça n'avait rien à voir ?

— Sais-tu ce que ça me fait que tu le sentes ou non ?

— Tu t'en fiches comme de ta première saucisse ?

— Saucisse ? Qu'est-ce que c'est ?

Devais-je le lui expliquer ? Ma famille à plumes risquait de trouver le concept de saucisse difficile à assimiler, et encore plus l'idée que les humains en fabriquent avec des foies de volaille. Ou que j'aie pu un jour aimer cela.

— Je veux dire par là que ça doit t'être plus ou moins égal, fis-je d'une toute petite voix.

— Pas du tout.

— Non ? fis-je avec espoir.

— Je m'en fiche comme de ma première fiente !

Maman cigogne était farouchement déterminée à nous faire voler. Et, à voir la tête de mes petits frère et sœurs, ils n'étaient pas plus convaincus que moi d'en être déjà capables.

— Lequel d'entre vous veut être jeté du nid le premier ? nous demanda maman cigogne.

Toutes mes petites sœurs désignèrent Barton de l'aile.

— Non, Poussinet volera le dernier.

Poussinet poussa un « ouf » de soulagement. Il lui restait quelques minutes de grâce. Maman cigogne regarda tour à tour ses cigogneaux femelles, évaluant leurs capacités. Je luttai contre la panique en tentant de me persuader qu'une maman cigogne devait bien connaître le moment précis où ses petits étaient prêts à quitter le nid. On pouvait se fier à l'instinct d'une mère ! Sauf que j'aurais eu davantage confiance dans cet instinct si maman cigogne ne m'avait pas fait si mauvaise impression jusqu'ici.

— Toi, là ! s'écria-t-elle en donnant un coup de bec sur la tête de Bec énervant. Tu voleras la première !

Plutôt elle que moi, telle fut l'idée qui me traversa la tête. Pas le genre de pensée qui permet d'amasser du bon karma.

Bec énervant pâlit encore un peu plus et répondit :

— Euh… j'aimerais bien voir d'abord comment font les autres…

Maman cigogne poussa hors du nid Bec énervant, qui ne trouva rien de mieux à dire que :

— AHH !

Tous les autres retinrent leur souffle. Notre petite

sœur n'allait-elle pas cesser de crier pour se mettre à battre des ailes ?

— AHH !

Ça ne pouvait pas durer.

— AHH !

Il était grand temps qu'elle batte des ailes.

— AHH !

Plus que temps.

Splatch !

Splatch ?

« Splatch » n'est pas un bruit d'ailes.

— Oh, merde, fit Barton d'une voix étranglée.

— Et encore, c'est un euphémisme, balbutiai-je.

— À qui le tour ? demanda en souriant maman cigogne.

Sans surprise, aucun de nous ne se porta volontaire.

— Je pense que Ferme-ton-bec devrait essayer, dit maman cigogne.

Je n'étais pas de cet avis. Mais elle s'en fichait. Avec son bec, elle m'attrapa et me poussa hors du nid.

35

Jamais encore je n'avais trouvé la nature aussi bête.

Je passai devant des branches. Et aussi sur des branches, mais qui, hélas, n'étaient pas assez solides pour me retenir. En revanche, elles me fouettèrent douloureusement. Le vent de la chute sifflait si fort à mes oreilles que je ne m'entendais même pas crier. Mon cerveau envoyait à mes ailes des signaux incessants : « Allez-y, idiotes, mettez-vous à battre ! Déployez-vous ! Faites ce que vous voulez, mais ne restez pas là bêtement comme si vous n'étiez pas concernées ! »

Mes ailes n'entendaient pas les signaux. Comme une imprimante qui s'affiche « prête », mais se désintéresse totalement des ordres que lui envoie l'ordinateur.

Je distinguais déjà le sol de la forêt : la mousse… les champignons… ma petite sœur avec son bec mal taillé planté dans la terre…

Cette vue sembla tout de même faire réagir mes ailes. Elles se mirent à battre. De façon désordonnée. Maladroite. Sous-naturelle. Mais cela freina au moins en partie ma chute. Mon cerveau leur envoya de nouveaux signaux : « Trouvez mieux que ça, nigaudes, et vite, sans quoi vous et moi allons avoir un problème ! »

Cette fois, mes ailes m'obéirent. Elles battirent soudain plus fort, plus rapidement, et même de façon presque coordonnée. Il était temps, car je restai suspendue en l'air juste au-dessus du derrière de Bec énervant. À peine avais-je repris mon souffle que Plume énervante et Aile énervante s'écrasaient au sol à leur tour. J'avais maintenant au-dessous de moi trois derrières d'oiseaux.

J'étais le seul cigogneau femelle à avoir survécu. Selon la dure loi de la survie des plus aptes. Quand on est soi-même soumis à ce processus de sélection, on a du mal à comprendre les gens qui vénèrent la nature.

Pour ne pas contempler plus longtemps les arrière-trains de mes trois sœurs, je commençai à m'élever maladroitement dans les airs. Tantôt je me cognais la tête contre une branche, tantôt c'était mon derrière qui heurtait un arbre mais, peu à peu, je pris de l'assurance. Au bout d'une minute à peine, je n'avais déjà plus la sensation d'être un oiseau qui vient de vider une barrique de porto.

Arrivée à peu près aux deux tiers de la hauteur du sapin, je me demandai ce que devenait Barton. Maman cigogne avait dû comprendre à présent que la plupart de ses petits n'étaient pas prêts à voler, et elle voudrait sûrement épargner à son oisillon préféré cette douteuse épreuve de « survie des plus aptes ».

— AHH ! fit alors la voix de Barton.

Finalement, non.

Barton tombait vers moi à toute vitesse. Et il ne

donnait pas du tout l'impression de pouvoir apprendre à voler à temps.

— Bats des ailes ! lui criai-je.

— Ahhh !

— Sinon, tu vas mourir ! ajoutai-je comme s'il ne s'en doutait pas lui-même.

— Ahhh !

— La conversation est un peu à sens unique !

— Ahhh !

Barton s'abattit sur mon dos. Je perdis mon équilibre de vol, mais je l'aurais peut-être retrouvé très vite si Barton, affolé, ne s'était accroché à moi. Mes ailes ne pouvaient pas porter le poids de deux oisillons, et nous partîmes en piqué vers le sol. J'eus beau me démener, je n'étais pas de taille.

— Lâche-moi ! criai-je à Barton.

— Ahhh !

— Sinon, nous allons mourir tous les deux !

— Ahhh !

— Tu ne pourrais pas crier autre chose, pour changer ?

— Biiiip !

— C'est pas beaucoup mieux !

Je fonçais toujours vers le sol, Barton criant si fort dans mes oreilles que je craignis de devenir le premier oiseau au monde à avoir besoin d'un appareil acoustique. À condition, bien sûr, que je survive à la chute, ce qui était fort improbable.

— Que dirais-tu de descendre de mon dos ? hurlai-je.

— Rien !

Juste ce que je redoutais.

Le sol n'était plus qu'à cinq mètres environ, quand

Barton reconnut les arrière-trains de nos trois petites sœurs.

— Ce n'est pas… ?

— Si, c'est elles.

— OH PUTAIN !

— C'est à ça que nous ressemblerons si tu ne descends pas tout de suite de mon dos.

— Mais peut-être que tu amortiras le choc pour moi à l'arrivée.

— Ce n'est pas avec des idées comme ça que tu amasseras du bon karma ! protestai-je.

— Mais toi, oui, en me sauvant. Donc, je te rends service en t'aidant à en amasser.

— Je peux aisément me passer de ce genre de service !

Dans un instant, nous allions nous écraser. Je luttai désespérément pour décrocher Barton de mon dos. L'instinct de conservation était plus fort que mon désir de bon karma. Comme chez la plupart des êtres vivants, bien sûr. Ce qui explique sans doute l'état de notre monde.

Enfin, je réussis à le larguer. Voyant qu'il continuait à tomber, je pris peur. Il allait mourir. Par ma faute.

— Bouge tes ailes ! lui criai-je. Ou bien nous ne nous reverrons plus jamais !

Cela ne décida pas ses ailes à bouger.

— Et tu seras sûr de ne plus jamais revoir ta femme !

Cette fois, elles se mirent à battre.

Enfin.

J'aurais tout de même préféré qu'elles battent à cause de moi.

36

— Je suis fière de toi, Poussinet ! nous cria maman cigogne du haut du nid.

— Une chose est sûre, je ne retourne pas avec cette tarée, dit Barton.

— Moi non plus, Poussinet, répondis-je.

— Ne m'appelle pas comme ça.

— Poussé-du-nid ?

Après tout ce stress, je me détendais en le taquinant un peu, mais cela ne lui faisait pas du tout le même effet qu'à moi, et il soupira :

— Bon, on fiche le camp ?

— Très volontiers, Poussi-Poussa ! répliquai-je en riant comme une petite folle.

J'étais tellement soulagée que nous ayons survécu tous les deux !

Déployant nos petites ailes, nous nous éloignâmes de notre arbre natal, restant à mi-hauteur afin de ne pas nous casser le cou si jamais nous tombions. Nous regardions de temps en temps en l'air, au cas où maman cigogne nous aurait suivis, mais c'était une de ces mères qui se réjouissent quand les enfants quittent le nid, et à qui cela suffit qu'ils ne sonnent à la porte que pour leur anniversaire et le jour de Noël.

Nous gardâmes le silence jusqu'à la lisière de la forêt. Là, les champs de blé s'étendaient à perte de vue devant nous, d'un si beau jaune que Van Gogh se serait recollé l'oreille de joie. Nous nous reposâmes un moment sur un petit chemin herbeux, laissant pendre nos ailes. Nos routes allaient-elles se séparer ici ? Le mieux était peut-être d'interroger directement Barton.

— Vas-tu t'en aller ?

Il hésita.

— Nous avons de meilleures chances de retrouver Yannis et ta femme si nous restons ensemble.

— Oui, et j'aurai aussi de plus grandes chances de devenir définitivement cinglé.

— *Momo*[1].

— Quoi ?

— Je ne t'ai pas encore raconté l'histoire de Momo.

— Tu joues les Shéhérazade, maintenant ? demanda Barton en souriant. Tu envisages de me raconter une histoire chaque nuit ?

— Oh, nous n'aurons sûrement pas besoin de mille et une nuits pour les rejoindre.

— Peut-être que si, puisque nous devrons aller à New York.

Nous. Il avait dit « nous » !

Barton n'avait donc pas envie de rester seul, lui non plus. Même s'il refusait de l'admettre. Aucun être humain ne peut vouloir rester seul sous une forme animale. Ni humaine !

---

1. Roman pour la jeunesse, très célèbre en Allemagne, de Michael Ende, auteur de *L'Histoire sans fin. (N.d.T.)*

— C'est vrai que New York est très loin. Et nous ne savons même pas où nous sommes !

— Mais si, nous le savons, dit Barton.

À quelques mètres de nous, il me désigna un panneau portant l'inscription : BIENVENUE EN FORÊT DE TEUTOBURG.

En classe de cinquième, j'avais certes eu à dessiner les montagnes et les forêts sur des cartes d'Europe mal photocopiées, mais j'avais été un cas classique d'apprentissage boulimique : avaler tout le cours en une seule fois juste avant le devoir surveillé, et tout revomir ensuite. Je n'avais donc pas la moindre idée de l'endroit où se trouvait la forêt de Teutoburg, si ce n'est qu'elle était située quelque part dans le nord-ouest de l'Allemagne. Donc assez loin de New York. Mais beaucoup moins loin de Bremerhaven. La ville où je m'étais juré de ne jamais retourner, et pourtant, il le fallait. Car, de là, nous pourrions prendre un bateau pour l'Amérique. Voler de nos propres ailes jusqu'aux États-Unis était impensable pour de jeunes cigognes comme nous, qui venaient tout juste de connaître leur baptême de l'air.

Je fis part de mon plan à Barton, qui me répondit que je l'étonnerais toujours, je lui demandai pourquoi, et il m'expliqua qu'il n'aurait jamais cru pouvoir m'entendre exposer un plan qui ne paraîtrait pas totalement cinglé. Je lui donnai un coup de bec sur la tête, sur quoi il observa que je n'étais visiblement pas capable de me défendre par des mots. Je lui donnai aussitôt un autre coup de bec, prouvant certes qu'il avait raison, mais lui montrant aussi qu'avoir raison ne devait pas toujours faire plaisir.

Pendant que Barton se tenait la tête de son aile

gauche et faisait l'essuie-glace de l'autre pour me dire d'arrêter, je m'orientai d'après la position du soleil. Quand j'eus repéré le nord, je fis signe à Barton de me suivre et m'envolai. À mesure que nous progressions, nous prenions de l'assurance et de la hauteur. L'air nous portait à des altitudes inconcevables. Au-dessous de nous, le spectacle des champs, des prés, des ruisseaux, des maisons et des routes était à couper le souffle. Plus nous montions, plus c'était merveilleux. Mon instinct d'oiseau me disait que j'étais chez moi, ici, dans les airs. Je n'avais jamais éprouvé ce sentiment dans ma vie humaine. Ni chez mes parents, ni à Berlin, ni nulle part. Et, à cet instant-là, je ne trouvai plus du tout la nature stupide.

À la nuit tombée, nous avons cherché refuge tout en haut d'un sapin, et nous nous sommes raconté des histoires avant de nous endormir (je racontai *Momo* à Barton, et il me raconta *Y a-t-il un pilote dans l'avion ?*). Nous avons dormi sur de grosses branches, sans craindre un instant de tomber durant notre sommeil. Au bout d'une seule journée hors du nid, nous faisions déjà totalement confiance à notre instinct d'oiseau.

Avant de reprendre notre vol au lever du soleil, nous picorâmes quelques vers de terre, non sans leur demander poliment s'ils n'étaient pas par hasard des humains réincarnés. Par chance, aucun d'entre eux ne comprit de quoi nous parlions.

Pour rejoindre Bremerhaven, nous suivîmes l'A27, nous amusant à toucher le plus grand nombre possible de limousines Mercedes chaque fois que nous nous soulagions. Nous atteignîmes ma ville natale en début d'après-midi et volâmes vers le port, où nous espérions trouver un navire de croisière en partance pour New York. En passant au-dessus de cette ville tant détestée, je faillis manquer la maison au toit de tuiles jaunes, située un peu à l'écart des autres, et ne la vis qu'au dernier moment. La maison de mes parents. Son toit était jaune parce que, prétendait ma mère, n'importe qui mettait des tuiles rouges. Papa avait toujours trouvé cela trop voyant mais, depuis des années que maman était morte, il n'avait pas fait remplacer les tuiles. Peut-être par respect pour sa mémoire ?

En bikini sur une chaise longue, la fille des impôts prenait un bain de soleil dans le jardin magnifiquement aménagé. Cette nana était mieux fichue que la plupart des femmes de son âge. Ou de l'âge que j'avais à ma mort.

N'avais-je pas encore un petit besoin à satisfaire ? Oui ! Ralentissant mon vol, je vins tournoyer juste au-dessus de sa tête et me lâchai. Cela fit « splatch ». La fille sauta en l'air, effrayée, cria : « Ihh ! », puis : « Bêhh », et enfin :

— J'espère que je ne vais pas attraper la grippe aviaire !

Je me posai sur la branche d'un grand chêne et ris à gorge de cigogne déployée, jusqu'au moment où je vis sortir mon père. Il courut vers sa nana et la prit dans ses bras pour la calmer, avant de l'aider très gentiment à se nettoyer. Barton, qui s'était posé à côté de moi, observa la scène, puis demanda :

— Ce n'est pas… ?

— Si, c'est lui, le coupai-je, énervée.

— Il aime cette femme, constata Barton.

— C'est con pour lui.

— Pourquoi ? Elle l'aime aussi, dit-il en pointant une aile vers eux.

La fille des impôts embrassait mon père sur sa vieille joue pochée. Avec gratitude. Avec amour. Elle lui souriait d'un air radieux.

— Elle… elle fait semblant, me défendis-je.

— On ne peut pas jouer la comédie avec ça.

Le cigogneau qui me répondait avait été l'un des plus grands acteurs au monde, il savait exactement ce qu'on pouvait feindre ou pas.

La fille des impôts regardait mon père comme s'il était le type le plus formidable de la terre. De toute évidence, ses sentiments étaient authentiques. Et j'avais du mal à l'admettre.

— Ton père la rend heureuse, observa Barton.

— Je… j'avais toujours pensé…

— Nous avons déjà eu l'occasion de constater que penser n'est peut-être pas ton fort, déclara Barton en souriant.

En temps normal, je lui aurais donné un coup de bec, mais je préférai continuer à observer la fille. Je m'étais trompée, elle n'avait pas épousé mon père seulement pour son argent, elle l'aimait vraiment. Pourquoi ne l'avais-je pas vu avant ? Parce que j'étais trop en colère ? Parce que je n'étais pas capable d'imaginer qu'on puisse aimer un homme beaucoup plus âgé ? Yannis avait raison, je ne comprendrais sans doute jamais rien à l'amour.

Si mon père et cette nana s'aimaient, cela ne l'excusait peut-être pas d'avoir quitté ma mère durant sa maladie, mais cela rendait au moins la chose un tout petit peu plus compréhensible. Cette pensée atténuait la haine que je portais en moi depuis tant d'années. Et la douleur. Surtout la douleur.

Devais-je voler vers papa et lui demander pardon ? Mais comment me ferais-je comprendre de lui ? En agitant mes ailes comme des pavillons de signalisation optique ? Il ne comprendrait rien, croirait tout au plus avoir affaire à un oiseau qui se serait trop souvent cogné contre des baies vitrées. Je n'avais aucune chance de parvenir à lui expliquer que j'étais sa fille. Je ne pourrais pas discuter avec lui des problèmes qui nous avaient séparés, espérer aboutir à une réconciliation. À cet instant, je compris pourquoi les humains ne reconnaissaient jamais leurs proches réincarnés en animaux. Ils ne comprenaient pas leur langage. Être si près de ceux qu'on aimait et ne rien pouvoir leur dire, c'était bien la pire vacherie de toute cette histoire de réincarnation.

— Repartons, dis-je tristement à Barton.

— Tu es sûre ? demanda-t-il avec une compassion inhabituelle.

— Hélas.

Je pris mon envol, suivie de Barton. Il chercha des paroles de consolation, n'en trouva pas et se tut. Mais le simple fait qu'il en ait cherché le fit nettement remonter dans mon estime.

Arrivés au port, nous nous posâmes sur la plus haute cheminée d'un navire de croisière, de ceux qu'on voit à la télévision dans des reportages relevant davantage du film publicitaire que du documentaire. Celui-là était en partance pour New York.

37

Au début du voyage, Barton et moi craignions de devoir nous cacher, tant des passagers que de l'équipage du bateau, pour ne pas être chassés. Mais ce ne fut pas nécessaire. Au contraire, tout le monde nous adorait. Il est vrai que les cigognes ont plutôt bonne presse chez les humains.

L'équipage nous nourrissait de délicieux poissons – nous étions soudain pescariens nous aussi, comme quoi, dans la vie, tout est question de point de vue. On nous apportait les restes des banquets, mais Barton et moi cessâmes de toucher à la plupart de ces aliments après une indigestion consécutive à l'absorption d'un mélange d'huîtres et de mousse au chocolat. Que nous ayons ingurgité cela un jour de tempête où le navire était battu par de hautes vagues couronnées d'une écume jaunâtre n'avait pas dû arranger les choses.

Les passagers ne tardèrent pas à nous surnommer « Angie et Steinmeier[1] ». Et les jeunes couples ne se contentaient pas de se demander en plaisantant

1. Angie : surnom de la chancelière CDU-CSU Angela Merkel, élue contre son rival SPD Franz-Walter Steinmeier. *(N.d.T.)*

si nous allions leur apporter leurs futurs enfants, ils se posaient aussi d'autres questions ! Un jour de très beau temps où nous étions perchés sur le bastingage avant, une jeune femme qui ressemblait vaguement à mon ex-colocataire Sylvie nous observait avec son petit ami, qui, lui, ressemblait un peu au fiancé de Sylvie – apparemment, des savants fous clonaient tous ces jeunes couples pleins d'avenir. Au bout d'un moment, la fille dit au type :

— Je me demande si Angie et Steinmeier auront de mignons bébés eux aussi.

Me souvenant de mes sœurs cigognes, je me retins de leur crier que les mignons bébés cigognes n'existaient pas.

— En tout cas, ils font sûrement des choses ensemble tous les deux, dit le type.

Des relations sexuelles ?

Entre cigognes ?

Je n'avais encore jamais réfléchi à la question. Je ne pouvais même pas imaginer comment s'y prenaient les cigognes. Trouvaient-elles érotique, par exemple, de se frotter le bec entre elles ? Je me permettais d'en douter. Pourtant, à peine le type avait-il formulé cette idée que j'éprouvai comme un désir dans mon corps de cigogne. Barton et moi n'étions certes pas encore des cigognes adultes, mais certainement déjà adolescentes. Je lui jetai un regard honteux, me demandant comment il réagirait à cette suggestion. Vu le regard perplexe qu'il me jeta en retour, j'eus l'impression qu'un besoin identique commençait à s'éveiller en lui. Mais, si mon corps se réjouissait que Barton éprouve lui aussi des envies, cela mettait mon esprit très mal à l'aise. Il était hors de question que je me frotte le bec avec qui que ce soit. Ni Barton, ni aucun autre cigogneau.

— Tu paries qu'ils sont aussi accros que nous ? dit le jeune homme.

La jeune femme le poussa du coude en riant, et ils se mirent tous deux à se bécoter et à se peloter. Cette fois, il y eut comme un crépitement électrique entre les deux cigognes que nous étions.

— Nous… ? Faire ça ensemble… ? s'étonna Barton, à qui cette perspective semblait déplaire tout autant qu'à moi.

— N'importe quoi, dis-je d'une voix un peu éraillée.

— Une supposition absurde…

— Totalement absurde, approuvai-je.

— D'une absurdité absolue !

— Plus qu'absolue !

— Je ne crois pas que « plus qu'absolu » soit possible ?

— Si, avec une idée pareille.

— Oui, tu as raison, dit Barton en hochant frénétiquement la tête.

Nous étions donc d'accord. Malheureusement, nos corps l'étaient aussi. Et, comme ils n'étaient pas du même avis que nous, ils se rapprochaient peu à peu l'un de l'autre sur le bastingage.

— Ce serait de l'inceste, renchérit Barton afin d'écarter la menace imminente d'un frottement de becs.

— Je ne peux même pas imaginer une chose pareille ! répliquai-je.

— Comme je te comprends !

Nous avions beau dire, le courant passait si fort

entre nous que cela en devenait presque intolérable. Nous nous rapprochions toujours plus l'un de l'autre, nos becs étaient sur le point de se toucher.

— En tout cas, ce ne serait pas bien, ajouta en hâte Barton.

— Tout à fait.

— Ce serait même très mal.

— Exactement !

— D'ailleurs, je ne te trouve pas du tout attirante.

— Tout… à fait ? fis-je avec ahurissement.

S'il avait dit cela pour empêcher un bécotage, c'était réussi. Ça crépitait déjà légèrement moins entre nous.

— Déjà comme humain, je ne te trouvais pas séduisante, insista Barton.

— Merci, pareil pour toi, mentis-je.

Il est vrai que, comme homme, je ne le trouvais pas gentil du tout, mais en revanche si affolant que je me serais allongée avec lui sans faire d'histoires pour la promotion canapé.

— Je ne te crois pas, dit-il avec un sourire plein de suffisance.

— Crois ce que tu veux.

— C'est ce que je fais.

Même devenu cigogne, il pouvait donc être arrogant et sourire d'un air supérieur. Mon désir s'évaporait peu à peu. Dieu merci.

— Moi non plus, tu ne me feras pas gober que je ne te plaisais pas, rétorquai-je.

Je ne disais pas cela parce que je le pensais vraiment. Au contraire, je n'imaginais que trop facilement qu'il ne m'ait pas trouvée attirante, mais je voulais riposter, essayer de l'atteindre d'une manière ou d'une autre.

— Je suis marié avec Nicole, comment peux-tu envisager sérieusement que je m'intéresse à quelqu'un comme toi ?

En une phrase, Barton venait de faire de moi une femme de troisième catégorie.

— Tu *étais* marié avec elle, répliquai-je en m'éloignant d'un bon mètre le long de la rambarde.

— Je le suis toujours !

Cette fois, lui aussi était vexé. Bien fait pour lui ! Mais il chercha à se venger :

— Grâce à Nicole, ton Yannis ne te trouvera plus séduisante lui non plus !

Ce fut comme une gifle dans ma face de cigogne.

Sans répondre, je m'envolai à l'autre bout du navire, où je me posai sur le bastingage et laissai le vent souffler dans mes plumes. J'étais furieuse. Barton était peut-être un petit garçon blessé qui se conduisait comme un salaud, mais justement, c'était un vrai salaud ! Et un salaud arrogant !

Un ou deux milles nautiques plus loin, ma colère fit place à un triste constat. Avec ma réincarnation en animal, ma vie sexuelle aussi était terminée. Pour toujours[1].

À présent, je regrettais de ne pas en avoir profité bien plus souvent quand j'étais une humaine. Avec Yannis. Toutes ces années, j'aurais pu non seulement

1. *Mémoires* de Casanova : « C'est ce que l'on croit durant les premières vies qui suivent notre mort d'être humain. Mais le désir triomphe au plus tard à la troisième réincarnation. Comme j'aurais aimé jouir de la merveilleuse femelle panda nommée Rose ! Mais elle préféra faire cela avec Urrgh. Et, après leur tête-à-tête galant, elle lança cette phrase que je n'avais jamais entendu aucune créature prononcer : "J'adore être réincarnée !" »

être son amie, mais partager son lit. Cette partie de l'amour aussi, je l'avais manquée.

J'allais me remettre à pleurer, quand une grosse femme vêtue d'une longue robe ondoyante à petites fleurs s'écria en regardant dans ses jumelles :

— Terre en vue !

38

Barton et moi, nous n'attendîmes pas que le bateau soit à quai. Nous nous envolâmes pour franchir les derniers milles qui nous séparaient de la terre ferme, passant devant la statue de la Liberté pour nous diriger vers les gratte-ciel que je ne connaissais jusqu'ici qu'à travers d'innombrables films. Si je n'avais pas été aussi pressée de revoir Yannis, j'aurais chanté, de joie, la vieille chanson d'Udo Jürgens : « Je n'avais jamais vu New York, je n'avais jamais vu Hawaii[1]... » Mais je me contentai, le bec béant, de longer à la suite de Barton les défilés d'acier et de béton. Je savais sans qu'il ait besoin de me le dire quelle était notre destination : le luxueux appartement de Central Park qu'il avait acheté pour y vivre avec sa femme, et où Yannis avait pris sa place.

Alors que nous venions de survoler Chinatown et de dépasser l'Empire State Building, Barton s'arrêta

1. « Ich war noch niemals in New York », paroles de Michael Kunze ; musique d'Udo Jürgens. BMG Rights Management Switzerland / ARAN Productions AG. Avec l'aimable autorisation de BMG Rights Management (France).

si brusquement au-dessus de Times Square que cela faillit provoquer une collision en vol. L'évitant de justesse, je compris pourquoi il avait freiné à mort dans les airs. Parmi les publicités lumineuses pour de nouvelles séries télé du genre *New York Police judiciaire*, *Chuck Norris contre les zombies* ou *Comment j'ai tué ta mère*, il y en avait une intitulée *Sex and the City – The Next Generation*. Et la femme qu'on voyait sur l'écran n'était pas Sarah Jessica Parker, mais celle qui reprenait le rôle de Carrie dans la nouvelle version. Nicole Kelly. Cette image géante de la femme de Barton dans toute sa beauté m'intimida terriblement. J'étais bien une femme de second ordre, et pas seulement parce que je n'étais plus une femme du tout. Barton avait raison, contre elle, je n'aurais aucune chance avec Yannis. Encore moins en tant que cigogne.

Si ce spectacle me décourageait, il ne fit que renforcer la détermination de Barton. Il traversa la Septième Avenue si rapidement que j'eus peine à le suivre. Nous fonçâmes dans Central Park, passant au-dessus du zoo et du célèbre pont où avaient été tournées plus de scènes d'amour que nulle part ailleurs dans le monde – je fus même un peu déçue que ce ne soit pas le cas au moment de notre passage –, avant d'atteindre un grand bâtiment ayant vue sur le parc. Les dragons de pierre de la façade avaient l'air d'attendre depuis des siècles de pouvoir s'envoler et rôtir de leur haleine de feu les pigeons qui faisaient leurs saletés sur eux. Nous atterrîmes sur la balustrade de l'immense terrasse au sommet de l'immeuble. À travers les vitres bien astiquées, on voyait parfaitement l'appartement, d'un tel standing que son prix aurait sans doute suffi à racheter la dette de la

Grèce. Mais je ne m'intéressais pas à la décoration intérieure. Je n'avais d'yeux que pour le canapé de cuir vert, et surtout pour l'homme qui y était assis, un MacBook sur les genoux. Yannis. Il n'avait certainement pas les moyens de se payer lui-même un ordinateur aussi cher, encore moins les fringues de luxe qu'il portait, ni les élégantes lunettes qui mettaient si merveilleusement en valeur ses beaux yeux qu'il ressemblait maintenant non plus seulement à un chercheur distrait, mais à un chercheur distrait capable d'avoir toutes les femmes qu'il voulait et ne le savait pas lui-même, ce qui, bien entendu, le rendait d'autant plus désirable pour elles. Je remarquai avec une stupéfaction croissante qu'il avait du gel sur les cheveux, lui qui, jusque-là, ne se peignait tout au plus que pour Noël. Yannis avait laissé la Kelly faire de lui sa poupée ! Mais mon Yannis ne devait être le Ken d'aucune Barbie !

— Il faut agir, déclarai-je avec colère.

— Et je sais déjà comment, dit Barton.

— Ah oui ?

— Je vais arracher les yeux à ton Harry Potter !

— Ce n'est pas très constructif.

— Alors, je vais lui planter mon bec dans le ventre.

— Ça non plus.

— Ensuite, je verrai ce qu'on peut faire de ses tripes.

— La violence n'est pas une solution !

— Pour un Américain, si.

— Tu n'es plus un Américain, tu es sorti d'un œuf dans la forêt de Teutoburg, en Allemagne.

L'idée de n'être plus qu'une cigogne immigrée parut visiblement le déconcerter.

À cet instant, un homme et une femme d'une

quarantaine d'années, tous deux très gros, entrèrent dans la pièce. Des Latino-Américains dont le régime devait principalement consister en un mélange équilibré de hamburgers et d'ailes de poulet rôties. De plus, la femme était enceinte jusqu'aux yeux. Souriant aimablement, les deux Latinos posèrent sur une table à côté de Yannis du vin et un plat non identifiable, mais à l'air très vert et particulièrement sain. Yannis les remercia sans trop lever les yeux de son MacBook.

— Il trouve cela pas désagréable du tout de se faire servir, m'étonnai-je.

— On ne s'habitue à rien aussi vite qu'au luxe, persifla Barton.

— Qui sont ces deux-là ? demandai-je tandis que le gros Latino sortait de la pièce avec la grosse Latina en lui caressant le ventre.

— Sergio et Maria, notre cuisinière. Lui est notre concierge et majordome.

— Ils ont l'air très amoureux.

— Je ne connais personne de plus heureux qu'eux. Ils avaient beau être à notre service, par moments, je les enviais.

Dans la voix de Barton, un peu de nostalgie s'était mêlée à sa colère contre Yannis, et je compris cela, car la vue du bonheur de ces gens me faisait encore plus mal que la découverte du nouveau Yannis. Je n'avais jamais eu droit à un tel bonheur[1].

---

1. *Mémoires* de Casanova : « Il est un spectacle plus douloureux encore que celui du bonheur de deux êtres humains, et c'est celui du bonheur de deux pandas. Que l'amour est cruel ! Les hommes brisent le cœur des femmes, les femmes celui des hommes. Ah, que le ver de terre est enviable ! »

À peine les Latinos et leur bonheur avaient-ils quitté la pièce que la Kelly entra. Elle revenait visiblement d'un entraînement quelconque, car ses magnifiques cheveux étaient attachés en queue-de-cheval, et elle portait des vêtements de sport qui moulaient son corps parfait, criant à toute femme normalement constituée : « Voilà à quoi tu ressemblerais si tu trouvais la lampe d'Aladin ! »

La Kelly passa autour du cou de Yannis ses bras probablement en sueur, mais qui devaient tout de même sentir bon chez une femme aussi parfaite. Yannis trouva cela si agréable qu'il referma son MacBook et laissa tomber sa verdure bonne pour la santé.

— Je ne vais pas lui arracher les yeux, dit Barton.

Je m'étonnai d'autant plus que, de mon côté, je commençais à me sentir sérieusement jalouse de la Kelly.

— Je vais l'attaquer directement à la jugulaire.

— Tu ne peux pas faire ça.

Même sachant que Barton ne pensait pas vraiment ce qu'il disait, je voulais défendre mon Yannis.

— Ah oui ? Donne-moi une bonne raison de ne pas le faire.

— Eh bien, ce serait un meurtre.

— J'ai dit : une bonne raison.

Je levai les yeux au ciel.

— Ton Harry Potter se réincarnerait, ajouta Barton. Probablement en parasite. Au fait, non, puisqu'il l'est déjà.

À présent, la Kelly caressait la tête de Yannis et lui arrangeait les cheveux. J'étais certes jalouse, mais je trouvais encore plus terrible que mon Yannis se laisse traiter comme une poupée. N'avait-il donc aucune dignité ?

— Je connais une autre raison, dis-je. Si tu te précipites vers lui maintenant, tu vas t'écraser contre la vitre, parce que c'est fermé.

— D'accord, reconnut Barton. C'est une bonne raison.

La Kelly prit le visage de Yannis entre ses deux mains parfaitement manucurées et l'embrassa.

— D'un autre côté…

— Oui ?

— … lui arracher les yeux n'est pas une si mauvaise idée, dis-je avec un regard vers la « femme la plus sexy du monde ».

Moi non plus, je ne parlais pas sérieusement, mais cela ne plut pas du tout à Barton.

— Si tu oses toucher à un seul cheveu de Nicole, je te coupe en petits morceaux !

— Mais qu'est-ce que vous lui trouvez donc tous, à cette sale conne ?

J'étais furieuse, non seulement parce qu'elle caressait les joues de Yannis, mais au moins autant parce que Barton prenait son parti contre moi, après tout ce que nous avions traversé ensemble. Si je me mettais maintenant à être jalouse d'elle à cause de Barton…

— Elle est d'une beauté merveilleuse, me répondit-il alors. Elle a un corps de rêve, et quand elle se laisse aller au lit, c'est une vraie…

— JE POSAIS LA QUESTION JUSTE POUR LA FORME !

Barton préféra tenir son bec fermé, du moins au sens figuré, parce que, si une cigogne pouvait se tenir sur une patte, il valait mieux qu'elle n'essaie pas de se tenir le bec avec l'autre, sans quoi elle risquait de se casser la figure.

Yannis et la Kelly avaient commencé à se peloter, et c'était la Kelly qui donnait le tempo ! Contrairement à elle, Yannis rouvrait les yeux de temps en temps, comme la fois précédente. Même s'il se laissait changer en bichon maltais, il n'était donc toujours pas amoureux d'elle. Ce qui signifiait qu'il m'aimait encore !

— Harry Potter va lui briser le cœur, et elle ne s'en remettra pas, dit Barton, le bec tremblant de rage.

Je m'efforçai de ne pas sourire à cette perspective.

— Les fenêtres de la chambre sont ouvertes la plupart du temps, grinça-t-il.

Avant que j'aie compris ce qu'il avait en tête, il s'envola, et je le suivis. Afin d'empêcher le pire.

39

Sur l'autre façade du bâtiment, une porte-fenêtre donnant sur la chambre s'ouvrait sur une terrasse encore plus grande que la première. Ici, on n'avait rien à craindre des cambrioleurs. Seuls des voleurs dotés de superpouvoirs auraient pu monter jusqu'à ce toit. Ou des cigognes mal lunées. Barton se posa dans l'immense chambre, occupée par un gigantesque lit bleu à baldaquin, sans aucun autre meuble.

— Où rangez-vous vos fringues ? m'étonnai-je en atterrissant à côté de Barton.

— Nous avons chacun une pièce spéciale pour les vêtements et une pour les chaussures.

Une pièce spéciale pour les chaussures ? De quoi laisser bouche bée le locataire moyen d'HLM. Étonner le simple mortel. Faire hurler jusqu'à l'extinction de voix le militant anticapitaliste. Et l'acheteuse compulsive de chaussures, mais pas pour les mêmes raisons.

Barton contempla avec nostalgie son ancienne résidence. Près du lit, un maillot et une batte de baseball étaient accrochés au mur.

— Je les ai achetés aux enchères, m'expliqua-t-il.

C'est avec eux que Derek Jeter a joué son dernier match.

Je ne savais ni qui était Derek Jeter, ni comment il était possible de regarder un match de baseball sans tomber au bout de trois minutes dans un coma éveillé. Barton continuait à développer ses fantasmes de surhomme :

— Si seulement je savais balancer une batte de baseball comme lui…

C'est alors que nous entendîmes de petits rires. La Kelly et Yannis s'approchaient de la chambre, et Barton hésita. Dans un instant, sa femme allait le voir en cigogne. Puisqu'il n'envisageait pas sérieusement de commettre un acte de violence et qu'elle ne pouvait pas davantage le reconnaître comme un humain réincarné, que faisait-il là ? Et moi ? Subitement, nous perdions tout courage.

— Nous allons rejouer à *Ice, Ice, Baby*, fit la voix aguicheuse de la Kelly.

— *Ice, Ice, Baby* ? demandai-je à Barton avec étonnement.

— C'est sa formule pour dire qu'elle va se recouvrir les seins de glace au chocolat et…

— Mettons que je n'aie pas posé la question !

Ils étaient tout près de la porte.

— Ce n'est pas vraiment une solution de lui arracher les yeux, dis-je à Barton afin de m'assurer qu'il ne ferait pas de bêtises.

— Je sais, admit-il. Mais nous pourrions peut-être leur lâcher des saletés sur la tête ?

— Ça ne changerait rien à notre situation.

— Oui, mais Nicole n'aurait plus envie de jouer à son jeu préféré.

— Son jeu préféré ? demandai-je, regrettant aussitôt d'avoir posé la question.

— Ça s'appelle : *Come, Mister tally man, tally me banana.*

— *Come, Mister tally man, tally me banana* ?!? répétai-je avec ahurissement.

— La banana, c'est…

— JE SAIS CE QUE C'EST QUE LA BANANA !

— Et le *tally man*, c'est l'homme. Quand Nicole veut que le *tally man* fasse *tally me banana*, elle…

— J'AI TROP D'INFORMATIONS !

— Nicole a une façon de chanter si envoûtante…

Ce souvenir rendait Barton tout mélancolique. Et aussi légèrement grivois.

— Il nous faut un plan pour les séparer instantanément ! décrétai-je.

La seule idée que la greluche puisse chanter un truc pareil à Yannis m'était insupportable.

La poignée de la porte s'abaissa. Dans une seconde, ils allaient entrer.

— Cachons-nous là-dessous ! m'écriai-je en m'envolant sous l'énorme lit.

— C'est ça, ton plan ? s'indigna Barton.

— Il ne faut pas qu'ils nous trouvent !

N'ayant pas de meilleure idée, Barton me suivit, et nous nous aplatîmes tous deux sous le lit, couchés sur le côté afin de ne pas risquer de trouer le matelas avec nos becs.

— Pourquoi n'avons-nous pas simplement mis les voiles ? me chuchota Barton.

— Bah…, répondis-je, un peu gênée.

— Bah ? répéta Barton, incrédule.

— Je crois que c'est l'expression qui convient pour qualifier ma stupidité.

Pendant que je me maudissais d'avoir eu une idée aussi nulle, Yannis et la Kelly entrèrent. Couchés bec contre bec, nous nous regardâmes. Que faire à présent ?

— Il ne faut pas déranger les voisins, minauda la Kelly en fermant la porte-fenêtre.

— Nicole peut être très bruyante…, chuchota Barton. Encore trop d'informations ? ajouta-t-il quand je l'eus foudroyé du regard.

— Beaucoup trop, chuchotai-je à mon tour.

Yannis et la Kelly se laissèrent tomber sur le lit, et le matelas se creusa. Il n'était plus qu'à un centimètre de nous.

Il était grand temps de trouver un plan. Et il m'en venait justement un à point nommé. Nous n'étions plus des poissons forcés de nager dans leur aquarium comme des âmes en peine, sans aucun moyen d'agir. Nous étions des cigognes, nous pouvions voler dans New York. Il nous serait sans doute facile de dénicher sur un étendage des sous-vêtements féminins sexy. Nous les emporterions dans nos becs et, la prochaine fois que la porte-fenêtre de la chambre serait ouverte, la Kelly partie quelque part et Yannis occupé à taper sa thèse dans le salon, nous déposerions sur le lit les dessous affriolants. En les découvrant, la Kelly penserait certainement que Yannis la trompait avec une autre femme. Elle le flanquerait dehors vite fait, et le tour serait joué ! Un plan parfait ! Pour ce qui était de Bouddha, pouvait-on récolter du mauvais karma en séparant un couple où l'homme n'aimait pas la femme ? Et, si oui, n'était-ce pas tout à fait secondaire dans cette affaire ? Yannis m'aimait et, dans l'aquarium, j'avais enfin compris que je l'aimais. En tout cas, l'homme qu'il avait été. Celui qui ne se faisait pas servir par des employés de maison, ne se mettait pas de gel dans les cheveux et ne portait pas de lunettes de marque. J'aimais le véritable Yannis. Je devais le sauver des griffes de la Kelly !

40

— Chante pour moi, demanda la Kelly au-dessus de nos têtes.

Yannis allait-il vraiment se mettre à chanter *Come, Mister tally man, tally me banana* ?

— Non, je ne veux pas, répondit-il avec un rire embarrassé.

Merci !

— Pour moi ! insista de sa voix la plus sexy la femme la plus sexy du monde.

— Nicole…

— Mais tu m'aimes, non ? Ou bien…

J'espérai que Yannis se déciderait pour le « ou bien ».

Il garda le silence un petit peu trop longtemps. En tout cas, l'instant où il aurait dû répondre « Oui, je t'aime », quitte à mentir, était passé, et cela me plut.

— Yannis…, insista-t-elle.

Qu'il ne lui avoue pas son amour lui faisait perdre son assurance. Ce qui me plut encore davantage.

— Bon, si tu y tiens, je vais chanter, répondit-il pour se tirer d'affaire. Mais pas *Tally man*.

Pourvu qu'il ne se mette pas à lui rapper *Candy-Shop* de 50 Cent !

— *My ding-a-ling*[1]..., entonna-t-il.

Non, c'était pas vrai !

— ... *My ding-a-ling...*

C'était vrai.

— ... *Won't you play with my ding-a-ling...*

JOUER AVEC SON DING-A-LING ?

En tout cas, ils étaient bien partis pour ça ! Mais, même si c'était dur pour moi, je ne devais pas perdre mon sang-froid. J'avais un bon plan. Il fallait seulement éviter qu'ils ne s'aperçoivent qu'il y avait deux cigognes dans la chambre, sans quoi ils nous chasseraient et ne laisseraient plus la porte-fenêtre grande ouverte. Je regardai Barton. Il fermait les yeux, comme si ça pouvait l'empêcher d'entendre !

— Si tu savais ce que ça me fait..., susurra la Kelly.

Elle était dans tous ses états. Et moi de plus en plus en rage. Mais je continuais à me dire : *Ne pas péter les plombs.*

— *My ding-a-ling...*

Ne pas péter les plombs !

C'est alors que la Kelly se mit à chanter à son tour :

— *I will play with your ding-a-ling...*

D'accord, je pouvais péter les plombs !

— *I will play with your ding-a-ling...*

— Non, tu ne feras pas ça ! m'écriai-je avec fureur.

La Kelly se tut, effrayée, tandis que Barton, à côté de moi, ouvrait en sursaut ses yeux de cigogne.

---

1. « My Ding-a-Ling », chanson de Dave Bartholomew. © Fort Knox Music. Avec l'autorisation de EMHA.

Je tournai la tête et plantai mon bec dans le matelas.

— Aïe, mes fesses ! hurla cette imbécile.

Yannis se leva d'un bond, regarda sous le lit et s'exclama :

— Mon Dieu, il y a des bêtes là-dessous !

Même en état de choc, un biologiste aurait reconnu des cigognes dans la demi-obscurité qui régnait sous le lit. Mais Yannis était doctorant en histoire et, sans ses lunettes – que la Kelly avait dû lui ôter d'un geste langoureux pendant qu'elle chantait –, il y voyait à peu près aussi clair qu'une chauve-souris avec des verres teintés.

— On fiche le camp ? me demanda Barton, effrayé.

— Et comment !

Nous sortîmes de sous le lit en battant des ailes. La Kelly, debout, se tenait les fesses et poussait des cris de terreur et de douleur. On aurait dit qu'elle passait une audition pour un remake de *La Révolte des morts-vivants*. Pendant que cette idiote nous torturait les tympans, Yannis, plus ou moins à l'aveuglette, décrochait du mur la batte de baseball.

— Touche pas à ça ! cria Barton. Ça vaut un demi-million de dollars !

— Ce n'est peut-être pas notre problème le plus urgent, piaillai-je, affolée.

— Non ?

Brandissant la batte, Yannis accourait vers nous en criant :

— Allez-vous-en, sales bêtes !

— Notre problème le plus urgent, c'est ça !

— Tu as raison, dit Barton.

Yannis leva les bras. Dans la colère et la panique,

mon grand amour s'apprêtait à m'assommer avec une batte de baseball.

— Tirons-nous ! criai-je.

— C'est toi qui as les bonnes idées ! approuva Barton.

Nous volâmes vers les baies vitrées traitées antireflet. Avec une parfaite synchronie. En oubliant, hélas, dans l'affolement général, que la Kelly avait fermé la porte-fenêtre. Et, avec une parfaite synchronie, nous nous rompîmes le cou[1].

---

1. *Mémoires* de Casanova : « Mon cœur était déjà presque brisé quand, rassemblant tout mon courage, je révélai à madame Rose que j'étais moi aussi un homme réincarné. Apprenant ce hasard, elle eut un rire enchanteur, et plus encore quand je lui avouai qui j'étais. Pendant qu'Urrgh ronflait ferme sur une branche, madame Rose et moi devisâmes tout au long de cette nuit d'été, tels deux jeunes gens fraîchement épris. Quand, à l'aube, je mentionnai la belle Daisy, ma dame déclara avec un sourire attendri : "Quelle coïncidence ! C'était aussi le prénom de ma fille." »

41

Je revis défiler dans mon esprit les plus beaux moments de ma vie de cigogne. Ils étaient tous en relation avec Barton. Ceux où il s'était confié à moi, ceux où il avait rejoué des films devant moi, me faisant rire, pleurer et parfois même les deux ensemble. Celui où il m'avait invitée à lui raconter des histoires à mon tour, grâce à quoi j'avais compris qu'en fin de compte j'avais peut-être un petit talent d'actrice. Mais, rétrospectivement et à ma surprise, le plus beau moment avait été celui où, sur le bateau, j'avais éprouvé des chatouillis au ventre et où nous avions échangé des regards comme deux adolescents.

Je flottai nue vers la lumière dans le grand néant blanc. Barton à côté de moi, également nu. Les chatouillis reprirent dans mon ventre, et mon cœur battit plus fort. Je tournai les yeux vers Barton, qui me jeta un regard hésitant. Sentait-il la même chose que moi ? Ou était-ce seulement mon imagination ? Parce que j'aurais tellement aimé ?

Je détournai les yeux en hâte et pensai à Yannis. C'était lui que j'aimais, même si tous les bons souvenirs que j'avais avec lui dataient de ma vie humaine, raison pour laquelle ils ne pouvaient pas m'apparaître en ce moment. À leur place, je revoyais Yannis roucoulant avec la Kelly, se laissant caresser les cheveux par elle… et fonçant sur moi avec une batte de baseball. Il y a mieux comme souvenirs à conserver de quelqu'un.

Pour finir, je repensai aussi à ce couple de Latinos si heureux. Ils avaient beau être des domestiques, ils avaient réussi leur vie autant que je l'avais ratée. Ne jamais avoir connu leur bonheur, c'était ce qui me faisait le plus mal.

Plus je me rapprochais de la lumière, plus elle apaisait ma douleur et me réchauffait. Pourtant, je ne lui faisais pas confiance. J'étais sûre qu'elle allait encore me repousser. J'essayai de penser à autre chose, à mon père et à sa nana des impôts, envers qui j'avais des torts, à ma mère qui, selon Bouddha, revivait sur terre sous l'apparence d'un animal, et qui avait dû elle aussi voler vers cette lumière si belle, si merveilleuse, dans laquelle j'entrai malgré tout, une fois de plus. Mais à peine avais-je eu le temps de désirer très fort me fondre en elle qu'elle me rejeta de nouveau.

Tandis que la lumière me renvoyait au loin, je me demandai en quoi j'allais me réincarner cette fois-ci. Comme cigogne, je n'avais pas fait beaucoup de bien, mais pas spécialement de mal non plus. J'allais donc probablement redevenir une cigogne, ou peut-être une mouette, ou un…

— … ESCARGOT ? m'écriai-je avec horreur à mon réveil en ce monde. JE SUIS UN PUTAIN D'ESCARGOT ?

Je n'avais plus ni bras ni jambes mais, à la place, deux tentacules et un corps gluant et brun. À part ça, j'avais sur le dos une maison brun clair en colimaçon, certes moins lourde qu'une maison humaine, mais qui donnait tout de même la sensation de porter un sac à dos où quelqu'un aurait emballé sa collection de cailloux. Je me demandai si un escargot pouvait attraper une cystite sur ce sol humide et froid.

Très, très loin au-dessus de moi, je distinguai des branches. Qui appartenaient à des arbres. Le soleil brillait à travers les feuilles. J'entendis des autos klaxonner, des bruits de circulation, une musique hip-hop provenant sans doute d'un ghetto-blaster, il y avait donc toutes les chances que je sois à Central Park. Pas très loin de Yannis. Mais comment allais-je le rejoindre ? PUISQUE J'ÉTAIS UN PUTAIN D'ESCARGOT !

À quelque distance, j'aperçus d'immenses clôtures derrière lesquelles se trouvaient des animaux. Une bande de chimpanzés faisait de la gymnastique dans l'un des enclos. À côté, un gorille gigantesque était enfermé dans une cage taillée dans le roc. Un peu plus loin encore, des pandas faisaient les fous dans leur enclos. Des pandas roux, pour être exacte. Il y a vraiment de tout en ce monde[1 & 2] !

— Daisy ? appela une voix.

À moins de dix longueurs d'escargot de moi rampait un autre colimaçon qui me ressemblait presque trait pour trait. Barton, évidemment. Je me précipitai vers

1. *Mémoires* de Casanova : « Le pelage de l'ourse nommée Rose rougit davantage encore tandis que nous nous adonnions aux plaisirs de l'amour. Quant à Urrgh, il rougit de tout autre façon en nous surprenant. »

2. *Mémoires* d'Urrgh, homme de l'âge de pierre : « Casanova bientôt bouillie ! »

lui. Une heure après, j'avais parcouru à peu près la moitié du chemin.

Mais Barton s'était avancé vers moi lui aussi, et nous étions donc face à face, tentacules contre tentacules, épuisés comme si nous venions de faire un triathlon. Avec une maison sur le dos.

— Pourquoi sommes-nous devenus des escargots ? s'interrogea Barton.

— Parce que Bouddha est un gros con ! suggérai-je à défaut d'autre explication.

Comme à un signal, une brillante lumière apparut près de nous, et un énorme escargot en sortit. Bouddha souriait d'un air si bien nourri que je regrettai de ne pas voir un cuisinier français débouler derrière lui.

— Qu'est-ce que je suis ? demanda-t-il.

Oups.

Il valait sans doute mieux ne pas répéter ce que j'avais dit, car Bouddha était sûrement capable de me réincarner en coq de combat mexicain. Mais, puisqu'il m'avait entendue le traiter de gros con à haute et intelligible voix, il ne servirait à rien de nier. Il ne me restait qu'une solution : lui faire croire qu'il avait mal entendu.

— J'ai dit que tu étais un beau gond, balbutiai-je, dépitée de n'avoir rien trouvé de mieux.

— On ne m'avait encore jamais dit cela, répondit Bouddha.

À moi non plus.

— Grond, me corrigeai-je en hâte.

— Je suis un beau grond ?

— C'est un poisson qui vit dans la mer des Sargasses.

— C'est faux.

Il avait raison, hélas.
— Cela n'existe même pas, reprit Bouddha en souriant.
— Cron…, suggérai-je dans un effort désespéré pour sauver la situation.
— Cron ?
— Oui ! confirmai-je avec enthousiasme, espérant qu'il n'allait pas me demander ce que ce mot signifiait.
— Entends-tu par là le mot kazakh qui désigne une roue allemande de cirque ?
— Mais exactement ! m'emballai-je.
— Je suis donc… une belle roue allemande ?
— OUIII ! m'écriai-je avec une joie encore plus délirante.
— Cela n'a aucun sens.
— Non, dus-je reconnaître à voix basse. Aucun.
Le sourire du gros escargot n'était plus tout à fait aussi amical. Il sentait visiblement que je le prenais pour un gros gond.
— Nous n'avons pas mérité de renaître en escargots ! intervint Barton avec colère, mettant un terme à mes pénibles tentatives de justification.
— Vraiment ?
— Que sommes-nous donc censés avoir fait ?
— Rien de grand, dit Bouddha.
Il avait beau sourire, je devinais que nous l'avions déçu. Il devait réellement voir quelque chose de grand en nous, sans quoi il ne se serait pas manifesté à chacune de nos réincarnations. Mais, quelle que soit cette grande chose, nous ne la voyions pas. Ni lui ni nous. Ni personne.
— Et c'est parce que nous n'avons rien fait de grand que nous redescendons sur l'échelle des êtres ?

— Non, cela, c'est pour une autre raison.

— Laquelle ? demanda Barton, qui ne se sentait pas plus coupable que moi.

— Vous avez détruit un amour.

Du sourire de Bouddha émanait maintenant une très grande froideur.

— Celui de Nicole ? s'étonna Barton.

Le sourire du gros escargot se fit encore plus glacial, puis la lumière l'enveloppa de nouveau, et il disparut aussi vite qu'il était apparu, pendant que Barton et moi échangions des regards stupéfaits.

— Aurions-nous réussi à les séparer ? demandai-je à Barton.

— On le dirait…

— Mais comment… ?

— Quelle importance ? répondit-il avec un grand sourire.

— Aucune ! fis-je en riant.

Je trouvais tout à coup beaucoup moins grave d'être devenue un escargot.

42

— Nous sommes les meilleurs ! m'écriai-je, folle de joie.

La Kelly ne se jetterait plus sur mon Yannis, et il ne se laisserait plus dénaturer par elle. Jeu, set et match, Daisy !

— « Les meilleurs » n'est pas assez fort ! s'écria Barton, lui aussi fou de joie.

— Formidables ? proposai-je.

— Non plus !

— Quoi, alors ?

— Pour dire ce que nous sommes, il faudrait inventer un nouveau mot.

— Nous sommes extrémosublimomatiques ?

— Ça ressemble un peu plus, dit Barton en riant. Ah, je suis si content que je danserais de joie !

— Je t'en prie.

— Sans jambes ?

— Ah oui, c'est vrai que ce n'est pas très pratique…

Ce constat tempéra quelque peu ma bonne humeur.

— Sauter de joie ne marcherait pas trop bien non plus.

— Sans parler de nous applaudir.

— Nous pouvons seulement glisser au ralenti... Et ce n'est pas comme ça que je pourrai retrouver Nicole un jour, conclut Barton avec une soudaine tristesse.

Cela mit un point final à mon accès de gaieté. Barton avait raison, nous n'avions aucune chance d'atteindre le bel appartement de la Kelly au sommet de son immeuble, encore moins de nous envoler pour Berlin, où mon Yannis était sans doute déjà reparti. Je ne le reverrais plus jamais.

— C'est plutôt extrémoconnomatique, dis-je avec tristesse.

— Là non plus, ce n'est pas le mot juste, estima Barton.

— Extremomerdo...

— Laisse tomber !

Je laissai tomber, puis constatai tout bas :

— Alors, tout ce que nous avons fait n'aura servi à rien.

Barton garda le silence.

— Ça me ferait plaisir que tu me contredises.

— Même moi, je ne suis pas assez bon acteur pour ça.

— Est-ce ce qu'on appelle l'ironie du sort ?

— Non, c'est ce qu'on appelle bip.

Tous deux, nous laissâmes pendre tristement nos tentacules, et les premières larmes montaient déjà à mes petits yeux d'escargot, quand l'un des pandas roux se mit à hurler avec fureur :

— Poum-poum !

Cela me rappelait quelque chose, mais quoi ?

— Ne seriez-vous pas trop prompt à la querelle, très cher ? fit une autre voix.

Et je connaissais décidément ce style pompeux !

Refoulant mes larmes, je regardai vers l'enclos des pandas. Un très grand panda roux s'avançait vers un autre légèrement plus petit. Les pandas sont réputés être des animaux paisibles mais, lorsque ce panda était un homme de l'âge de pierre réincarné, ce côté pacifique devenait tout à coup bien plus relatif.

— Pourquoi Urrgh en veut-il tellement à Casanova ? demanda Barton.

— Ma femelle, pas à toi ! s'écria Urrgh.

— Une histoire de femme, constata Barton, répondant à sa propre question.

— L'amour complique tout, soupirai-je.

— C'est pour ça que je ne m'y intéressais pas trop, avant.

— Et pourtant, on aurait dû, soupirai-je un peu plus nostalgiquement.

— Oui, on aurait dû, soupira Barton à son tour.

— Malheureusement, il est trop tard.

— Et pour toujours.

Nous nous regardâmes dans nos yeux d'escargots. Unis par une même douleur. Jamais nous n'avions été aussi proches par les sentiments. Hélas, ils étaient terribles.

J'aurais tant aimé serrer Barton dans mes bras ! Mais, pour un escargot, c'était à peu près aussi difficile que de jouer du banjo. Cette nouvelle vie devenait à chaque seconde plus extrémoachialomatique.

— Moi gueule casse ! cria Urrgh dans l'enclos des pandas.

— L'expression correcte est « casser la gueule », cher ami, répliqua Casanova.

— Toi gueule ferme !

Nous ne regardions même pas les pandas se quereller. Notre douleur d'escargots était trop grande. À tel point que Barton se recroquevilla tout à coup.

— Que fais-tu ? lui demandai-je.

— Je rentre dans ma coquille.

Ne le comprenant que trop, je l'imitai. Si aucune chaleur humaine ni escargotesque ne pouvait atténuer mon chagrin, je préférais moi aussi ne plus rien voir ni entendre. Cependant, alors que je me recroquevillais tout en m'émerveillant de la souplesse que procurait l'absence d'os – quand j'étais humaine, je ne parvenais même pas à toucher mes pieds en gardant les jambes tendues –, j'entendis une voix féminine s'écrier :

— Si vous vous battez, je ne veux plus rien avoir à faire avec aucun de vous deux !

C'était l'ourse panda dont Casanova et Urrgh se disputaient les faveurs. Mais je ne cherchai pas non plus à la voir. Tout ce que je voulais, c'était rentrer ma tête dans ma petite maison, où, une fois mon corps enroulé, elle se trouverait juste à côté de mon derrière.

— Alors, pas poum-poum, maugréa Urrgh.

— Mille mercis, *signorina* Rose, dit Casanova. Vous me sauvez.

Rose ?

La dame panda s'appelait Rose ?

Je me redéroulai en sursaut et, sortant la tête de ma coquille, regardai en hâte vers l'enclos. Un grand panda roux cognait furieusement contre un arbre – ce ne pouvait être qu'Urrgh. Un autre s'inclinait galamment devant une femelle panda, tel un seigneur devant une charmante reine. Casanova, bien sûr. Et l'ourse… l'ourse était… cela se pouvait-il ? C'était parfaitement invraisemblable, et pourtant, quelque chose au fond de moi me disait que c'était vraiment…

— Que se passe-t-il ? questionna Barton, dont la moitié de la tête dépassait encore de sa coquille.

— Nous devons aller chez les pandas ! Le plus vite possible !

— Pourquoi donc ?

— Je crois que la femelle est ma mère !

43

Sans grande surprise, il apparut que « le plus vite possible » était tout de même très lentement. Arriver à proximité de l'enclos des pandas nous prit le reste de la journée, toute la nuit et un bon morceau du lendemain. La dernière partie du trajet fut la plus dangereuse, car il fallait traverser un chemin goudronné. En glissant sur ce sol tiède et lisse, nous rencontrâmes la plupart des ennemis naturels des escargots : cyclistes, adeptes de la marche nordique, enfants sautillants qui laissaient tomber leurs glaces. Nous ne pouvions rien éviter, et ce fut donc un pur hasard si personne ne nous écrasa. Les gens ne faisaient vraiment pas attention où ils posaient les pieds. Même les vegans, pour la plupart, ne pensaient sans doute pas, en se promenant, à toutes les petites bêtes qu'ils tuaient ou, au minimum, laissaient à moitié mortes de peur.

Pour comble, un teckel accourut et s'accroupit juste au-dessus de nous pour faire ses besoins !

— C'est pas vrai ! pesta Barton.

— Je crains que si !

Affolés, nous nous éloignâmes en glissant. Le plus vite possible.

— Plus vite ! criai-je, tout essoufflée.

— Faudrait pouvoir ! haleta Barton tandis que nous progressions avec une lenteur désespérante.

— Si je me réincarne en poisson rouge, je ne me plaindrai plus jamais, gémis-je.

— Et moi, je n'aimerai plus les chiens !

Hors d'haleine, je dus constater que les escargots aussi pouvaient avoir des points de côté. Mais je continuai à tout donner. Glisse, glisse, glisse. Près de m'évanouir, j'entendis Barton panteler :

— Ah, c'est vraiment une façon merdique de mourir. Au plein sens du mot.

Au dernier moment, la dame tira sur la laisse du teckel pour l'entraîner vers un buisson, parce qu'elle n'avait pas envie de ramasser la chose avec un petit sac. Celle-ci atterrit donc à quelques mètres de nous. À nos yeux, c'était comme une colline fumante.

— Bon Dieu, je suis content de ne pas avoir de nez, haleta Barton.

Pendant notre vie de poissons rouges, il m'avait annoncé qu'il me quitterait dès qu'il aurait payé sa dette. Il l'avait fait depuis longtemps, et il glissait encore à côté de moi. Pourtant, cela ne devait guère l'intéresser de savoir si l'ourse panda était ma mère ou non. Je ne comprenais pas très bien s'il restait parce qu'il n'avait rien de mieux à faire ou parce que cela le distrayait de son chagrin. J'espérais tout de même un peu que c'était parce qu'il m'aimait bien. Et j'appréciais aussi de ne pas avoir à être seule au moment de rencontrer la dame panda.

Peu avant le coucher du soleil, totalement épuisés, nous atteignîmes l'enclos. Il était spacieux, planté de nombreux arbres, et même, chose plus étonnante, ouvert sur le ciel. Un vrai petit paradis pour pandas.

— Rose ? fit la voix d'Urrgh non loin de nous.

— Oui ? répondit l'ourse dans un bruissement de feuilles.

Je distinguais ses pattes rousses à travers les buissons. De notre point de vue d'escargots, elles auraient aussi bien pu être celles de Godzilla.

— Boum-boum ? proposa Urrgh.

— Tu as une façon charmante de faire la cour à une femme, dit l'ourse en riant.

— Je ne suis pas sûr que cela me fasse plaisir de voir baiser des pandas, me souffla Barton.

Et moi, j'étais tout à fait certaine de n'en avoir aucune envie. Il avait déjà été assez pénible de voir Yannis et la Kelly se peloter mais, si cette ourse panda était vraiment ma mère, ce serait encore bien pire. Quel être humain voudrait voir sa mère s'envoyer en l'air ? Qui plus est, avec un homme de l'âge de pierre ?

— Boum-boum, oui ? insista Urrgh.

Pour la deuxième fois de ma vie, je fus obligée d'interrompre une scène de sexe.

— Boum-boum, non ! m'écriai-je.

Le bruissement de feuilles cessa dans les buissons. De toute évidence, les deux pandas m'avaient entendue. Urrgh jeta un coup d'œil entre les branches, l'air assez contrarié d'avoir été dérangé. Il regarda à gauche, à droite et même en l'air, mais pas vers le sol. Jusqu'à ce que Barton lui crie :

— Nous sommes là !

— Urrgh faire paf ! dit-il en s'avançant vers nous.

Il allait nous écraser de sa patte droite. Dont l'ombre

planait déjà au-dessus de nous quand, au dernier moment, j'eus l'idée de crier :

— C'est nous, Barton et Daisy !

La patte resta suspendue en l'air. Urrgh se souvenait donc de nous. La femelle panda émergea du buisson.

— Daisy ?

— Oui, répondis-je doucement.

— Daisy Becker ? reprit-elle en tremblant de tout son corps.

— Maman ? murmurai-je d'une voix à peine inaudible.

— Oui…

L'ourse se tut brusquement.

— Tu es vivante ! dis-je, si heureuse que j'aurais pu le crier.

— Et toi, tu es morte, constata-t-elle avec tristesse.

C'était sans doute la première fois dans l'histoire du monde qu'un escargot et un panda pleuraient ensemble. L'escargot de la joie des retrouvailles, le panda, de chagrin.

44

Tandis que nous pleurions, Urrgh, la patte toujours suspendue en l'air, demanda d'un air déçu :

— Pas boum-boum ?

Maman ne répondit pas. Frustré, il frappa le sol à côté de nous, ce qui le fit trembler si violemment que nous en fûmes tout secoués, nous, les escargots. Puis il s'éloigna en maugréant :

— Femelles bizarres, toutes[1].

Au bout de quelque temps, maman sécha ses larmes puis, nous prenant tous les deux avec sa patte, nous déposa sur son épaule. Sans mot dire, elle grimpa lestement jusqu'à la plus haute branche d'un chêne. De là, nous pûmes assister à un magnifique coucher de soleil orange sur les cimes de Central Park. Tandis que je contemplais le spectacle avec joie et maman avec tristesse, Barton s'endormit dans le pelage roux et se mit à ronfler. La fourrure du panda était aussi moelleuse que celle de mon ours en peluche quand j'étais

1. *Mémoires* de Casanova : « "Femelles bizarres, toutes" est sans doute la seule certitude qui ait persisté de l'âge de pierre jusqu'à nos jours. »

petite – pour des raisons impossibles à reconstituer a posteriori, je l'avais appelé « Teddy Savalas[1] ». Le pelage de ma maman sentait certes plus fort que celui de Teddy, mais c'était merveilleux d'être si proche d'elle. Si seulement elle n'avait pas été aussi triste…

— Comment es-tu morte ? me demanda-t-elle, rompant le silence.

— Accident de voiture, répondis-je laconiquement.

Je préférais garder pour moi les détails fâcheux, tels le fait que j'avais sauté, ivre, dans une Lamborghini, dans le but de m'excuser d'avoir tué un petit chien.

— C'est arrivé comment ? insista-t-elle.

— Peu importe, puisque je suis vivante, dis-je, m'efforçant à la fois de la réconforter et de détourner son attention de ces pénibles circonstances.

— Sous la forme d'un escargot, répliqua-t-elle.

— C'est mieux que d'être une fourmi.

— Oui, ce doit être terrible d'être une fourmi, admit-elle.

J'étais au moins parvenue à la détourner un tout petit peu de ma mort.

— Je me demande bien quel crime il faut avoir commis pour se réincarner en fourmi, reprit-elle.

Devais-je révéler à ma mère que j'avais été une fourmi ? Non, il fallait déjà qu'elle digère le fait que sa fille était morte trop jeune, elle ne devait pas apprendre en plus que j'avais passé mes dernières années d'être humain à me droguer dans des soirées, à avoir des relations sexuelles sans m'encombrer

1. Déformation du nom de Telly Savalas, acteur et chanteur américain, surtout connu comme interprète principal de la série *Kojak. (N.d.T.)*

de sentiments, et à escroquer non seulement des chauffeurs de taxi tchétchènes, mais aussi mes colocataires. Pour tout dire, j'espérais pouvoir éviter complètement le sujet du karma.

— Et pourquoi es-tu devenue un escargot ? demanda maman.

Adieu, espoir.

Je pris une grande inspiration et lui racontai dans les grandes lignes que Barton et moi avions essayé de séparer Yannis et la Kelly, que nous y étions parvenus, du moins à en croire Bouddha, et que c'était la raison pour laquelle nous n'étions plus des cigognes, mais des escargots.

— J'ai toujours bien aimé Yannis, se souvint maman. C'est vraiment un type bien.

Barton eut un grognement de mépris dans son sommeil, comme s'il avait inconsciemment entendu qu'on faisait l'éloge de son rival.

— Et l'escargot qui dort ici, c'est vraiment la star de cinéma Marc Barton ?

— Oui, c'est lui.

— J'avais bien aimé le film où il traversait le désert en fauteuil roulant.

— Tu es donc la seule personne au monde dans ce cas, plaisantai-je.

— Ou au moins le seul panda, dit maman en souriant enfin. Sais-tu que j'ai rencontré quelques humains célèbres, dans ce zoo ?

— Ah oui ? Qui ça ? demandai-je, heureuse de voir son sourire de panda.

— Bob Marley.

— Le chanteur de reggae ?

— Aucun chimpanzé ne s'y connaît mieux que lui en champignons.

— J'ai peur de comprendre de quelle sorte de champignons tu parles.

— Ils font très bien planer.

J'espérai avoir mal entendu, mais maman se mit à chanter :

— *I shot the sheriff*...

J'avais toujours trouvé cette chanson bizarre. À quoi cela pouvait-il bien servir, face à une foule prête à vous lyncher, d'avouer le meurtre du sherif ? Et en chantant, par-dessus le marché ? Mais autre chose me choquait bien davantage... MA MÈRE MANGEAIT DES CHAMPIGNONS HALLUCINOGÈNES ? AVEC CET EMBIPÉ DE BOB MARLEY[1] ???

— Devine quel amoureux célèbre est devenu un panda lui aussi ? demanda maman, cessant de chanter.

— Casanova, soupirai-je.

— Exact, dit-elle, étonnée que je sois tombée juste du premier coup.

— Il n'y aurait pas aussi quelque chose entre lui et toi, par hasard ?

— Hi hi ! pouffa maman.

— *Hi hi*, l'imitai-je. C'est ta réponse ?

— Hi hi ! pouffa-t-elle derechef.

Je n'arrivais pas à le croire : ma mère avait une aventure avec deux pandas à la fois !

— Allons, ne sois pas aussi petite-bourgeoise !

---

1. *Mémoires* de Bob Marley : « Dans ma nouvelle vie de singe, je continuai, bien sûr, à écrire des chansons de reggae. Il y en avait une, par exemple, sur un babouin qui était triste parce que sa femme l'avait quitté : "No Woman, Much Cry". »

Moi, j'étais petite-bourgeoise ?!?

Je n'aurais jamais imaginé que quelqu'un puisse un jour me reprocher cela, encore moins ma mère. QUI MANGEAIT DES CHAMPIGNONS HALLUCINOGÈNES AVEC BOB MARLEY !

— L'amour libre est tout de même une belle chose.

Il y a des phrases qu'une fille ne devrait jamais entendre de la bouche de sa mère.

— Casanova et Urrgh ont réellement chacun leurs avantages. Ce Casanova fait de ces choses avec sa langue de panda…

Et il y a aussi des phrases qui peuvent vous faire souhaiter de déclencher un Alzheimer foudroyant.

— Urrgh, lui, est plutôt très animal…

— Maman !

— Et je ne dis pas cela simplement parce qu'il est un animal. Il a une façon de mettre du cœur à l'ouvrage qui…

— MAMAN !

— Daisy, sais-tu pourquoi on se réincarne, selon moi ?

— Pour amasser du bon karma ? répondis-je, soulagée du changement de sujet.

— Pour ne pas commettre les mêmes erreurs que dans notre première vie.

Cela me paraissait logique, mais je ne comprenais pas très bien ce que son histoire avec les deux pandas mâles venait faire là-dedans.

— Et sais-tu quelle est la plus grande erreur que les humains regrettent sur leur lit de mort ? Comme cela a été mon cas aussi ?

— Ne pas avoir aimé… ? demandai-je avec hésitation.

— Presque.

— Quoi, alors ?

— Ne pas avoir vécu.

45

Aimé. Vécu. Deux petits mots de deux syllabes, et pourtant, il y avait entre eux tout un monde.

— On m'a offert une seconde chance, et j'ai bien l'intention d'en profiter, m'annonça maman.

Son ton déterminé me donnait à comprendre qu'elle n'avait aucune envie de me laisser – moi moins que personne, peut-être – lui faire des reproches sur sa nouvelle vie. Elle estimait n'avoir pas suffisamment vécu dans la première. Elle s'était liée à un homme qui ne l'aimait pas et avait passé sa vie avec lui. Vers la fin, elle avait sans doute cessé de l'aimer elle aussi, mais elle était restée à cause de moi. Et, avant que je sois assez grande pour qu'elle puisse divorcer de mon père, le cancer l'avait rattrapée et papa avait une nouvelle nana. Qui étais-je pour lui refuser cette seconde chance ?

Oui, s'il ne tenait qu'à moi, maman pouvait bien profiter de sa nouvelle vie de panda ! Même avec des champignons et un chimpanzé Bob Marley, même avec Urrgh et Casanova. Je devrais seulement veiller à ne pas me trouver dans sa fourrure quand elle irait se cacher dans les buissons avec l'un ou l'autre.

— Ton…, commença maman avant de s'interrompre.
— Oui, quoi ?
— … ton père est-il toujours en vie ?
— Oui.
— Ah, c'est bien, dit-elle en souriant. Et… comment cela se passe-t-il avec sa nouvelle amie ?
— Il n'est pas au mieux de sa forme, mais…
Cette fois, c'était à mon tour d'hésiter. Devais-je apprendre à maman qu'il aimait toujours sa nana des impôts, et réciproquement ? Cela n'allait-il pas lui faire très mal ?
— Mais ? insista maman.
Je décidai de lui dire la vérité. Au bout de tant d'années, je ne pouvais pas lui mentir comme je le faisais adolescente.
— Ils s'aiment.
— Ça, c'est bien.
Elle était contente pour lui. Sincèrement. Elle témoignait par là d'une grandeur d'âme dont je n'avais jamais été capable moi-même. Si quelqu'un m'avait dit que Yannis aimait réellement la Kelly… Je ne sais pas comment j'aurais réagi, mais sûrement pas avec une telle générosité.
Le soleil avait disparu à présent, et dans le ciel montait une magnifique pleine lune qui aurait fait hurler de joie n'importe quel loup-garou. Je me blottis dans le pelage de ma maman et lui dis :
— Je regrette vraiment.
— Quoi donc ?
— D'avoir toujours été si vache avec toi.
— Seulement à la puberté.
— Oui, mais pas qu'un peu, dis-je, me souvenant

de l'avoir traitée de « maman Stasi » un jour où elle me demandait seulement où je passais la soirée.

— Ah oui, il y a eu des moments où tu ne m'appelais même plus « maman », mais « dehors ! » ou « la porte ! », fit-elle en riant.

Je me sentais si honteuse que j'aurais voulu m'enrouler dans ma coquille et me mordre le derrière.

— Mais ce n'était pas très grave, reprit-elle.

— Ah bon ? m'étonnai-je.

— Chez les adolescents, le cerveau est bouleversé en permanence, dit-elle avec un sourire.

Non seulement elle m'avait pardonné mais, déjà à l'époque, elle n'avait pas trouvé cela si grave que je le croyais.

— C'est moi qui dois te demander pardon, Daisy. Je te criais après parce que j'étais dépassée. La séparation d'avec ton père, la maladie, tout cela était trop pour moi… beaucoup trop…

— C'est déjà oublié.

Je la comprenais, comme elle m'avait apparemment toujours comprise.

— On dirait que c'est une loi de la nature que mères et filles se tapent plus ou moins sur les nerfs, déclara maman. Même lorsqu'elles s'aiment beaucoup.

Cela faisait du bien de parler de nous deux et de toutes ces choses. À mon avis, cette possibilité de se dire enfin ce qu'on avait sur le cœur était ce qu'il y avait de meilleur dans la réincarnation.

— Je t'ai toujours aimée, dit maman.

— Moi aussi.

Elle me prit sur sa patte et m'embrassa tout

doucement. Ce baiser de panda était le plus humide, et pourtant le plus beau, que j'aie jamais reçu.

Puis maman me reposa sur son épaule, et je restai avec elle à contempler dans un silence bienheureux le ciel étoilé illuminé par la pleine lune.

46

Dans la douce fourrure de ma maman, je dormis comme cela ne m'était plus arrivé depuis longtemps. Peut-être même depuis l'époque où Teddy Savalas était près de moi dans mon petit lit d'enfant. Le lendemain matin, je m'éveillai aux premiers rayons du soleil, mais je n'ouvris pas les yeux tout de suite. C'était trop agréable de rester simplement là à me chauffer au soleil dans le pelage douillet de maman, sans penser à rien d'autre qu'à profiter de l'instant. C'est alors que j'entendis la voix de Barton :

— Pardonnez-moi, belle dame panda…

— Oui ? fit la belle dame panda.

— Cela vous ennuierait-il de grimper sur un toit-terrasse avec moi ?

J'écarquillai brusquement les yeux, affolée.

À peine cinq minutes plus tard, maman entreprenait l'escalade de l'immeuble où demeurait la Kelly. Se suspendant par ses bras de panda, elle progressait d'un rebord de fenêtre à un dragon sculpté, d'une balustrade à une corniche, d'une statue à un balcon, tandis que je me remémorais la dernière vision que j'avais eue d'elle à l'hôpital : grabataire, n'ayant plus que la peau et les os, gavée de morphine... Pour la première fois, je me dis que la réincarnation pouvait vraiment être une chose formidable. J'espérais bien qu'on l'accordait à tous ceux qui avaient beaucoup souffert !

Alors que maman se reposait sur un appui de fenêtre, Barton lui demanda :

— Pourquoi ne vous échappez-vous pas du zoo, vous, les pandas, puisque vous sortez si facilement de l'enclos ?

— Pourquoi le ferions-nous ? Si nous étions en liberté dans les rues de New York, les gens nous pourchasseraient. Nous avons la belle vie dans ce zoo, nous ne souffrons pas, contrairement au gorille, qui a naturellement besoin de beaucoup d'espace. Il est enfermé jour et nuit dans une cage pour l'empêcher de s'en prendre aux autres singes. Pour lui, c'est pire que Guantánamo. À propos, ce gorille est lui aussi un humain réincarné. À en juger par ce qu'il subit maintenant, il a dû être vraiment très méchant.

— Est-ce aussi un homme célèbre ? demandai-je.

— Aucune idée. Nous, les autres animaux, nous l'évitons, et je ne connais que son prénom.

— Comment s'appelle-t-il ?

— Comme l'un des pires bandits du Far West.

— Billy ? Comme Billy the Kid ?

— Non, Jesse. Comme Jesse James.

Près de moi, Barton sursauta et eut l'air d'un escargot qui veut disparaître au plus vite dans sa coquille. Sans qu'il ait eu besoin de me le dire, je compris que Jesse devait être le prénom de son père, et pas seulement celui du célèbre pilleur de banques. Et si ma mère était ici, qu'est-ce qui empêchait que son père y soit aussi, réincarné en gorille enfermé dans une cage ?

— Plus qu'un étage, dit maman en levant la tête vers la balustrade du toit-terrasse, déjà visible au-dessus de nous.

Barton se secoua, écartant sans doute le souvenir de son père afin de se concentrer sur la Kelly. Il espérait la revoir bientôt. Moi, je m'en fichais de savoir comment elle allait, je ne m'intéressais qu'à Yannis, et il était sûrement déjà reparti pour Berlin. Je n'attendais donc rien de cette excursion dans les hautes sphères. Mais je n'allais pas laisser tomber Barton. Après tout, il m'avait accompagnée lorsque j'avais rejoint ma mère. Et puis, je voulais rester le plus longtemps possible blottie dans cette douce fourrure.

D'un bond impressionnant, maman s'accrocha à la balustrade et effectua un rétablissement pour la franchir. À peine avait-elle atteint un coin ombreux de la terrasse que Barton s'écriait :

— Oh mon bip !

Je ne pus qu'approuver son analyse de la situation car, dans le salon, nous ne voyions pas seulement la Kelly sur son canapé – dans une robe bleue qui mettait divinement en valeur son corps parfait –, mais aussi Yannis – toujours vêtu de ses ridicules fringues de marque – marchant de long en large devant elle. Pourquoi diable n'était-il pas depuis longtemps à Berlin, et sans ce stupide gel dans les cheveux ?

— Yannis a joliment changé, constata ma mère, accroupie dans son coin à l'abri des regards. Comme ça, il est vraiment super.

Barton et moi, nous poussâmes en chœur un grognement de mépris.

— On dirait qu'ils se disputent tous les deux, poursuivit maman, formulant l'évidence.

Nous, les escargots, cela nous plaisait plutôt. Malheureusement, nous ne pouvions pas savoir quel était le sujet de la querelle, parce que la porte-fenêtre n'était que légèrement entrouverte – la Kelly avait tiré au moins cet enseignement de l'intrusion des cigognes. Et nous approcher davantage pour espionner la conversation ne fonctionnerait pas non plus, car la vue d'un panda sur la terrasse risquait avec une probabilité frisant la certitude de déclencher des hurlements hystériques.

— Si on pouvait seulement imaginer de quoi ils parlent ! se plaignit Barton.

— J'ai un plan, dis-je.

— Ah oui ?

— Maman, jette-nous.

— Pardon ? firent simultanément maman et Barton.

— Lance-nous vers la porte.

— C'est ça que tu appelles un plan ? s'écria Barton, épouvanté.

— C'est ça ou ne rien entendre.

Comprenant que nous n'avions effectivement pas le choix, Barton soupira et demanda à ma mère :

— O.K., lancez-nous.

— Comme vous voudrez, dit maman en haussant ses épaules de panda.

Elle nous mit sur sa patte, prit son élan, et fit de nous les premiers escargots volants de l'histoire du monde. L'atterrissage en catastrophe eut lieu juste devant la porte-fenêtre. C'était au moins un avantage de ne pas avoir d'os. Le choc ne me causa qu'une petite fissure à la coquille, mais je ne sentis rien, car il n'y avait pas là de terminaisons nerveuses. Et puis, je pouvais bien vivre avec une lucarne dans le toit de ma maison.

Tandis que nous nous remettions d'aplomb, nous entendîmes la Kelly dire à Yannis d'une voix noyée de larmes :

— De la superstition ? Ce n'est pas de la superstition, ce sont des présages !

— De quoi parle-t-elle donc ? demandai-je à Barton sans prendre la peine de baisser la voix, car les humains n'entendent pas les escargots.

— Je n'en ai pas la moindre idée.

Yannis s'efforçait en vain de la calmer :

— Nicole, tu accordes trop d'importance à…

— Non ! Partout où nous allons, il y a la mort. D'abord ces maudits poissons rouges…

— « Maudits » ? Qui parle encore ainsi ? demandai-je à Barton.

— Nicole n'aime pas les expressions trop brutales. Là, c'est le mot le plus violent de son vocabulaire.

Cette sale conne avait non seulement un corps de rêve, mais de bien meilleures manières que moi !

— Et puis, il y a eu les cigognes ! s'énerva-t-elle. Ces maudites cigognes sont mortes ici ! Notre amour a commencé par la mort, et il a continué avec la mort, toujours la mort, cette maudite mort !

Une personne non avertie aurait pu avoir l'impression que la Kelly était en train de passer son oral de master d'hystérie. Mais je compris soudain – et, à voir son regard, Barton également – comment nous avions réussi à les séparer. Quand nous nous étions fracassés contre la vitre, c'en avait été trop pour la Kelly. Elle refusait maintenant tout ce qui lui rappelait la mort.

— Je me réjouirais davantage si elle n'était pas aussi triste, murmura Barton.

— Et moi, si Yannis n'était pas aussi désespéré.

Nous nous sentions très mal, et pourtant, nous avions eu raison de les séparer. Yannis n'aimait pas la Kelly. C'était donc mieux ainsi, pour eux comme pour nous. Cela leur laissait une chance de trouver ailleurs le véritable amour.

— Je dois t'avouer quelque chose, dit Yannis.

— Quoi encore ? dit Barton, formulant la question qui se lisait sur le visage de la Kelly et que j'avais moi aussi sur le bout de la langue.

— Je ne t'aimais pas vraiment, Nicole.

Dommage, je n'avais pas de poing à brandir en triomphe !

Les larmes montèrent aux yeux de la Kelly, et Barton, qui détestait voir sa femme souffrir, s'indigna :

— Pourquoi éprouve-t-il le besoin de retourner le couteau dans la plaie ? Ce n'est pas Harry Potter, c'est Pol Pot !

Sans laisser le temps à la superstar d'éclater en sanglots, Yannis ajouta aussitôt :

— Mais maintenant, je t'aime !

— Quoi ? fîmes-nous simultanément, Barton, la Kelly et moi.

— Je l'ai compris durant ces jours que j'ai passés sans toi. Voilà pourquoi j'ai encore reporté mon vol d'aujourd'hui. En fait, je ne veux plus du tout partir, mais rester avec toi pour toujours.

Je sentis une douleur brutale dans la zone de mon

corps qui portait ma coquille. C'était donc là que se trouvait mon cœur d'escargot.

— Parfois, on ne comprend ce qui nous manque que lorsqu'on l'a perdu, poursuivit Yannis.

— J'ai l'impression d'avoir déjà entendu ça quelque part, observa tristement Barton.

— Moi aussi, confirmai-je à voix basse.

— Dehors ! cria la Kelly.

De toute évidence, elle lui en voulait de l'avoir abusée.

— Mais..., balbutia-t-il.

— Dehors ! Maudit menteur !

Yannis voulut la prendre dans ses bras, et elle lui donna un coup sur la main. Quand je le vis lutter contre les larmes, sa tristesse serra encore davantage mon petit cœur d'escargot.

— Alors, je m'en vais, dit-il d'une voix noyée de larmes.

La Kelly ne le retint pas. Elle ne prononça pas un mot. Voyant qu'il n'avait aucune chance de reconquérir son cœur, Yannis quitta la pièce, les joues ruisselantes de larmes. Je ne l'avais encore jamais vu pleurer. Ni le jour où je l'avais laissé en plan dans son lit, ni même à mon enterrement.

À peine Yannis était-il sorti que la Kelly se mit elle aussi à pleurer toutes les larmes de son corps. Je n'avais encore jamais pleuré comme cela pour un homme. Ni pour Yannis. Même maintenant qu'il avait brisé mon petit cœur d'escargot. Yannis ne méritait-il pas celle qui versait le plus de larmes d'amour pour lui ?

— Je dois aller la consoler ! s'écria Barton, incapable de supporter plus longtemps le chagrin de sa femme.

Au bout d'une minute et d'un centimètre parcouru, il s'arrêta, comprenant l'inutilité de ses efforts. Je glissai vers lui, ce qui me prit à moi aussi une minute, et, pleine de remords, lui dis :

— Nous ne sommes donc pas si extrémosublimomatiques.

— Non, c'est certain.

— Nous sommes plutôt extrémomerdicomatiques.

— Ce n'est pas le mot…

— Extrémomaudito…

— Daisy !

Je me tus.

— Bouddha a été encore trop gentil avec nous, reprit Barton. Nous aurions mérité de renaître en animaux de laboratoire.

Je frémis à cette pensée. D'autant plus que j'étais d'accord avec lui. Nous avions tout fait pour que des êtres humains que nous étions censés aimer ne connaissent pas le bonheur ensemble. Alors que nous n'avions nous-mêmes aucune chance, en tant que fourmis, poissons rouges, cigognes ou escargots, de les rendre heureux. Pour comble, nous nous étions réjouis d'avoir réussi à détruire leur amour. Tout cela additionné faisait décidément un gros tas de mauvais karma !

— Ils sont faits l'un pour l'autre, déclarai-je.

Barton regardait fixement la Kelly, qui, allongée sur le canapé, pleurait dans les coussins. Le constat devait être aussi douloureux pour lui que pour moi.

— Nous devons les aider, dis-je.

— Les aider ?

— Trouver un moyen de les réunir.

— Et comment ? questionna Barton, qui ne

semblait pas du tout opposé à cette idée, bien au contraire. Nous sommes des escargots.

— C'est vrai, acquiesçai-je en laissant retomber mes tentacules.

— Nous sommes tout petits, très lents, et personne ne nous voit.

— Tu as raison, soupirai-je.

— Et nous sommes non seulement sans défense, mais sans bras.

— C'est vrai, dis-je en redressant mes tentacules, car il me venait soudain une idée formidable. Mais nous sommes aussi autre chose !

— Quoi donc ? s'étonna Barton.

— Nous sommes glissants !

47

— Glissants ?

Barton ne comprenait pas où je voulais en venir. Et comment l'aurait-il pu ? Mon idée était tout simplement trop géniale !

— Oui, nous sommes glissants ! répétai-je avec enthousiasme.

— J'entends bien les mots, je sens aussi que je suis glissant, mais je ne comprends toujours pas.

— Quand Yannis descendra l'escalier, s'il nous marche dessus, il va déraper. Il tombera de trois ou quatre marches, et il se fera sûrement mal. Il aura une fracture quelconque, ou une entorse… peu importe… en tout cas, il ratera son avion.

— Je ne vois toujours pas comment cela pourrait les réunir, objecta Barton.

— Ta Nicole est quelqu'un de bien. Elle fera forcément conduire Yannis à l'hôpital.

— Oui, c'est certain.

— Et elle va considérer cette chute comme le signe que Yannis ne doit pas partir.

— Oui, c'est probable aussi.

— Et sa colère s'envolera.

Barton approuva en hochant sa tête d'escargot.

— L'amour fera le reste, conclus-je.

Barton parut en douter.

— Ils s'aiment ! insistai-je.

— J'apprécierais que tu ne soulignes pas trop souvent ce point.

— Et l'amour triomphe toujours.

— Ça t'est déjà arrivé ? demanda Barton d'un air sceptique.

— Je n'ai encore jamais eu la chance d'aimer quelqu'un qui m'aimait aussi, et au même moment.

— Alors, où as-tu appris cela ?

— Dans les comédies hollywoodiennes.

— Ce ne sont que des histoires, dit Barton en frappant du tentacule son front d'escargot.

— Ces histoires ne marcheraient pas aussi bien auprès du public si elles n'avaient pas un fond de vérité.

— Une théorie étonnante…

— Mais qui me paraît plausible.

— Daisy, je n'aurais jamais cru qu'il y avait en toi une telle romantique, dit Barton en souriant.

— Moi non plus, répondis-je, agréablement surprise moi-même de cette découverte. Maintenant, je te pose la question : et toi ?

— Moi ? Je ne suis pas une romantique, plaisanta Barton.

— Alors, qu'es-tu ?

— Je n'en sais rien, fit-il évasivement.

Et, pour la première fois, je me demandai si Barton n'était pas lui aussi un romantique qui s'ignorait.

— Peu importe ce que tu es. Tu dois bien admettre que mon plan est génial, insistai-je.

Barton hésita entre l'admettre ou non, trancha pour le non et préféra répondre :

— J'en ai un meilleur.

— Ah oui ? m'étonnai-je.

— Harry Potter doit tomber d'un peu plus haut, pas seulement de trois ou quatre marches. Ce sera plus sûr.

Ses yeux d'escargot pétillaient de gaieté à l'idée que Yannis puisse se blesser sérieusement.

— Tu as sans doute raison, reconnus-je.

J'étais soudain très mal à l'aise, car j'imaginais maintenant concrètement la chute brutale de Yannis. Mais j'éloignai de moi cette pensée. À la guerre comme à la guerre, on ne fait pas d'omelette sans casser des œufs, et on ne répare pas un amour sans quelques plaies et bosses.

— Il faut descendre tout de suite, avant qu'il arrive en haut de l'escalier, me pressa Barton.

J'appelai aussitôt maman et la priai de nous ramener en bas. Elle nous reprit sur son épaule et se mit à dégringoler la façade avec adresse. J'avais prévu de lui expliquer notre projet en cours de route, mais un autre sujet la préoccupait :

— Puis-je te poser une question, Daisy ?

— Tout ce que tu voudras.

— Crois-tu qu'on puisse avoir une aventure avec deux hommes à la fois ?

Tout, mais pas ça !

— Pourquoi prends-tu cet air effaré ? C'est pourtant quelque chose qui existe ! Je crois qu'on appelle ça le « polyamour ».

— Moi, j'appelle ça une polyidiotie !

Maman sauta sur un balcon du sixième étage, d'où l'on distinguait parfaitement l'entrée, avec l'escalier d'où je voulais faire déraper Yannis. À vue de nez, il devait comporter une quinzaine de marches.

— Tu es vraiment devenue très petite-bourgeoise, grogna maman.

Elle commençait à m'agacer à me traiter sans cesse de petite-bourgeoise !

— C'est d'autant plus polyidiot quand un homme de l'âge de pierre s'en mêle, rétorquai-je.

— Tu crois donc qu'on était monogame au temps des cavernes ?

— Je n'envisage même pas de me poser la question.

— Urrgh m'a raconté des histoires de polycopulation.

— Il a employé le mot « polycopulation » ? !

— En réalité, il a dit « boum-boum groupe ».

À cet instant, je constatai que les escargots aussi pouvaient attraper la migraine.

— Mais je ne veux pas de ça, reprit maman dans un effort pour me rassurer.

— Heureuse de te l'entendre dire, répliquai-je d'un ton cassant.

— Tout au plus le faire à trois, avec lui et Casano…

— MAMAN !

— Désolé d'interrompre cet entretien gênant, mais la porte s'ouvre, dit Barton.

— Oh, merde ! m'écriai-je.

Nous étions encore bien trop haut pour atteindre l'escalier à temps. Et si maman nous lançait du cinquième étage, nous nous écraserions sur les marches.

— Ce n'est pas Harry Potter ! s'exclama Barton, soulagé.

C'étaient les deux domestiques latinos. Le gros

Sergio soutenait son encore plus grosse Maria, qui se tenait le ventre. Elle était visiblement en proie à de violentes contractions qui lui arrachaient des cris de douleur tels que « *Madre de Dios* », « *Jesús María* » ou « *Fucking hell !* ».

Sergio fit signe à un taxi jaune, qui s'arrêta aussi sec. Pendant que Sergio, avec l'aide du chauffeur enturbanné, installait sur la banquette arrière sa Maria qui ne cessait de jurer, maman se mit à penser à voix haute :

— Je me demande combien de temps peut durer la grossesse chez les pandas…

Aurais-je un jour des petits frères et sœurs pandas ? L'idée avait de quoi me rendre dingue pour de bon !

Sergio expliqua au taxi qu'il y avait urgence, et celui-ci se mit à foncer dans la fluide circulation new-yorkaise comme si, en dehors de son métier, il faisait des extras de cascadeur pour la série des *Fast and Furious*.

— Je lui conseillerais bien de conduire plus doucement, soupira Barton en pensant à son expérience malheureuse.

Quand le taxi eut disparu après avoir pris sur les chapeaux de roues le virage en direction de Times Square, je pressai maman :

— S'il te plaît, ramène-nous en bas.

Enjambant la balustrade du balcon, elle me demanda enfin ce que nous avions en tête, et je le lui expliquai brièvement.

— Avec ça, vous allez amasser du bon karma, commenta maman quand j'eus terminé.

C'était le cadet de mes soucis pour le moment.

Tout ce que je voulais, c'était empêcher Yannis de souffrir plus longtemps.

— Vous faites là un grand sacrifice, ajouta maman en poursuivant sa descente de corniche en corniche.

— De toute façon, nous les avons déjà perdus depuis longtemps.

— Ce n'est pas ce que je voulais dire.

— Quoi, alors ?

— Eh bien, si Yannis vous marche dessus, vous allez mourir. Et ça doit faire un mal de chien de mourir écrasé, dit maman.

Barton et moi, nous nous regardâmes avec une soudaine angoisse.

— Ne me dis pas que vous n'y aviez pas pensé ?

Nous n'y avions pas pensé. Et j'aurais vraiment préféré que maman n'attire pas notre attention là-dessus à ce moment précis.

Elle atterrit à quatre pattes sur un balcon du premier étage, juste au-dessus du perron de pierre.

— Je veux quand même le faire, déclarai-je courageusement.

— Moi aussi, dit Barton.

— Vous êtes fous, estima maman.

Nous ne pouvions pas la contredire sur ce point.

C'est alors que Yannis sortit de l'immeuble.

48

Il était trop tard pour que maman nous dépose sur l'escalier.

— Jette-nous ! lui criai-je.

Tout à coup, je ne sais pourquoi, elle hésitait.

— Jette-nous ! répétai-je en hâte.

— Je ne peux pas.

— Pourquoi ?

— *What the bip ?* demanda Barton.

— Je viens juste de te retrouver, dit maman, luttant contre ses larmes de panda. Je ne veux pas te perdre à nouveau.

Yannis était maintenant au sommet de l'escalier. Il s'arrêta, ôta ses lunettes de grande marque pour essuyer de sa manche son visage mouillé de larmes.

— Maman, je t'en supplie !

— Non !

— Si cet acte nous permet d'amasser du bon karma, je ne serai plus obligée d'être un escargot.

C'était certes toujours le cadet de mes soucis, mais je savais que maman serait sensible au fait que je remonte l'échelle des réincarnations. Comme toute bonne mère, elle voulait le meilleur pour son enfant. Cependant, elle résistait encore.

— Si tu fais ça, je ne te reverrai plus.

Au-dessous de nous, Yannis nettoyait avec soin ses lunettes. D'un instant à l'autre, il allait repartir, et nous aurions manqué notre chance.

— Si vous nous empêchez d'amasser du bon karma pour des raisons égoïstes, c'est vous qui récolterez du mauvais karma, intervint Barton.

Lui aussi se fichait sans doute de son karma et voulait seulement que sa Kelly ne pleure plus.

Ma mère restait silencieuse.

— Maman, je te promets de revenir près de toi la prochaine fois.

— Comment peux-tu être certaine de tenir une promesse pareille ?

— Si Bouddha ne s'arrange pas pour que ce soit possible, je ferai de sa vie un enfer !

Malgré son envie de pleurer, maman se mit à rire. Elle nous prit sur sa patte et me dit :

— Vas-y, énerve Bouddha comme tu savais si bien m'énerver avant !

Elle me donna un dernier baiser de sa douce gueule de panda et nous lança. Après un court vol plané, nous atterrîmes sur la dixième marche de l'escalier. Ma coquille y récolta une seconde lucarne, mais pour le reste, ça allait. Pour Barton aussi. Du moins, physiquement.

— Ça fait mal de les réunir, dit-il.

— Mais ça fait du bien aussi.

Barton hocha la tête. Il comprenait parfaitement de quoi je parlais.

— Si ça marche, ils auront une vie formidable tous les deux, ajoutai-je.

— Remplie d'amour.

— Remplie d'amour.

— Ce que nous faisons est donc bien.

— Et nous ne sommes donc pas une si mauvaise équipe, dis-je.

— Nous sommes même une équipe extrémosublimomatique, renchérit Barton en souriant.

J'éclatai de rire. Malgré la proximité de la mort.

Nos yeux d'escargots se rencontrèrent. Une même fierté nous unissait. Nous n'avions jamais connu une telle proximité de sentiments. Et ils étaient beaux, cette fois.

Une sorte de courant électrique passa tout à coup entre nos tentacules. Comme un contact plein de tendresse, alors que nous ne nous touchions pas.

Au-dessus de nous, Yannis commença à descendre les marches, sans que cela nous fasse lever les yeux. Nous ne pouvions tout simplement plus nous arracher à notre contemplation, à ce merveilleux courant électrique qui nous picotait de plus en plus fort. Je pris peur, et Barton aussi, me sembla-t-il.

— Peut-être devrions-nous regarder en l'air ? proposai-je avec angoisse.

— Fais-le, toi.

— Toi d'abord.

— Non, *ladies first*, dit Barton en souriant.

Même sous sa forme d'escargot – ou précisément sous cette forme –, il avait un sourire renversant.

— Je ne suis pas une lady, murmurai-je.

Le picotement devenait presque intolérable. Il y avait du baiser dans l'air. Même si je n'avais aucune idée de la façon dont les escargots s'embrassaient.

— J'avais remarqué, dit Barton d'une voix si douce que je ne fus pas vexée, cette fois. On ne peut pas vivre des aventures pareilles avec une lady.

L'ombre de Yannis arrivait sur nous, mais nous ne voyions plus que les étincelles qui crépitaient littéralement entre nos tentacules, comme jaillissant d'un cierge magique. D'un instant à l'autre, ils se toucheraient et ce serait le feu d'artifice.

C'était donc ainsi que les escargots s'embrassaient.

Je fermai les yeux, désirant ce baiser d'escargot comme je n'avais encore jamais rien désiré de ma vie.

Nos tentacules n'étaient plus séparés que d'un millimètre.

C'est alors que Yannis marcha sur nous.

49

Naturellement, ma vie d'escargot défila elle aussi devant mes yeux. Je revis Yannis avec la Kelly, maman avec Urrgh, Barton et moi. Les étincelles jaillissant soudain entre nos tentacules. Oui, je revis surtout les étincelles.

Puis, pour changer un peu, je flottai de nouveau vers la lumière, sous mon apparence humaine. Ça se passerait évidemment comme les autres fois : je sentirais sa merveilleuse chaleur, j'essaierais de ne pas me faire avoir, je jetterais de temps en temps un coup d'œil à Barton et constaterais à quel point, nu, il était fantastique, puis la lumière m'embobinerait à nouveau et, tout en sachant que j'allais me faire avoir, j'espérerais me fondre en elle. À la fin, elle me rejetterait une fois de plus et je repartirais tristement pour une autre vie.

Cette lumière était l'amour pur, et être repoussé par l'amour faisait toujours très mal.

Or, cette fois, les choses ne se passèrent pas du tout comme prévu. Bouddha flotta vers nous dans le néant blanc. Il ne se montra pas sous la forme d'une fourmi, d'un poisson-clown, d'un oisillon ou d'un escargot, mais sous son apparence humaine. Fort semblable à la statuette posée sur la table de nuit de maman à l'hôpital : chauve, avec un gai sourire et un énorme ventre. En fait, il n'y avait qu'une seule différence entre ce Bouddha-ci et la statuette de maman.

— Bon sang, Bouddha ! lui criai-je. Tu ne pourrais pas mettre un caleçon ?

— Oui, approuva Barton. Sans quoi le spectacle risque de me faire perdre la vue.

— Vous non plus, vous n'êtes pas vêtus, observa Bouddha en riant.

— La faute à qui ? demanda Barton.

— De quoi te plains-tu ? Tu aimes bien regarder Daisy.

Barton rougit. Et moi donc ! Il aimait me regarder ? Avec mon corps ô combien imparfait ? Lui qui avait l'habitude des femmes parfaites dans le genre de la Kelly ? C'était ahurissant, et même inconcevable !

Le plus stupéfiant, cependant, fut ma réaction en cet instant où je m'entretenais avec Bouddha en personne, dans la lumière de l'amour. À ma place, la plupart des humains auraient été profondément bouleversés. Par Bouddha. Par le néant blanc. Par la lumière. Et tout ce qui m'intéressait, moi, c'était que Barton aime me regarder ! Pourvu que Bouddha ne lui dise pas comment je contemplais son corps nu !

— Et Daisy te contemple avec la même joie, lui dit Bouddha en souriant.

Et merde !

À cet instant, le visage de Barton se mit à ressembler à un feu rouge. Et le mien, donc !

Dieu merci, Bouddha changea de sujet :

— Il y a quelque chose de grand en vous, je l'ai

toujours su. Vous vous êtes sacrifiés pour le bonheur d'autrui. Peu d'humains sont prêts à cela.

— Nous n'étions pas des humains, objectai-je tandis que nos visages reprenaient peu à peu leur couleur normale.

— Les escargots prêts à cela sont encore moins nombreux, répondit Bouddha en souriant de plus belle. Pour être précis, vous êtes les premières créatures à avoir accompli un acte aussi extraordinaire à un niveau aussi bas de l'échelle des êtres. Des humains réincarnés en chiens, en chevaux ou en ânes ont accepté, par altruisme, de subir une mort douloureuse, mais des escargots ? Non, jamais des escargots n'ont accompli pareille chose. Je suis fier de vous !

J'essayai de me souvenir de la dernière fois où quelqu'un avait été fier de moi. Ce devait être Yannis, à l'époque de mes tentatives pour être actrice, si importantes alors à mes yeux, et qui me paraissaient désormais si insignifiantes, après toutes ces réincarnations ! Et voilà que Bouddha en personne était fier de moi !

— Il y a quelque chose de grand en tout être humain, poursuivit le gros bonhomme. Mais la plupart d'entre eux ne le découvrent jamais. Ils ne prennent même pas la peine de le chercher.

Malgré son sourire permanent, il semblait un peu déçu de l'humanité.

— Vous deux, vous êtes différents. En récompense, il vous est maintenant permis d'entrer dans la lumière du nirvana. Vous vous fondrez en elle et y connaîtrez le bonheur éternel.

Le bonheur éternel… Excellente idée. Non, le mot n'était pas assez fort, c'était extraordinaire, merveilleux. Être heureux à jamais. Pourquoi cette perspective ne me réjouissait-elle pas davantage ?

Je regardai Barton. Lui non plus n'avait pas l'air emballé.

— Vous ne serez plus jamais seuls, nous promit Bouddha.

Ça paraissait vraiment fantastique. Pourquoi n'étais-je pas plus enthousiaste ?

— Le nirvana est le but de toutes les âmes, déclara Bouddha devant nos mines contrariées.

— Serons-nous encore nous-mêmes, une fois dans la lumière ? demanda Barton avec précaution.

— Vous n'en éprouverez plus le désir.

— Alors, c'est non.

— Vous n'en éprouverez plus le désir, répéta Bouddha avec un sourire un peu insistant.

Barton ne parut pas convaincu. Un homme comme lui ne devait pas renoncer aussi facilement à son ego. Il me regarda d'un air hésitant, se demandant visiblement ce que j'en pensais. Moi non plus, je ne me sentais pas très à l'aise. Le nirvana était peut-être le but de mon âme, d'accord, mais ce n'était pas celui de ma conscience. Bien sûr, dans la lumière, je serais heureuse et plus jamais seule, tout cela était bel et bon – même très, très beau et très, très bon. Pourtant, je sentais qu'il manquait quelque chose.

— Mais je n'ai pas encore vécu ! m'écriai-je soudain.

Maman avait raison. Voilà ce qu'on regrettait le plus quand on mourait.

— Pardon ? fit Bouddha avec un sourire étonné.

— Je n'ai pas encore vécu. J'ai complètement gâché mes années d'être humain.

— Ce n'est pas faux, admit Bouddha.

— Je n'ai eu la sensation de vivre que lorsque j'ai été un poisson dans l'eau et un oiseau dans l'air.

À ce seul souvenir, j'avais de nouveau envie de nager, de voler dans le ciel, de vivre ma vie !

— Où veux-tu en venir ? me demanda Bouddha, son sourire se refroidissant peu à peu.

Oui, où voulais-je en venir ? Je restai déconcertée et muette. Contrairement à Barton, qui avait gardé le silence jusqu'ici.

— Nous voulons retourner dans le monde, dit-il.

Pour Bouddha, ce fut un choc. Pour moi aussi. Non seulement renoncer au bonheur éternel en échange d'une nouvelle chance de vivre était un événement inouï, mais c'était aussi extraordinairement audacieux. Et si je recommençais à accumuler du mauvais karma dans ma prochaine vie ? La chance de connaître le bonheur éternel ne se présenterait peut-être pas deux fois.

— Est-ce ce que tu veux toi aussi ? me demanda Bouddha, son sourire à présent nettement figé.

Le risque était énorme. Mais pourrais-je être heureuse dans la lumière en ayant le sentiment de n'avoir jamais vraiment vécu ?

— Oui, je le veux, dis-je, un peu comme une jeune mariée devant l'autel.

Barton se réjouit manifestement de ma décision. Bouddha, lui, ne souriait plus du tout.

— Il n'en est pas question.

— Pourquoi ? demandai-je.

— C'est contre toutes les règles.

— N'est-ce donc pas toi qui les fais ?

— Que veux-tu dire par là ? demanda-t-il au lieu de répondre à ma question.

— Que je me fiche de savoir qui dicte les règles.

— Je ne peux pas laisser faire ça, affirma le petit gros.

— Bien sûr que tu le peux, intervint Barton.

— Si tu refuses un désir de vie, tu récoltes sûrement du mauvais karma toi-même, ajoutai-je.

Bouddha me regarda en plissant les yeux très fort. J'avais visiblement touché un point sensible.

— Cela ne me procure aucune joie quand les hommes se mettent à discuter, siffla-t-il entre ses dents.

— Et quand nous avons d'aussi bons arguments ?

— Encore moins.

— Alors, si j'étais toi, j'essaierais de me débarrasser de nous au plus vite, suggéra Barton.

Bouddha hésitait, mais ne voulait toujours pas céder.

— As-tu une mère ? lui demandai-je.

— Qu'est-ce que cela a à voir avec le nirvana ?

Il devrait exister une loi pour interdire de répondre à une question par une autre question.

— J'ai promis à ma mère de me réincarner près d'elle.

Bouddha parut perplexe.

— As-tu déjà pu refuser quelque chose à ta mère ? poursuivis-je.

Le gros bonhomme me considéra un instant avec stupéfaction. Puis il éclata de rire. De si bon cœur et si fort que son énorme ventre en fut tout secoué.

— Ce serait vraiment mieux s'il avait mis quelque chose, me souffla Barton.

— Vous deux, vous êtes vraiment spéciaux, dit

Bouddha en essuyant de ses grosses mains ses larmes de rire.

— Alors, nous pouvons retourner dans le monde ? demandai-je.

Bouddha reprit son sérieux.

— Même si je le voulais, les âmes qui ont atteint votre niveau ne peuvent revenir dans des corps d'animaux.

Ça se mit à travailler dur dans ma cervelle. Quelles étaient les autres solutions, si Bouddha n'était pas prêt à nous faire renaître sous une apparence animale ? Je ne voulais pas devenir une plante. Pas plus un brin d'herbe qu'un chêne ou un hellébore, encore moins du chanvre. Que restait-il d'autre ?… Mais bien sûr !

— Et si nous renaissions sous une forme humaine, cela irait-il ? demandai-je.

Comme Bouddha ne disait pas non tout de suite, Barton, plein d'espoir, insista :

— Peux-tu nous faire revenir au monde dans des corps humains ?

— Oui, reconnut Bouddha à contrecœur. Cela m'est arrivé une fois, pour une femme[1].

Barton sourit au gros bonhomme aussi largement que lui-même l'avait si souvent fait devant nous. S'avouant vaincu, Bouddha soupira. J'étais tellement heureuse que je me mis à rire. J'allais renaître dans mon bon vieux corps de Daisy Becker. J'allais enfin pouvoir commencer à vivre !

---

1. *Mémoires* de Casanova : « Ce fait est également relaté dans le roman épique de pacotille *Maudit Karma*. La littérature est tombée bien bas au cours des siècles. De mon temps, un tel torchon aurait été jeté dans le Grand Canal. »

50

Quand je revins à moi, j'étais couchée sur le dos. Il y avait des nuages noirs au-dessus de moi, et l'air sentait l'essence, le plastique brûlé et le cuir roussi. Des sirènes hurlaient, sans doute celles des pompiers, de la police ou des ambulances, ou peut-être les trois à la fois. La fumée âcre me brûlait les poumons, mes bras et mes jambes me faisaient un mal de chien, et quelque chose me donnait des coups de pied dans le ventre. De l'intérieur ! Aussitôt, je songeai à *Alien*. Quand quelque chose vous donne des coups de pied de l'intérieur du ventre, cela ne présage généralement rien de bon.

Je voulus me redresser pour regarder mon ventre, mais j'étais trop faible. De plus, j'avais l'impression de peser un quintal. Je me contentai donc de lever le bras pour me tâter… et m'arrêtai à mi-chemin : ce n'était pas du tout mon bras ! Ce n'était pas davantage une patte de fourmi, pas plus qu'une nageoire de poisson rouge ou une aile de cigogne, mais bien un bras humain. Sauf qu'il n'était pas à moi. Celui-là était plus bronzé. Naturellement, et non à cause de la suie. Et surtout, il était très gras, pour ne pas dire gélatineux. Même après deux mille pizzas garnies jambon-tiramisu, mon bon vieux bras de Daisy n'aurait jamais pu ressembler à cela. Le doute n'était plus permis : ce n'était pas mon corps !

D'ailleurs, Bouddha ne m'avait pas promis explicitement de me le rendre. En y réfléchissant, c'était même impossible, puisque ce corps était sous terre depuis un bon moment déjà et ne devait plus guère pouvoir servir que comme figurant statique dans *La Nuit des morts-vivants*. Et encore, il aurait eu besoin avant le tournage d'un sérieux nettoyage pour en retirer les vers.

Alors, qui étais-je à présent ? Ou plutôt, quel corps occupais-je ? N'ayant pas la force de me redresser, je regardai sur le côté et vis un taxi jaune new-yorkais bon pour la casse encastré dans une devanture démolie, son capot fumant couvert de sacs Prada qui avaient dû voler lors de la collision. Au volant, un homme enturbanné se tenait le front. Un autre était assis sur le siège arrière, inconscient. Mort, peut-être. Le gros Sergio. Cela signifiait… cela signifiait… que j'étais Maria. Et que les coups de pied dans mon ventre provenaient… d'un bébé ?!?

En parvenant à cette conclusion, je réagis comme n'importe qui l'aurait fait à ma place : je m'évanouis.

51

À mon réveil, j'étais couchée sur un lit d'hôpital. Sergio était assis dans un fauteuil à côté de moi, la tête enveloppée d'un bandage. Son corps débordait des accoudoirs – le Latino était réellement presque aussi gros que Bouddha. Ou que moi dans mon nouveau corps, où le bébé ne donnait plus que de légers coups de pied. N'aurais-je pas dû avoir des contractions ? Maria en avait au moment où nous l'avions vue sortir de l'immeuble. Était-ce le choc de l'accident qui avait stoppé le processus, un médicament qu'on m'avait fait prendre ? En tout cas, une nouvelle vie avait grandi dans mon nouveau corps, et j'allais bientôt accoucher… À cette pensée, je fus tentée de m'évanouir à nouveau. Ce qui, accessoirement, m'aurait évité d'avoir à réagir au regard désemparé de Sergio. Hélas, on ne pouvait pas s'évanouir sur commande. Le Latino attendait visiblement que je lui adresse la parole. Mais que lui dire ? « Hé, tu ne vas pas croire ce qui m'est arrivé. Tu ne devineras jamais… »

Comme je me taisais, Sergio me demanda avec précaution :

— *Qué tal ¿*

Mon Dieu ! Déjà que mon français était un vrai désastre, je n'avais fait en tout et pour tout que six semaines d'espagnol au lycée avant de changer d'option. Je ne me souvenais que des premières phrases du manuel : *Dónde se encuentra la estación de Norte ¿* (Où se trouve la gare du Nord ?) et *Hay tres botellas en el bolso* (Il y a trois bouteilles dans le sac). Je serais donc tout à fait paumée s'il n'était question ni de bouteilles dans un sac ni de gares du Nord. D'ailleurs, même dans ce cas, la conversation n'irait pas très loin.

— *Qué tal ¿* répéta Sergio.

En guise de réponse, je me décidai pour un sourire muet.

— *Si tienes dolores ¿* insista-t-il.

Qui était cette Dolorès ?

Visiblement, le gros Latino se faisait du souci pour moi, car il redemanda :

— *Todo bién ¿*

Si je ne me décidais pas très vite à faire autre chose que sourire bêtement, Sergio allait croire que l'accident avait causé des dégâts irréparables au cerveau de sa femme. Je devais parler. Mais je ne pouvais tout de même pas demander où se trouvait la gare du Nord. Ni annoncer qu'il y avait trois bouteilles dans le sac. Je cherchai frénétiquement dans ma mémoire les autres mots d'espagnol que je connaissais et prononçai le premier qui me revint. Malheureusement, c'était :

— Paella !

— Paella ? fit Sergio avec surprise.

J'eus tout d'abord envie de me gifler pour ma sottise, puis je réfléchis que ce n'était peut-être pas si bête de parler nourriture. Si Sergio pensait que j'avais faim, il irait certainement me chercher – à moi, la mère de son enfant – quelque chose à manger. Il n'y avait sûrement pas de paella à la cantine de l'hôpital, il mettrait donc un bon moment à revenir, et cela me laisserait le temps de prendre le large. À condition de pouvoir extraire mon quintal du lit. Mais, comme Sergio ne bougeait pas, j'ajoutai :

— Tapas, enchilladas. Batones al fromagio !

— Batones al fromagio ?

Visiblement, ce n'était pas comme ça qu'on disait « bâtonnets apéritifs au fromage » en espagnol. Pour cacher ma confusion, je m'écriai :

— Sangria !

Cette fois, Sergio sursauta. Non sans raison, car la sangria ne devait pas précisément être la boisson que l'on conseillait à une femme sur le point d'accoucher.

— Sangria sans alcoholo, me corrigeai-je.

— *Sangría sin alcohol ¿* me corrigea-t-il.

— Exacto !

J'étais de plus en plus dans la bipo.

Sergio s'arracha précautionneusement à son fauteuil. Mais, au lieu de faire mine de s'en aller, il me considéra d'un air dubitatif.

— *Avanti, avanti !* dis-je en lui faisant signe de ma nouvelle main boudinée, craignant, probablement à juste titre, d'avoir parlé en italien.

— Maria ? demanda le Latino comme s'il ne croyait plus du tout que j'étais sa Maria.

Comment le savait-il ? Je veux dire, ce n'est pas forcément la première conclusion à laquelle un homme arrive lorsque sa femme se met soudain à parler comme une touriste allemande à Majorque. Sergio avait-il deviné parce qu'il connaissait trop bien son grand amour ? Parce qu'ils étaient des âmes sœurs et qu'il sentait qu'une autre occupait maintenant son corps ? Fuyant encore la vérité, je répondis d'une toute petite voix :

— *Dónde se encuentra la estación de Norte* ¿

— Tu n'es pas Maria, constata Sergio, se mettant à parler en anglais.

— *Hay tres botellas en el bolso,* reconnus-je.

Le gros Latino hocha lentement la tête d'un air pensif. Ce qui, tout bien considéré, était une réaction plutôt surprenante, puisqu'il était devant le corps de sa femme enceinte jusqu'aux yeux. À sa place, beaucoup d'autres auraient conclu qu'elle était possédée par le démon.

Soudain, il éclata de rire. Et même d'un rire frisant l'hystérie, comme cela n'arrive habituellement qu'aux gens qui viennent de sauter à l'élastique, ou à ceux qui se transforment en tueurs en série après leurs heures de travail. Quand la crise fut terminée, Sergio essuya ses larmes de rire et déclara :

— Tu es Daisy.

— Barton ?

— Il serait peut-être temps que tu commences à m'appeler Marc !

J'éclatai de rire à mon tour. Tous deux, nous nous mîmes à rire à perdre haleine, en nous tenant les côtes. Même le bébé avait l'air de bien s'amuser, à en juger par les coups de pied qu'il me donnait. Quand avais-je autant ri avec quelqu'un ? La réponse était simple : jamais !

52

Une fois un peu calmés, nous nous réjouîmes en silence de cette nouvelle vie, jusqu'à… oui, jusqu'au moment où il fallut nous rendre à l'évidence : Sergio et Maria étaient morts dans l'accident.

— Ce n'est pas juste, dis-je. Ils étaient encore jeunes.

Je ne connaissais pas ces Latinos, mais leur fin m'attristait comme seule l'avait fait jusqu'ici la mort de ma mère. Les quelques mois écoulés depuis ma première réincarnation m'avaient rendue sensible. Était-ce un progrès ?

— La mort est une *bitch* de luxe, dit Barton… Euh, Marc.

— À ton avis, où sont leurs âmes maintenant ? lui demandai-je.

— Dans la lumière éternelle. Ils étaient tellement meilleurs que nous, tous les deux !

Sergio et Maria seraient donc heureux à jamais. Pour eux, c'était merveilleux. Et pour nous, c'était une consolation. Pourtant, je trouvais cela injuste.

— Ils ne connaîtront jamais leur enfant…

À peine avais-je formulé cette pensée que j'eus

envie de pleurer. Mais, sans laisser le temps aux larmes de couler sur mes grosses joues, Marc répondit :

— Mais nous, oui.

Je ne compris pas tout de suite.

— Nous connaîtrons cet enfant, affirma-t-il.

Comment devais-je le prendre ?

— Et nous nous occuperons de lui.

La tête me tournait. J'allais être mère. Et Marc voulait être le père ?

— C'est notre responsabilité.

Pourquoi acceptait-il cette idée avec tant de facilité, alors qu'elle me mettait si mal à l'aise ? Avait-il toujours désiré avoir des enfants malgré tout ? Ou bien se sentait-il des obligations envers Sergio et Maria ? Ou redevable, parce que nous occupions leurs corps ? Mais peut-être était-ce la réalité. Nous leur étions redevables.

Marc prit ma grosse main dans sa grosse patte.

— Nous y arriverons.

Bouleversée, je retirai ma main. Il y avait décidément trop de vie pour moi dans tout ça !

C'est alors qu'on frappa à la porte.

— Qui est là ? demanda Marc.

— C'est nous, Sergio, appela une voix de femme que nous ne connaissions que trop bien. Yannis et Nicole.

53

Nous nous regardâmes avec effroi. La sueur perlait sur le nouveau front latino de Marc. Quant à moi, je sautai du lit, affolée, et regardai vers la fenêtre, imaginant un scénario où je descendrais le long de la façade après avoir noué ensemble quelques draps.

— Devons-nous leur dire ? me demanda Marc à voix basse.

— Je suis pour faire les morts, murmurai-je.

— D'ailleurs, nous croiraient-ils si nous leur disions que c'est nous ?

— Je suis pour faire les morts.

— Mais nous pourrions le prouver, en leur racontant des choses que nous sommes seuls à savoir et dont Sergio et Maria n'avaient aucune idée.

— Je suis pour faire les…

— Tu ne m'aides pas beaucoup, Daisy.

— Pouvons-nous entrer ? appela Nicole.

— Que dirais-tu de nouer ensemble les draps du lit et de filer par la fenêtre ? proposai-je à Marc.

Il me saisit fermement par mes gros bras tremblotants et répondit en me regardant dans les yeux :

— Ils ont le droit de savoir.

— Oui, reconnus-je enfin. Ils ont le droit.

Marc me lâcha et cria :

— Entrez !

Mon pouls battait à 210. Dans un instant, j'allais revoir Yannis et, pour la première fois depuis très, très longtemps, lui faire face sous une apparence humaine.

La porte s'ouvrit. La Kelly fit passer Yannis devant elle, car il portait un plâtre et marchait avec des béquilles. Il avait dû se casser la jambe en glissant sur nous. Et, comme nous l'avions imaginé, la Kelly s'occupait de lui de façon touchante. Quand elle lui déclara : « Tu vois, ça se passe très bien avec les béquilles » en lui donnant un petit baiser, il fut définitivement évident pour nous qu'ils s'étaient retrouvés.

J'eus un pincement au cœur en les voyant ainsi, même si nous avions fait pour le mieux et récolté tout le bon karma possible. Mais, chose surprenante, Marc ne semblait pas dérangé par ce spectacle.

— Vous avez eu de la chance, dit la Kelly, rayonnante. Normalement, d'après les médecins, personne n'aurait pu résister à de telles blessures à la tête !

Je portai machinalement la main à mon front et constatai que, comme Marc, j'avais la tête bandée.

— Vous avez le crâne dur, comme de vrais Mexicains ! plaisanta Yannis.

Cela fit rire la Kelly, mais pas nous. En regardant Marc, je constatai qu'il était toujours très tenté de jeter à la tête de Harry Potter sa pierre philosophale. Je ne sais pourquoi, sa façon de s'adresser à nous – c'est-à-dire à Sergio et Maria – me semblait déplacée.

— En tout cas, c'est bien que vous n'ayez rien eu de plus grave, se réjouit la Kelly.

Elle me serra dans ses bras, ce qui était une façon

de parler, car ses petits bras minces atteignaient à peine le dos de mon corps massif. La superwoman embaumait je ne sais quel parfum merveilleux où il entrait un soupçon de lavande, et cela ne paraissait pas la déranger que je pue le désinfectant et la sueur de grosse femme. Je la tapotai doucement dans le dos et me tournai vers Marc d'un air interrogateur. Il hocha la tête. L'heure de vérité était venue.

— Nous avons quelque chose à vous dire, déclara-t-il.

— Une chose complètement dingue, ajoutai-je.

— Mais néanmoins vraie.

La Kelly s'écarta de moi et nous observa avec curiosité, ainsi que Yannis. Marc et moi, nous hésitions encore, ne sachant comment expliquer cette chose dingue qui nous était arrivée. Nous échangeâmes quelques regards qui signifiaient : « Vas-y, toi », « Non, toi », et : « Qu'est devenu le *ladies first* ? » Perplexe, la Kelly nous demanda en souriant :

— Eh bien, qu'avez-vous donc à nous raconter ?

Cette fois, Marc prit son courage à deux mains pour se lancer dans une grande explication sur la réincarnation. Mais, au lieu de parler, il se mit à chanter :

— *D'où venez-vous, mes petits ? Du pays des Schtroumpfs pardi !*

Tous, nous le regardâmes avec étonnement. Il chantait *Au pays des Schtroumpfs* ? Dans une situation pareille ? Se bipait-il de nous ? Et surtout de moi ?

Marc semblait pourtant le plus surpris des quatre. Se ressaisissant, il reprit depuis le début et… se remit à chanter :

— *Pourquoi êtes-vous tout bleus ? Parce que le Grand Schtroumpf le veut.*

Qu'est-ce que c'était que cette blague à la con ? Je lui fis signe de se taire. S'il n'avait pas le courage de dire la vérité, je le ferais moi-même. Je me tournai vers Yannis, inspirai à fond et entonnai :

— *Je connais une jolie chanson à chanter en chœur.*

Mon Dieu, que m'arrivait-il ? Pourquoi ne pouvais-je pas parler normalement ? J'essayai de nouveau :

— *Le Schtroumpf musicien commence...*

Yannis et la Kelly me contemplaient comme si j'avais quelques trous de trop à ma flûte. Je jetai un regard effrayé à Marc, qui haussa les épaules d'un air résigné, ne sachant pas plus que moi ce qui nous arrivait. Puis je commençai à comprendre : Bouddha voulait nous empêcher de parler à qui que ce soit de la vie après la mort ! Logique. Ça aurait flanqué une belle pagaille dans l'ordre du monde.

Le dernier jour de ma vie humaine à Berlin, dans le tramway, j'avais vu un clochard chanter *La Cucaracha*. Pouvait-il s'agir d'un homme réincarné qui cherchait en vain à le faire savoir ? En cet instant, nous paraissions aussi fous que lui.

Je fis une dernière tentative pour m'expliquer, sans succès :

— *La, la, la la la la... Et maintenant, la deuxième voix...*

— *La, la, la la la la*, reprit Marc.

— *Et maintenant, tous ensemble...*

Cette fois, la Kelly et Yannis entonnèrent gaiement la chanson, résolus à prendre notre bizarre manie pour une célébration de la vie :

— *La, la, la la la la...*

Il ne nous restait plus qu'à chanter avec eux. Nous fredonnâmes donc en quatuor :

— *Que faites-vous de vos bonnets ? Nous ne les schtroumpfons jamais !*

Prenant une flûte imaginaire, Yannis joua le rôle du Schtroumpf musicien, et tout le monde chanta et dansa jusqu'à ce passage :

— *Que faut-il vous souhaiter ? De pouvoir toujours schtroumpfer...*

C'est à cet instant que je fus prise des premières douleurs.

54

Les contractions, quelle vacherie ! Je souffrais trop ! Tous ces gens qui trouvent la nature formidable peuvent-ils m'expliquer pourquoi elle nous fait ça ? Les scientifiques disent bien sûr que la douleur sert à nous alerter quand quelque chose se détraque dans notre corps. Mais, bon sang, si la nature est aussi formidable, pourquoi ne nous a-t-elle pas tout simplement dotés de voyants lumineux ? Même les ingénieurs de chez Opel sont capables de faire ça !

La salle d'accouchement où je me trouvais n'aurait pas pu avoir une apparence plus clinique si elle avait été conçue par un décorateur de plateau pour un thriller médical futuriste. Ça puait le désinfectant et l'odeur de ma sueur. Ce n'était pas un médecin qui accompagnait mon accouchement, mais une sage-femme noire entre deux âges porteuse de dreadlocks. Elle me traitait de mauviette et m'enjoignait de me ressaisir sur un ton suggérant qu'elle avait dû autrefois être instructrice dans l'US Army. Elle m'énervait d'autant plus que je ne pouvais pas lui donner tort. En ce moment, je ne devais pas penser à moi, mais au petit être qui luttait de toutes ses forces pour sortir de mon corps. Je devais l'aider, et tant pis si ça faisait mal.

À côté du lit, Marc transpirait comme un malade dans son corps de Sergio – il était presque aussi trempé que moi – et se balançait d'un pied sur l'autre sans savoir que faire. La sage-femme aux dreadlocks l'engueula à son tour :

— Hé, le poids mort ! Soit tu aides un peu ta femme, soit tu décampes !

— Ce n'est pas ma femme…, balbutia Marc.

— À d'autres ! Vous avez la même alliance.

Entre deux contractions, je jetai un coup d'œil à ma main droite, et je portais bien un anneau d'or serti d'une assez jolie pierre rouge. Non seulement j'allais être mère, mais j'étais mariée !

Puis les contractions reprirent et je poussai un cri.

— Alors, tu t'y mets ? aboya la sage-femme à l'adresse de Marc.

— Que dois-je faire ?

— Vous n'avez pas suivi le cours ?

— Quel cours ? demanda Marc en transpirant de plus belle.

— Le cours de planche à voile !

— De planche à voile ? s'étonna Marc.

— De préparation à l'accouchement, idiot !

— Non, nous ne l'avons pas suivi, bafouilla Marc.

— Les parents d'aujourd'hui sont vraiment formidables, commenta la sage-femme avec mépris.

— Bon, qu'est-ce que je dois faire ? demanda Marc alors qu'une nouvelle série de contractions se déclenchait.

— Être avec elle !

Cette fois, Marc avait compris. Il s'approcha, prit

ma main gauche dans sa main droite et me soutint le dos de son bras libre. Oui, Marc était avec moi dans la douleur. Il faisait de son mieux, et on ne peut pas en demander davantage à un être humain.

Dans les minutes qui suivirent, je n'entendis plus que de façon lointaine tant mes propres cris que les exhortations de la sage-femme, qui me lançait à intervalles réguliers des phrases du genre : « Ne laisse pas tomber, *bitch* ! » Juste au moment où j'allais supplier qu'on m'opère en urgence, j'entendis distinctement Marc murmurer :

— Je suis avec toi, Daisy.

Cela me donna assez de force pour supporter la douleur jusqu'à l'ultime contraction. Dès que le bébé fut sorti, la sage-femme me dit avec un grand sourire :

— Tu vois, *bitch* ? Tout s'est bien passé !

Elle était tout sucre et tout miel à présent. Si elle avait eu l'air de me rudoyer, c'était seulement pour m'empêcher de renoncer trop vite. Elle déposa précautionneusement le bébé sur mon ventre nu, et je perçus sa chaleur, sa respiration, et même les battements rapides de son cœur.

— Tu peux le caresser, suggéra la sage-femme en riant.

C'était à peine si j'osais. Je passai tout doucement mon gros doigt sur la peau plissée – si fine, si délicate ! J'avais oublié d'un seul coup toutes mes souffrances. Submergée par un bonheur jusqu'ici inconnu, je trouvais soudain la nature tout à fait fantastique.

— C'est une fille, dit Marc en souriant, des larmes sur ses grosses joues.

En le voyant ainsi, je me mis moi aussi à pleurer

de bonheur. Quand avais-je fait cela avec quelqu'un pour la dernière fois ? Jamais.

— Comment allez-vous l'appeler ? demanda la sage-femme lorsqu'elle eut coupé le cordon.

Je regardai le petit paquet blotti sur mon ventre, puis Marc, et nous eûmes la même pensée : elle devait porter le prénom de sa mère défunte.

— Maria, répondîmes-nous d'une seule voix.

55

À la maternité, j'appris deux ou trois choses pendant les sept jours qui suivirent : la profondeur du lien qui nous attache à ces petits êtres, comment on allaite, et qu'on dort peu avec un bébé. Pendant ce temps, Marc ne me quitta pour ainsi dire pas, passant même ses nuits dans le fauteuil à côté de mon lit. Son « je suis avec toi, Daisy » n'avait pas été une parole en l'air.

Malgré ses gros doigts en saucisses, il se débrouillait fort bien pour le change. Après la tétée, il promenait la petite dans la chambre jusqu'à ce qu'elle ait fait son rot. Chaque fois que Marc, ensuite, déposait de ses grosses lèvres un baiser sur sa joue et qu'elle réagissait par une légère moue, mon petit cœur de mère bondissait de joie.

Oui, j'avais un cœur de mère. Je ne savais pas comment c'était possible, mais je considérais réellement ce bébé comme ma fille !

Pourtant, je ne pouvais pas penser sans panique à tout ce que signifiait cette nouvelle vie. Mon nouveau corps avait beau avoir un peu plus de quarante ans, je me sentais beaucoup trop jeune pour être mère. J'étais si peu sûre de moi, si inexpérimentée ! Je craignais toujours de commettre des erreurs avec la petite. Si je ne parvenais pas à la calmer quand elle criait, j'imaginais toujours que c'était ma faute.

Mais surtout, je me sentais beaucoup trop Daisy. Que pouvait apporter à un si petit être une personne telle que moi, qui avais déjà complètement gâché ma vie de Daisy ?

Marc ne semblait pas partager mes scrupules. Pour le reste aussi, il s'y retrouvait mieux que moi dans notre nouvelle vie. Alors que je gémissais sous mon propre poids, perdais très vite mon souffle et me cognais à tout bout de champ contre un meuble ou un encadrement de porte parce que j'avais du mal à m'habituer aux dimensions de mon nouveau corps, Marc ne semblait pas du tout souffrir de ressembler à une affiche des Weight Watchers. En le regardant se faufiler péniblement entre le lit et le berceau pour changer les draps de la petite pendant qu'elle tétait, je lui demandai :

— Ça ne t'ennuie vraiment pas d'avoir un corps pareil ?

— J'adore ça !

Je n'en crus pas mes oreilles.

— Tu adores ? Mais qu'est-ce qui te plaît donc là-dedans ?

— As-tu une idée du travail que c'est de garder un corps jeune, mince et en pleine forme ? Depuis toujours, je fais du sport, des régimes, j'avale toutes sortes de compléments, tout cela uniquement pour conserver ma valeur marchande à Hollywood. Sais-tu ce que cela signifie de ne même pas pouvoir manger une pizza sans le payer de deux heures de musculation supplémentaires le lendemain ? De se sentir coupable dès qu'on prend un gramme de graisse ? Maintenant, je peux enfin manger ce que je veux !

Je compris ce qu'il voulait dire.

— Une fois que le corps est foutu…

— … on mange sans retenue, acheva-t-il.

Nous éclatâmes de rire tous les deux. La tétée finie, je refermai mon méga-soutien-gorge d'allaitement, dans les bonnets duquel deux cigognes auraient fait leurs nids à l'aise, et c'est alors que la Kelly débarqua dans la chambre. Elle me tendit un bouquet de fleurs modèle géant avec ces mots :

— J'espère que je ne vous dérange pas, tous les deux ? J'aimerais vous parler de quelque chose.

Je la remerciai gentiment, installai le bouquet dans un vase de style hôpital et déclarai que non, bien sûr, elle ne nous dérangeait pas (même si elle me compliquait beaucoup l'existence depuis quelques mois). Mais, tout à coup fascinée par Maria, elle ne m'entendait déjà presque plus.

— Puis-je prendre la petite ? demanda-t-elle.

Bien que cette femme ne soit toujours pas vraiment mon amie, j'acquiesçai :

— Pas de problème.

Elle souleva le bébé avec précaution dans ses bras minces et s'extasia :

— Comme elle est jolie !

Marc et moi échangeâmes un sourire de fierté. Comme si nous étions les vrais parents de Maria.

À cet instant, Yannis entra en sautillant sur ses béquilles et déclara en riant :

— Les bébés te vont bien, Nicole.

— Tu trouves ? répondit-elle, un peu gênée.

— Nous devrions en avoir un nous aussi.

Je sursautai sous le choc. Nous les avions certes réconciliés, mais j'avais encore du mal à accepter l'idée que Yannis puisse aimer cette femme. Je regardai Marc. Il ne paraissait pas le moins du monde jaloux. Avait-il donc renoncé à sa femme aussi facilement qu'à son corps de rêve ?

— Chaque chose en son temps, éluda la Kelly en me tendant la petite pour que je la recouche dans son berceau.

J'eus l'impression que quelque chose l'avait brusquement troublée, mais quoi ?

— D'abord le mariage, dit-elle en se forçant à sourire.

Le mariage ? Dans mon horreur, je faillis laisser tomber le bébé.

— Yannis et moi, nous comptons nous marier la semaine prochaine. Sur la plage d'Acapulco !

Je jetai un nouveau coup d'œil à Marc, mais il souriait.

— C'est une merveilleuse nouvelle, dit-il.

Il s'était donc réellement détaché de la Kelly autant que je ne m'étais pas détachée de Yannis.

— Devinez qui nous voudrions avoir pour témoins, reprit, la mine radieuse, la future mariée la plus sexy du monde. Vous avez droit à trois essais. Petit indice : c'est le couple le plus formidable du monde !

— Brad Pitt et Angelina Jolie ? proposai-je.

— Faux.

— George Clooney et sa nouvelle, je ne sais plus comment elle s'appelle ?

— Faux.

— Siegfried et Roy[1] ?

— Sergio et Maria.

1. Célèbre duo d'illusionnistes. *(N.d.T.)*

Mon… Dieu !

— C'est de cela que je voulais vous parler, déclara la Kelly en riant. Votre amour a toujours été un modèle pour moi. Vous voulez bien être nos témoins ?

— Nous acceptons avec grand plaisir ! se réjouit Marc, dont je commençais à me demander s'il n'avait pas respiré un peu trop d'effluves de couches pleines.

— Merci ! s'écria la Kelly en m'embrassant sur la joue.

J'avais du mal à réaliser ce qui m'arrivait. À son tour, Yannis me remercia d'un bisou. La dernière fois que je m'étais trouvée aussi près de lui, c'était dans son lit. Autrefois. À Berlin. Quand j'étais une encore plus grosse idiote que maintenant.

Marc eut droit lui aussi à ses deux bisous, après quoi les futurs mariés sortirent de la chambre. Abasourdie, je reposai ma petite Maria dans son berceau.

— Elle ne lui a encore rien dit, constata Marc.

Je l'écoutais à peine. Ma raison avait déjà des difficultés à traiter toutes les nouvelles informations.

— Nicole n'a pas encore dit à Harry Potter qu'elle ne pouvait pas avoir d'enfants.

Cette fois, j'étais de nouveau tout ouïe. C'était donc pour cela que la Kelly tenait le bébé si tendrement, et qu'elle avait réagi bizarrement quand Yannis avait parlé de lui en faire un !

— Pour Nicole, il n'y a pas d'autre solution que l'adoption, ajouta Marc avec compassion.

L'enfant que Nicole adopterait, quel qu'il soit, aurait une très belle vie. C'était une femme bien, qui avait du cœur. Et de l'argent, ce qui ne gâtait rien. Sur le moment, je ne songeai absolument pas que l'enfant en question pourrait être la petite Maria.

56

— *Ladies first*, me dit Marc en souriant au pied de l'escalier de l'immeuble de Central Park.

Le taxi que la Kelly nous avait offert pour rentrer à la maison dans la circulation new-yorkaise d'une fin d'après-midi s'éloignait. Marc portait le couffin de Maria, qui venait de téter et faisait une petite sieste sans se soucier des klaxons. Pour elle, tout était pour le mieux dans le meilleur des mondes. Pour Marc aussi, apparemment. Et, lentement mais sûrement, cela commençait à m'énerver.

— J'ai hâte de voir notre logement, m'annonça-t-il.

— Tu ne connais pas l'appartement de vos domestiques ?

— Je ne suis jamais allé au sous-sol, répondit-il en souriant. Mais je suis sûr que c'est très beau.

— Alors, rien ne te gêne dans tout ça ? demandai-je avec un agacement croissant.

— Qu'est-ce qui devrait me gêner ?

— Et tu me le demandes ?

— Oui…

— Que nous menions la vie d'autres personnes, éclatai-je. Que nous soyons mariés. Que nous soyons parents. Que nous soyons les domestiques de ton ex et de Yannis. Et leurs témoins de mariage ! Mais comment peux-tu accepter tout ça ?

— Parce que je suis devenu un autre homme.

— Tu es seulement dans un autre corps.

— Oui, mais je suis aussi différent de ce que j'étais avant.

— Ça, c'est certain…

— Et c'est grâce à toi.

— Grâce à moi ?

— Viens, je vais te montrer.

Marc me prit par la main pour monter l'escalier. Aux trois quarts de la hauteur, il s'arrêta.

— Tu vois ? demanda-t-il.

— Qu'est-ce que je devrais voir ?

— Ça, dit-il en désignant, sous nos pieds, la marche sur laquelle Yannis avait dérapé en écrasant les escargots que nous étions alors. C'est arrivé ici.

— Quoi exactement ? demandai-je avec hésitation.

— Les étincelles entre nos tentacules.

Une phrase qu'aucun homme n'avait jamais dû prononcer devant aucune femme.

— À cet instant, mon plus grand désir a été de toucher tes tentacules avec les miens.

Encore une phrase qui n'avait sans doute que rarement été échangée entre humains.

— Je t'aime.

Cette phrase-là, par contre, les femmes l'entendaient plus souvent. Mais aucun homme ne me l'avait jamais dite. Du moins, pas sans mentir. Je regardai autour de moi pour savoir si c'était vraiment à moi que Marc s'adressait, ou si la Kelly n'était pas par hasard en haut de l'escalier. Mais non, elle n'était nulle part dans les parages. Ni aucune autre femme. Il n'y avait là qu'un vendeur de hot-dogs d'origine tamoule installé sur le trottoir avec son chariot.

— Ce n'est pas à lui que je parle, dit Marc en souriant.

— Non ? murmurai-je d'une voix presque inaudible.

— Il s'agit donc bien de toi.

J'en eus le souffle coupé.

— Mais… ta femme…, balbutiai-je.

— Est la plus belle du monde.

— Ben… oui.

— Mais je ne suis plus obligé d'avoir la plus belle femme du monde. Ni d'être l'acteur le mieux payé au monde. Je n'ai plus rien à prouver à mon père. Je suis libre. Et si mon père est vraiment le gorille du zoo de Central Park, j'irai le lui dire. Je lui dirai aussi comment il peut amasser du bon karma pour ne pas avoir à subir encore mille autres vies aussi affreuses.

Après avoir haï son père, voilà que Marc voulait l'aider ! Il était réellement devenu un autre homme. S'avançant vers moi avec précaution, il reprit :

— Tous les deux, nous avons vécu plus de choses ensemble que jamais personne avant nous. Nous avons empêché une guerre, nagé en liberté, appris à voler ensemble. Mais, surtout, tu ne m'as jamais laissé tomber. Tu m'as empêché de prendre de la cocaïne, tu m'as sauvé la vie. Grâce à toi, j'ai appris ce qui compte vraiment.

Il me regarda dans les yeux.

Je me raccrochai à la rampe.

— Tu as bien dû le sentir toi aussi, Daisy… tu le sens encore… les étincelles…

Il n'attendit pas ma réponse. Il posa le couffin sur l'escalier, s'avança vers moi, prit mon visage entre ses mains et m'embrassa.

Il m'embrassait !

Était-il devenu fou ?

Étais-je devenue folle ?

Son baiser se prolongeait.

Et je ne pus faire autrement qu'y répondre.

Nous étions définitivement cinglés.

57

Quelques minutes plus tard, nous étions tous les deux couchés dans le logement des domestiques, nus sur le lit XXXL renforcé de lattes ultrarésistantes qui occupait presque toute la chambre. À part lui, il n'y avait qu'une grosse lampe à lave rouge et deux grands coffres en bois pour les vêtements. Les posters affichés au mur devaient représenter, supposai-je, des acteurs de séries télé latino-américaines, qui nous regardèrent nous embrasser passionnément, Marc et moi, et tenter d'accorder les mouvements de nos corps massifs. Sans grand succès, hélas. Car, lorsque je me vautrai sur Marc, nous perdîmes l'équilibre et atterrîmes sur la descente de lit d'un rose criard.

— Aïe ! s'écria Marc, qui était tombé dessous.

— Tu t'es fait mal ? m'inquiétai-je.

— Ça peut aller. Je suis mon propre airbag !

Je ne pus m'empêcher de rire. Et nous rîmes encore bien plus quand, au bout d'un moment, il fallut trouver la bonne position pour faire l'amour dans ces gros corps inconnus. Finalement, nous y arrivâmes. À la fin, nous étions sur le tapis, épuisés, mais heureux. L'un et l'autre, nous n'avions pas fait l'amour depuis si longtemps ! Depuis tant de vies !

— Je n'ai jamais connu un tel plaisir, dit Marc en souriant tandis que je me blottissais contre sa poitrine.

— Moi non plus !

Et c'était vrai. Pour la première fois, je ne m'étais souciée ni de mon apparence ni de ma performance. Cet amour-là était libéré de toute idée de compétition.

— Une fois que le corps est foutu…

— … on s'aime sans retenue, acheva-t-il.

De nouveau, nous éclatâmes de rire, et nous aurions sans doute pu continuer à plaisanter si Marc n'avait répété tout à coup :

— Je t'aime.

Il le pensait donc vraiment. Et il le disait sur un ton qui appelait visiblement un « moi aussi ». Mais je ne pouvais pas le dire. Ma gorge se nouait. Ma langue était paralysée. Qu'est-ce qui me causait ce blocage ? Était-ce à cause de Yannis ?

— C'est le destin qui a provoqué notre rencontre, ajouta joyeusement Marc.

N'importe quelle femme de bon sens aurait aussitôt approuvé une phrase pareille. Mais personne ne m'avait encore jamais reproché d'avoir du bon sens.

— Je… je ne peux pas, balbutiai-je.

Je me relevai péniblement et commençai à m'habiller, tandis que Marc, blessé, me regardait sans rien dire. Je couchai le bébé dans le luxueux landau bordeaux que la Kelly nous avait offert, déclarai que j'allais me promener et sortis.

Cet instant devait figurer au quatrième rang des pires moments de ce jour où la bonne vieille Daisy mourut définitivement.

58

En ouvrant la porte de l'entrée principale de l'immeuble, je trouvai Yannis assis sur l'escalier. Précisément sur la marche où il avait glissé sur Marc et moi, celle où nos tentacules d'escargot avaient failli se toucher et où nous nous étions embrassés pour la première fois. Yannis, qui avait posé ses béquilles à côté de lui, me demanda aussitôt :

— Veux-tu que je t'aide à descendre le landau ?

— Mais tu n'as pas les mains libres, avec les béquilles.

— Je peux m'appuyer un peu sur mon pied en cas d'urgence, dit-il avec un sourire en remontant les marches. Et il me semble que c'en est une. À moins que tu ne sois capable de porter ce landau toute seule ?

Bonne question. Cet engin était certes à la pointe du progrès, mais aussi hyperencombrant.

— Si tu veux m'aider, j'accepte avec plaisir, dis-je.

Yannis posa ses béquilles sur le perron et souleva l'avant du landau. Malgré une descente un peu laborieuse, personne ne se cassa la figure et Maria ne se réveilla pas. Arrivée en bas, je remerciai Yannis, qui se rassit sur l'escalier afin de ménager son pied.

Il devait encore en souffrir, mais n'en laissait rien paraître. Au fond, malgré ses fringues neuves et tout le luxe qui l'entourait, il n'avait pas changé. Il était toujours celui qui aide les autres de façon désintéressée, fussent-ils ses employés.

— Pourquoi es-tu assis là ? lui demandai-je.

— Nicole m'a parlé d'une chose que j'ai besoin de digérer.

Elle lui avait donc avoué qu'elle ne pouvait pas avoir d'enfants. Pour lui, c'était un coup dur, et j'eus envie de le consoler comme il me consolait autrefois.

— L'adoption aussi est une bonne solution, dis-je sans trop réfléchir.

— L'adoption ? fit-il d'un air étonné.

— Oui. Pour beaucoup d'enfants, c'est formidable d'avoir des parents qui leur offrent une vie meilleure. C'est parfois leur seule chance de s'en sortir.

Yannis se mit à tripoter ses lunettes de Harry Potter, comme s'il ne comprenait pas très bien où je voulais en venir.

— Angelina Jolie et Brad Pitt l'ont fait aussi, poursuivis-je.

— Je sais.

— Et ce serait le mieux pour vous aussi. Que Nicole ne puisse pas avoir d'enfants ne vous oblige pas à faire une croix dessus.

Il me considéra, la tête légèrement penchée de côté, puis demanda avec stupéfaction :

— Nicole ne peut pas avoir d'enfants ?

Aïe !

— Euh…, bafouillai-je. Ce n'est pas ça qu'elle t'a avoué ?

— Elle m'a avoué qu'elle préférait se marier à la

cathédrale Saint-Patrick de Manhattan plutôt que sur la plage d'Acapulco. Alors que je ne suis pas du tout porté sur la religion.

J'aurais voulu avoir sous la main une potion magique d'invisibilité.

— C'est vrai qu'elle ne peut pas avoir d'enfants ? redemanda Yannis.

Je hochai la tête, et il prit un air abattu. Même si je ne tenais pas vraiment à connaître la réponse, je lui posai la question[1] :

— Tu veux sérieusement fonder une famille avec elle ?

— Oui, de tout mon cœur.

— Et… as-tu déjà voulu cela avec une autre femme dans ta vie ? poursuivis-je avec un mélange d'hésitation et de curiosité.

— Avec une seule. Mais elle est morte.

« Non, je ne suis pas morte ! » eus-je envie de hurler. Mais j'étais certaine que, si j'essayais, il ne sortirait de ma bouche qu'une chanson de Schtroumpfs. Eu égard au fait que Yannis venait d'apprendre la stérilité de sa future, ce ne serait pas du meilleur goût.

— Aimais-tu cette autre femme plus que Nicole ?

Il n'était peut-être pas très honnête de ma part de poser cette question, mais je tenais absolument à savoir.

— Elle est morte.

---

1. *Mémoires* de Casanova : « Moi aussi, je posai à madame Rose une question dont je redoutais la réponse : "Qui aimes-tu, moi, ou Urrgh ? – Pas ou. Et", me répondit la belle dame panda. "Et ?" insistai-je, ne comprenant pas ce qu'elle cherchait à me dire. "J'aime Urrgh, et toi." Ayant entendu cela, je courus me cogner la tête contre un arbre à coups répétés. »

Bien sûr, ce n'était pas une réponse directe, mais elle me permettait d'espérer encore que Yannis m'aime davantage que la Kelly. Même si Marc et moi avions des sentiments l'un pour l'autre, Yannis était toujours l'amour de ma première vie. Donc, mon plus grand amour, n'est-ce pas ?

Peut-être était-il encore possible malgré tout d'envisager un avenir ensemble ? Un vrai avenir entre un homme et une femme, pas entre un homme et une fourmi, un poisson rouge, une cigogne ou un escargot. Comme animal, je n'aurais pas pu le rendre heureux et j'étais donc moralement forcée de le laisser à la Kelly. Mais tout était changé désormais !

Dommage qu'ils aient prévu de se marier dès la semaine prochaine. Sans compter que j'étais le témoin de la mariée. Une configuration digne d'une comédie hollywoodienne. Si notre vie était réellement une comédie, me pris-je à rêvasser, quand le pasteur prononcerait la phrase : « Si quelqu'un dans l'assemblée s'oppose à cette union, qu'il parle maintenant ou se taise à jamais », je me précipiterais vers l'autel, où j'entonnerais avec désespoir la chanson des Schtroumpfs. Tandis que les invités de la noce, parmi lesquels nos anciennes colocataires, s'impatienteraient sur leurs bancs de bois, se demandant si les blouses blanches allaient bientôt arriver pour emmener cette Latina cinglée, Yannis regarderait au fond de mes yeux noyés de larmes et y reconnaîtrait mon âme. « Daisy, c'est vraiment toi… », balbutierait-il. À cet instant, les infirmiers entreraient dans la cathédrale avec la camisole de force, Yannis les renverrait sur-le-champ et, repoussant la Kelly, me conduirait aussitôt vers l'autel afin de m'épouser. Happy end, fondu au noir.

— Pourquoi souris-tu ? demanda Yannis.

— Euh… pour rien, pour rien, répondis-je, chassant mon rêve éveillé.

— Je croyais que tu avais quelque chose à me dire…

Certes, mais, à cause de Bouddha, c'était impossible.

— Si c'est trop difficile, peut-être pourrais-tu simplement l'écrire ? suggéra-t-il.

L'écrire ? Quelle bonne idée ! Comment ne l'avais-je pas eue toute seule ? Comme dans les comédies, cela pouvait marquer un tournant décisif dans notre histoire d'amour !

— As-tu de quoi écrire ? demandai-je avec enthousiasme.

— Un doctorant a toujours de quoi prendre des notes ! répondit-il en souriant.

Il tira de sa veste un crayon et un petit carnet noir, sur lequel je me mis à griffonner que j'étais Daisy, et vivante ! Quand je lui tendis le carnet, il lut avec étonnement :

— « À Noël, les pâtisseries sont remplies de bonnes choses… » ?

Je repris le carnet en hâte, y écrivis de nouveau et le lui rendis. Toujours plus perplexe, Yannis lut :

— « Le carré de l'hypoténuse est égal à la somme des carrés des deux autres côtés… » ?

Je fis une dernière tentative désespérée, me doutant déjà qu'elle serait ratée. Mon nouveau griffonnage était tout aussi confus :

— « Un homme va à la boulangerie et demande

cinq petits pains. Prenez-en six, lui dit le boulanger. Ça vous fera la paire… » ?

Ainsi, Bouddha veillait à ce qu'on ne puisse pas raconter, même par écrit, ce qu'on avait vécu sur l'échelle des réincarnations. Je réfléchis fébrilement. Le gros bonhomme contrôlait la parole et l'écrit, mais n'existait-il pas un moyen de communication auquel il n'aurait pas pensé ?

— Je vais te le mimer ! fis-je avec enthousiasme.

— D'accord, acquiesça Yannis, un peu surpris.

Je jouai devant lui sans paroles tout ce qui m'était arrivé : ma mort, ma réincarnation en fourmi, puis en poisson rouge, en oiseau, et ainsi de suite… Quand j'eus terminé, je regardai Yannis, remplie d'espoir. Il poussa un grand soupir et déclara :

— Ça m'a un peu donné l'impression d'un raid de l'aviation américaine au-dessus de Kaboul, avec des talibans qui se défendaient en dansant la rumba.

Je baissai la tête, abattue.

— Soit ça…

— Soit ? demandai-je, reprenant espoir.

— Soit tu as reconstitué un tournoi de scrabble d'une brutalité inhabituelle.

Bouddha avait donc aussi perturbé cette forme de communication. Ou alors, j'étais trop mauvaise en mime. Ou Yannis pour les devinettes. Ou les deux. Quoi qu'il en soit, je ne renonçai toujours pas. Je me souvins du scénario que j'avais imaginé un peu plus tôt pour empêcher le mariage. Si Yannis et moi étions faits l'un pour l'autre, il devait reconnaître mon âme. Je l'attrapai par ses bras maigrichons, le fis mettre debout sur l'escalier et commandai :

— Regarde-moi dans les yeux…

— D'accord, dit-il, très surpris de mes manières autoritaires.

— Qu'est-ce que tu vois ?

— De grands yeux marron.

— Et que vois-tu en eux ?

— Des petites veines rouges ?

Ce n'était pas ce que je voulais entendre.

— Tu fais peut-être de l'hypertension ?

Et ça encore moins !

— Mais sans cela, ils sont très beaux, ajouta Yannis, s'efforçant tout de même de me dire quelque chose de gentil, à défaut de pouvoir comprendre ce que j'attendais de lui.

Il ne reconnaissait pas mon âme.

La vie n'était donc pas une comédie hollywoodienne.

Alors, je le lâchai et déclarai :

— Tu aimes Nicole plus que cette femme qui est morte.

Yannis réfléchit un moment, puis hocha la tête. De toute évidence, il venait seulement de s'en rendre compte. Je sus alors que nous n'étions pas faits l'un pour l'autre. Que je sois ou non un être humain. Dès ma première mort, je m'étais fait des illusions. Et l'instant où je compris cela arriva en troisième position des pires moments du dernier jour de la vie de la bonne vieille Daisy.

59

Poussant mon landau, je me dirigeai vers Central Park. J'allais rendre visite à ma mère. Même si elle ne me reconnaissait pas comme sa fille, même si je ne pouvais pas parler avec elle, la revoir me ferait du bien. Cela me changerait les idées et me consolerait un peu, après ma fuite du lit conjugal et ma rencontre avec Yannis. Je passai devant l'enclos des singes, où un chimpanzé tambourinait nonchalamment sur un arbre tandis que ses congénères dansaient d'un air rêveur. Sans doute la réincarnation de Bob Marley[1]. Dans leur enclos, aussi vaste que celui des pandas, les singes disposaient d'une installation permettant de grimper très haut, comme on en voit sur certains grands terrains de jeu. Quelques mètres plus loin, le gorille nommé Jesse et qui était peut-être le père de Marc, mais peut-être pas, était accroupi dans sa cage entourée de rochers. Les yeux injectés de sang, il regardait les autres singes avec haine, comme

1. *Mémoires* de Bob Marley : « Toutes les créatures sont faites pour devenir rastafaris. Malheureusement, la plupart ne le savent pas et se privent ainsi d'une vie heureuse et détendue. »

s'il avait envie de les mettre en pièces pour la seule raison qu'ils s'amusaient. La vue de cet animal noir me fit frissonner. Maria se mit à geindre. Même si le gorille ne pouvait pas s'échapper de sa cage, je préférai m'éloigner rapidement avec mon landau.

En arrivant devant l'enclos des pandas, j'étais lessivée et la petite affamée. Je m'assis sur un banc et commençai à l'allaiter, tout en regardant maman sauter de branche en branche. Elle paraissait tellement vivante, tellement libre ! Comme j'aurais aimé me sentir ainsi ! Mais j'étais triste, abattue, et surtout bouleversée. Yannis et moi n'étions pas faits l'un pour l'autre, cela au moins était clair. Mais qu'en était-il de Marc et moi ? Pourquoi ne courais-je pas le rejoindre ? Pourquoi ne pouvais-je pas lui dire oui ? Oui à ce mariage, oui à cette famille ? Qu'est-ce qui n'allait pas chez moi ?

Dans un coin de l'enclos, Casanova se cognait la tête contre un arbre. Je ne savais pas ce qu'il avait, mais j'aurais bien voulu le rejoindre et faire comme lui. Urrgh boudait dans un autre coin, jusqu'à ce que maman atterrisse d'un bond devant lui et se mette à caresser sa fourrure pour le réconforter, exactement comme elle me caressait les cheveux autrefois quand j'étais de mauvaise humeur. Elle avait été une bonne mère. Si même une femme pareille n'avait pas réussi à faire que je m'en sorte dans la vie, quelles seraient les chances de la petite Maria avec une mère telle que moi ? En regardant la petite, tous les doutes qui me taraudaient depuis l'hôpital me revinrent en force. Maria avait tiré le mauvais numéro à la loterie des mères. Que lui apprendrais-je ? À rater sa vie ? À se mettre à dos tout le monde tout en se rendant malheureuse ?

— Tu méritais mieux, lui dis-je tout bas. Une mère qui te montrerait ce que c'est qu'une belle vie. Et comment on peut être heureux en amour…

À cet instant, je compris qui était cette mère :

— … quelqu'un comme Nicole.

Je laissai ces mots faire leur chemin en moi puis, quand la petite eut fini de téter et fait son rot contre mon épaule, je la reposai dans le landau et la regardai s'endormir. Ma décision était prise, et elle allait dans le sens du karma : Maria devait avoir une meilleure vie que moi.

Avant de partir, je jetai un dernier coup d'œil à maman. Sa tête de panda légèrement penchée de côté, elle m'observait. Me reconnaissait-elle ? Je lui fis un petit signe[1] mais, au lieu de me répondre, elle courut chercher Casanova et Urrgh, les réunit dans un coin et leur parla. Que pouvait-elle bien leur raconter[2] ? Je ne saurais sans doute jamais ce qu'ils se disaient dans la langue des pandas, ni pourquoi maman donnait soudain une gifle à Casanova. Mais je m'en fichais. Je devais avoir une conversation importante avec Marc.

---

1. *Mémoires* de Rose, mère de Daisy : « Quand je vis la grosse maman avec son bébé, quelque chose se déclencha en moi. Il était temps que ma vie de panda prenne tout son sens. Ma petite Daisy – où qu'elle fût à présent – devait avoir un petit frère ou une petite sœur. »

2. *Mémoires* de Rose, mère de Daisy : « La seule question à résoudre était : Qui serait le père ? Comme j'aimais également Urrgh et Casanova, je leur proposai la chose suivante. Je coucherais avec tous les deux, ainsi, personne ne saurait vraiment qui était le père du petit, mais nous nous en occuperions à trois. Ma proposition ne déclencha qu'un enthousiasme limité, et Casanova déclara : "Très chère, vous devriez goûter moins souvent à ces champignons." »

60

— Qu'est-ce que tu veux demander à Nicole ?

Dans notre petit logement, Marc tremblait de rage.

— Qu'elle adopte Maria, répétai-je aussi calmement que je pus.

— C'est de la folie !

Incrédule, Marc faisait les cent pas entre le lit et les coffres à linge.

— Yannis et Nicole sont des gens bien ! argumentai-je.

Il ne pouvait pas me contredire sur ce point, et n'essaya pas non plus.

— Ils seraient de bien meilleurs parents que nous pour Maria, insistai-je. Songe à toutes les possibilités qu'ils lui offriraient. Elle ferait des études. Elle voyagerait…

Rien de tout cela ne convainquait Marc, et sa mine s'assombrissait de minute en minute. Lui barrant le passage pour qu'il cesse de marcher de long en large, je lui dis :

— Cela nous vaudra du bon karma.

— Karma mon œil ! glapit-il en donnant un coup

de pied à la lampe à lave, qui oscilla dangereusement, mais ne bascula pas.

— C'est la recherche du bon karma qui a fait de toi un homme meilleur, argumentai-je.

— *Bullbip !*

— *Bullbip ?*

— Ce qui a fait de moi un homme meilleur, c'est *toi*, dit-il en me regardant dans les yeux avec nostalgie.

— Mais nous ne sommes même pas ses vrais parents ! me défendis-je en hâte.

Je ne voulais surtout pas qu'il me répète qu'il m'aimait.

— Tes idées sont vraiment du bullbip ! persista-t-il en fronçant son gros nez.

— Tu crois ?

— Oui ! Et surtout, tu es lâche.

Il s'avança vers moi jusqu'à ce que nos ventres se touchent.

— Lâche ? Moi, je suis lâche ?

— Tu as bien compris. Au moins, tu n'es pas sourde, c'est déjà ça.

— Si j'étais lâche, je n'aurais pas attaqué la reine des fourmis, je ne me serais pas fait jeter dans un escalier, et je ne t'aurais pas non plus sauvé la mise quand tu étais un cigogneau ! J'ai risqué ma vie je ne sais combien de fois !

— Ça, c'est vrai.

— Tu vois ? dis-je en heurtant mon ventre contre le sien pour mieux souligner mes paroles. Ça, c'est du courage !

— Relativement.

— Comment ça, relativement ?

— Tu as regardé la mort en face, mais pas la vie.

— Quoi ?

Troublée, je fis deux pas en arrière. Qu'essayait-il de me dire ?

— Tu es trop lâche pour affronter la vie, Daisy Becker.

Je reculai encore d'un pas, mais Marc s'avança vers moi jusqu'à ce que son ventre touche le mien – cette fois sans brusquerie, presque avec tendresse.

— Vivre, c'est aimer, dit-il d'une voix douce.

— Depuis quand es-tu un spécialiste de l'amour ?

— Depuis que je te connais.

— Arrête avec ça, à la fin !

Mais il continua à me regarder avec amour. C'était insupportable.

— J'ai tué ton petit chien péteur ! lui rappelai-je.

Il ne se mit pas en colère.

— C'est vrai. Mais tu as fait tellement d'autres choses ! Et aimer, c'est pardonner.

— Tu ne serais pas tombé dans la boîte de gaufrettes porte-bonheur, par hasard ?

— Ça ressemble peut-être à un proverbe chinois, mais ce n'est pas faux pour autant.

J'eus très envie de hurler. Mais Marc poursuivit avec tendresse :

— Tu fuis constamment l'amour. Avec Yannis. Avec moi. Avec la petite…

Il désigna le couffin où dormait Maria. Je préférai ne pas la regarder.

— Tu fuis parce que tu as peur. Peur d'être blessée.

Cela me toucha au vif. Mais, au lieu de l'avouer, ne serait-ce qu'à moi-même, je criai :

— Tu n’es qu’un sale égoïste !

J’empoignai le couffin et sortis, sachant que j’allais perdre Marc pour toujours.

Numéro deux des pires moments du dernier jour de la bonne vieille Daisy Becker.

61

Portant le couffin de Maria, je pris l'ascenseur pour monter au bel appartement et soumettre à Nicole ma proposition d'adoption. Dans la cabine lambrissée de bois précieux, un panneau sculpté représentait un chevalier brandissant une lance en direction d'un dragon gigantesque. À voir les anges qui exultaient à l'arrière-plan, ce chevalier devait être un saint. Je me souvins que Marc avait joué, dans un navet hollywoodien, le rôle d'un tueur de dragons forcé de choisir entre Dieu et l'amour de sa vie. Barton avait dû racheter ces boiseries à une église délabrée d'Europe de l'Est et les faire poser dans l'ascenseur en souvenir du film. Le nouveau Marc n'aurait pas eu cette vanité. Il avait changé bien plus que moi. Et, ainsi qu'il me l'avait dit, pas en cherchant à amasser du bon karma, mais par amour. Pour moi. Eh oui, c'était un nouvel épisode de notre série *Fautes de goût* : « Marc tombe amoureux de Daisy ».

Je considérai les anges de plus près. Ce n'étaient pas des putti joufflus et porteurs de couches, mais de nobles créatures d'apparence humaine, pourvues d'épées et d'immenses ailes, et qui devaient aimer souffler de temps en temps dans des trompettes pour annoncer des calamités. À leur vue, je me demandai si la lumière éternelle n'était pas Dieu, tout simplement. Je lui poserais peut-être la question la prochaine fois que je flotterais vers elle. En attendant, j'étais certaine d'agir comme elle l'aurait souhaité. J'offrais un avenir meilleur à la petite Maria. J'amassais donc du bon karma.

Youpi.

Je levai le poing ironiquement.

Puis je me décidai enfin à appuyer sur le bouton du dernier étage, et l'ascenseur s'éleva rapidement, avec un léger vrombissement. Au lieu de l'affichage digital habituel, les numéros figuraient sur un gros cadran doré en demi-disque à l'ancienne mode placé au-dessus de la porte. Quand l'aiguille atteindrait l'extrémité du cadran, la porte s'ouvrirait directement sur l'appartement où la Kelly m'attendait. Contre toute logique, j'espérais encore que Marc comprendrait, qu'il admettrait que Nicole élèverait bien mieux Maria qu'une perdante comme moi. En tout cas, je tâchais de me persuader que ma décision lui vaudrait à lui aussi du bon karma. Mais cette idée ne parvint même pas à me faire lever le poing ironiquement.

Quand l'aiguille fut au milieu du cadran, Maria poussa un petit miaulement. Elle s'étira, ouvrit lentement ses yeux ensommeillés et esquissa une moue. Allait-elle se mettre à crier ? Mais non, la petite souriait.

Elle souriait !

Je croyais pourtant que les bébés de cet âge ne souriaient pas ? Et Maria me souriait comme si j'étais la créature la plus fantastique du monde !

Son poste nourricier.

Sa maman.

Elle m'aimait, sans crainte et sans douter de moi.

À cet instant, je compris que Marc avait raison. J'avais appris des choses dans cette histoire de karma et, en ce sens, j'étais bien devenue une autre au fil de mes vies successives. L'important pour moi n'était plus le plaisir, la fête, les paradis artificiels et le sexe débridé. Et je n'arnaquerais probablement plus personne. Pas même un chauffeur de taxi tchétchène. Le bonheur d'autrui, dont je me fichais pas mal autrefois, m'était devenu plus précieux que le mien. Mais, après toutes ces vies, j'avais encore une chose importante à apprendre : ne plus avoir peur de l'amour.

Car c'était vrai, j'avais peur d'être blessée, comme à la mort de maman, quand papa avait fait venir chez nous sa nana des impôts. Voilà pourquoi je voulais quitter Marc, voilà pourquoi je voulais abandonner Maria, avant de me trouver sans défense devant leur amour. Je ne voulais les quitter qu'à cause de cette maudite peur !

L'aiguille parvenue à l'extrémité du cadran, l'ascenseur s'arrêta avec un « ping », et les portes s'ouvrirent. De son canapé, la Kelly me fit signe de la main. Très gentiment. Cette femme pouvait donner tellement plus à Maria !

La petite gargouilla joyeusement dans son couffin.

Devant le sourire d'un enfant, on oublie toutes ses peurs.

Karma mon œil !

Marc n'avait jamais rien dit de plus sage !

L'amour était plus important !

J'appuyai sur le bouton. Les portes se refermèrent sur l'air surpris de la Kelly. L'ascenseur redescendit et, pour la première fois de sa vie, la petite Maria se mit à rire. De tout son cœur.

62

Marc n'était pas dans l'appartement. La lampe à lave gisait sur le sol, cassée. Visiblement, il avait fait cela pour soulager sa colère. J'aurais pu attendre son retour, bien sûr, mais je voulais qu'il sache le plus tôt possible que j'avais renoncé à abandonner Maria. D'ailleurs, j'avais une idée de l'endroit où il était allé. Et cela ne me plaisait pas du tout.

— Viens, dis-je gravement à la petite Maria. Nous devons retrouver ton papa de toute urgence !

Le zoo de Central Park était en train de fermer ses portes. Les derniers visiteurs à sortir furent une femme d'une trentaine d'années flanquée d'un gros garçon prépubère. La mère avait des cernes sous les yeux et son vieux tee-shirt *I Love New York* pendouillait. Le garçon arborait un pull-over *Hulk Smash* et harcelait sa mère sans interruption pour qu'elle lui achète deux Big Mac. Et des frites. Et du Coca. Et un iPhone. Et une Xbox. Avec un tas de jeux vidéo. Où on pouvait descendre des gens. Ou les écraser en voiture. Ou les couper en deux avec une épée de samouraï. Il voulait aussi un flingue. Et qu'on lui explique pourquoi il ne pouvait pas avoir une mitrailleuse, alors que c'était un droit fondamental inscrit dans la Constitution des États-Unis. Face à cela, la réaction de la mère m'impressionna par son astuce, car elle déclara simplement :

— Parles-en plutôt à ton père.

Je regardai ma petite Maria et lui dis en souriant :

— Je suis sûre que tu ne m'énerveras jamais autant que ça.

Elle se mit à rire, comme si elle savait déjà elle aussi que, même en nous aimant beaucoup, nous allions bien souvent nous taper sur les nerfs. Comme l'avait dit ma mère, c'était la loi des relations mère-fille.

Malgré la caisse fermée, j'espérais qu'on me laisserait faire un petit tour avec mon landau. Malheureusement, un gardien en uniforme me barra le passage.

— C'est fermé !

Il avait l'allure du type qui avale plus facilement des anabolisants que des couleuvres. Devant les pectoraux qui menaçaient de faire sauter les boutons de son uniforme, on se souvenait spontanément que l'espérance de vie d'un bodybuilder est inversement proportionnelle à sa masse musculaire. Heureusement que Marc n'avait plus besoin de prendre ces saloperies pour faire carrière à Hollywood. Et dommage qu'il soit sans doute déjà dans le zoo, avec l'intention d'expliquer au gorille nommé Jesse comment on amassait du bon karma. Que cet animal soit son père ou non, il était dangereux. Même enfermé dans une cage, il pouvait gravement blesser Marc d'un coup de patte à travers les barreaux. Je devais donc absolument détourner Marc de son projet. S'il n'était pas déjà trop tard.

Mais, pour le rejoindre, je devais passer l'obstacle du gardien. Je tentai le bon vieux charme à la Daisy qui m'avait souvent bien servi dans ma première vie, du moins quand je ne tombais pas sur des flics homosexuels. Lisant sur son badge le vrai nom de Captain Anabolika : *Vince Zanufrio*, je lui demandai :

— Vince... puis-je t'appeler Vince ?

— Non, tu ne peux pas.

— Alors, *Sexy*, peut-être...

— Sexy ?

Captain Anabolika paraissait un peu dur de la comprenette. J'expliquai :

— C'est que tu as l'air tellement...

— Hé, tu ne serais pas en train de me draguer, par hasard ? demanda-t-il avec une répugnance un peu trop évidente pour mon goût.

— Eh bien, si ça te dit que je te drague..., répliquai-je en papillotant des cils.

— Tu t'es déjà regardée dans une glace ?

— Euh, qu'est-ce que... ?

— Je préférerais me mettre un scorpion dans le caleçon !

Il y avait tout de même des façons un peu plus aimables de le dire.

Marc était apparemment le seul à me trouver encore séduisante dans mon nouveau corps. Je ne pouvais donc plus compter sur mes avantages féminins. Instinctivement, j'aurais bien répondu à Captain Anabolika que le scorpion ne trouverait rien d'intéressant dans son caleçon, mais cela ne m'aurait avancée à rien de le provoquer. Il valait mieux compter sur un talent auquel je n'avais jamais vraiment cru jusqu'à ce que Marc me le révèle : je devais prouver que j'étais une bonne actrice.

Titubant comme si je voyais trente-six chandelles, je dis d'une voix tremblante :

— Je crois que je vais m'évanouir…

— Hé, tu vas pas tomber dans les pommes maintenant ? s'alarma le gardien.

— Je… je…

Captain Anabolika s'avança vers moi pour me retenir. Juste au moment où il allait me toucher, je dis :

— C'est ce maudit Ebola…

— Oh, merde ! s'écria le gardien.

Il prit ses jambes à son cou, et je l'entendis encore ronchonner :

— Je suis pas assez payé pour m'occuper d'une saloperie pareille…

Marc avait raison, j'étais douée !

Un fier sourire étalé sur mon gros visage, j'entrai par la porte ouverte et, la sueur coulant sur mon front, poussai le landau vers la cage du gorille aussi vite que me le permettaient mes jambes en poteaux. Quant à la petite Maria, elle dormait, bercée par le mouvement.

Quelques minutes plus tard, je passai devant l'enclos des pandas. Malgré ma hâte, je m'arrêtai pour chercher maman des yeux. Elle m'observa – sans que je puisse deviner si elle me reconnaissait maintenant – puis, tout à coup, s'enfuit en courant vers Urrgh et Casanova, qui, cette fois, boudaient ensemble dans un coin[1, 2 & 3]. Il faudrait vraiment que j'essaie d'avoir une

1. *Mémoires* de Rose, mère de Daisy : « Je revis la grosse femme avec son bébé, et cela augmenta mon désir d'enfant dans des proportions extraordinaires. Mais il fallait d'abord tout un travail de persuasion auprès de ces messieurs obstinés. »

2. *Mémoires* de Casanova : « Rien n'est plus fort qu'une femme qui vous menace d'abstinence. »

3. *Mémoires* d'Urrgh, homme de l'âge de pierre : « Membre triste. »

conversation avec elle. Un jour ou l'autre. Mais, pour le moment, l'urgence était de trouver Marc.

Sur les chemins déserts du zoo, je me hâtai vers l'enclos des singes. Les chimpanzés rastafaris étaient occupés à faire un petit somme, à s'épouiller mutuellement ou à donner des échantillons de leur forme d'humour, qui consistait pour l'essentiel à péter au visage de leurs congénères endormis. Tout en haut du grand portique, le singe Bob Marley prenait un bain de soleil couchant.

J'aperçus enfin Marc. Il avait dû passer par-dessus la clôture pour entrer dans l'enclos et il parlait au gorille, expliquant sans doute à son supposé père qu'il ne vivrait désormais plus pour obtenir sa reconnaissance. Le gorille l'écoutait paisiblement, et même d'un air intéressé. J'allais pousser un grand « ouf » de soulagement… quand Marc ouvrit la cage !

Les deux gros verrous de fer qui la maintenaient fermée n'étaient pas cadenassés. Ni le gorille ni les autres singes n'étaient capables de les tirer d'eux-mêmes, et aucun visiteur n'était assez cinglé pour entrer comme cela dans l'enclos. Aucun, sauf Marc. Il voulait délivrer son père de son affreuse prison. C'était une pensée noble. Généreuse. Et tellement stupide qu'on aurait pu en tirer un spot publicitaire pour *Bad Idea*.

Les grilles qui entouraient l'enclos mesuraient bien deux mètres et demi, une hauteur infranchissable pour mon corps pesant. Et ça n'avait pas dû être facile pour Marc, à en juger par sa chemise déchirée. Au moment où j'allais lui crier de ne pas laisser sortir le gorille, il tira le second verrou. Je retins mon souffle.

Le gorille s'avança lentement hors de la cage,

l'air un peu hésitant, car il avait perdu l'habitude de se déplacer librement. Aussitôt, les chimpanzés cessèrent tout ce qui était sieste, épouillage ou démonstrations d'humour douteux pour grimper précipitamment dans les arbres, affolés, criant comme la fameuse horde des singes lorsqu'elle se demande qui a volé la noix de coco[1]. À la vue du gorille, même Bob Marley cessa de paresser au soleil pour sauter du portique sur l'arbre le plus proche. J'espérai que Marc allait décamper lui aussi, mais non. Il ne bougea pas.

Le gorille se redressa. Il dépassait largement les deux mètres.

— OUARRRRRRGGGH ! hurla-t-il en tambourinant sur sa poitrine.

Les coups résonnèrent dans tout le parc. Je sentis leurs vibrations dans mon ventre et Maria se mit à geindre.

— Tout va bien, dis-je en balançant doucement le landau.

La petite se rendormit. C'était la première fois que je lui mentais.

Pendant ce temps, Marc s'avançait vers le gorille.

— Calme-toi, dit-il en posant une main apaisante sur le bras de la bête.

Erreur funeste. Le gorille frappa. Marc fut projeté contre le portique. Sa tête heurta l'un des poteaux, et, avec un bref gémissement, il perdit conscience.

Je poussai un hurlement de frayeur. Ça aussi, c'était une erreur. J'avais attiré l'attention du gorille sur moi

---

1. Allusion à une chanson enfantine allemande populaire depuis les années 1950, *Die Affen rasen durch den Wald* (« Les singes foncent à travers la forêt »). *(N.d.T.)*

et il fonçait maintenant dans ma direction. Allait-il escalader la clôture ? Même pas : il se contenta de l'abattre ! Avec une force brute face à laquelle les chasseurs de grands fauves les plus aguerris se seraient demandé s'ils n'avaient pas intérêt à se reconvertir en joueurs de pétanque. D'un seul élan, la bête bondit… et atterrit juste devant moi. Et le landau.

63

Le gorille poussa un hurlement assourdissant. Pire, son souffle chaud m'enveloppa et je dus lutter contre la nausée, parce que cela n'aiderait sûrement pas à l'amadouer si je vomissais sur ses pieds poilus. Maria se mit à pleurer. De nouveau, je remuai le landau en répétant :

— Tout va bien.

Alors que rien n'allait, absolument rien. Le gorille me menaçait, moi et mon enfant. Marc, qui gisait toujours contre le portique, inconscient, ne pouvait pas venir à notre secours. Au moins, il semblait respirer encore.

— Je sais qui tu es, dis-je à la bête en secouant le landau un peu plus fort pour calmer Maria.

Le gorille me regarda avec curiosité, la tête penchée de côté. Aucun doute, il comprenait ce que je disais. C'était un homme réincarné.

— Tu es Jesse Barton.

Le grand singe eut une grimace moqueuse qui ne me donna pas l'impression d'être tombée juste. Mais plutôt l'impression qu'il se fichait de moi.

— Tu n'es pas Jesse Barton, constatai-je.

Il sourit un peu plus ironiquement.

— Euh… tu n'es tout de même pas Jesse James ? demandai-je avec un petit rire nerveux.

Le gorille se réjouit ostensiblement.

Oh, bip !

Il avait donc bien été, dans une vie antérieure, le criminel le plus célèbre du Far West !

— Ah oui… c'est un drôle de malentendu, fis-je en riant.

Le gorille s'esclaffa lui aussi. Pas tellement dans le style « qu'est-ce qu'on s'amuse ensemble », mais plutôt « je sens que je vais bien m'amuser ».

— Je m'en tiens les côtes ! ajoutai-je en riant de plus belle, espérant ainsi convaincre Jesse James que nous étions sur la même longueur d'onde.

Le gorille cessa soudain de rire.

— Apparemment, pas toi, constatai-je.

Il me fixa. D'un air menaçant.

— Oh, je viens tout à coup de me souvenir de quelque chose. Veux-tu savoir quoi ?

La bête secoua sa grosse tête.

— J'ai oublié de débrancher mon fer à repasser à la maison.

Je fis demi-tour pour m'en aller, mais le gorille me barra le passage en grondant, soufflant très fort par les narines et m'envoyant de nouveau à la figure son haleine fétide. Je m'efforçai de lutter contre la nausée en respirant par la bouche.

— Peut-être pourrions-nous discuter un peu ? proposai-je dans l'espoir d'apaiser l'animal.

L'ancienne terreur de l'Ouest avait plutôt l'air de vouloir en découdre un peu.

— Tu es sans doute curieux de savoir comment le monde a changé ?

Le gorille secoua la tête une fois de plus, mais je ne renonçai pas.

— Nous avons maintenant des téléphones portables avec lesquels on peut regarder du porno.

Cela l'intéressa malgré tout. Je n'avais pas idée s'il savait ce qu'était un téléphone, ni si Jesse James vivait encore quand le téléphone avait été inventé, mais il connaissait visiblement le porno. Ça avait dû exister même à l'âge de pierre[1].

Dommage, je n'avais pas de portable sur moi. Sans quoi j'aurais pu occuper Jesse avec un petit film jusqu'à ce que les gardiens viennent à notre secours.

— Veux-tu que j'aille en chercher un ? proposai-je.

Le gorille hocha la tête.

— Super !

Je ne croyais pas à ma chance, et j'avais raison. Au moment où j'allais partir, il retint le landau avec un geste dont la signification ne faisait aucun doute : le bébé devait rester là. En otage. Pour garantir que je reviendrais avec le fameux téléphone porno. Mais je ne pouvais pas lui laisser la petite, en aucun cas ! Que faire ? C'était vraiment le moment pour la cavalerie d'arriver[2].

Soudain, maman sauta du haut d'un arbre, juste

---

1. *Mémoires* d'Urrgh, l'homme de l'âge de pierre : « Moi jeune homme beaucoup appris avec peintures dans cavernes. »

2. *Mémoires* de Rose, mère de Daisy : « Le bruit dans l'enclos des singes ayant éveillé ma curiosité, je m'élançai d'arbre en arbre et vis que le gorille menaçait la grosse femme et l'enfant. J'avais le choix entre deux solutions : les aider, ou me sentir éternellement coupable. »

sur la tête du gorille. Il poussa un hurlement, sans l'impressionner le moins du monde. Elle se mit à lui taper dessus de toute la force de ses pattes de panda, ce qui me permit de m'enfuir avec le landau. Mais à peine avais-je parcouru cinq mètres que je vis maman passer à côté de moi en vol plané. Lancée par la bête[1 & 2].

Maman s'écrasa contre un arbre. Je criai, puis me ressaisis et voulus courir vers elle pour savoir si elle vivait encore. La façon dont elle gisait sur le sol n'en donnait pas l'impression. Mais le gorille hurla de nouveau :

— OUOUOUHHHH !

Il tambourinait sur sa poitrine comme s'il avait l'intention de tuer tout le monde. Et c'était sans doute le cas.

Maria pleurait très fort dans son landau et je n'avais plus assez de souffle pour lui mentir, prétendre que tout allait bien, ou du moins que tout irait bien. J'irais voir maman après. S'il y avait un après. Pour elle. Pour moi. Pour nous.

Je me remis à courir de toutes mes forces mais, pour le gorille, j'aurais aussi bien pu être un escargot. Quand je sentis son souffle chaud dans mon cou, je

1. *Mémoires* de Casanova : « Nous entendîmes le cri de la belle Rose. Sans perdre un instant, Urrgh et moi bondîmes dans les arbres et, nous suspendant aux branches, traversâmes le parc pour la rejoindre. Au-dessous de nous, une bête sauvage harcelait une grosse femme, mais nous n'eûmes d'yeux et de pensées que pour madame Rose, qui gisait sur le sol, immobile. Ayant sauté à terre, nous vîmes qu'elle ne respirait plus. Urrgh et moi, nous ne pûmes retenir nos larmes. »

2. *Mémoires* d'Urrgh : « Moi toujours dit : amour fait ouille. »

n'eus même pas le temps de me retourner. D'un coup de patte dans le dos, la bête me renversa face contre terre puis se jeta sur moi et se mit à me frapper. Un coup après l'autre.

Au bout de cinq coups seulement, je vis la lumière.

Les hurlements du gorille résonnaient encore en moi.

Et les pleurs de Maria.

Il allait la tuer, elle aussi.

Première place des pires moments du dernier jour de la vie de la bonne vieille Daisy Becker.

64

Ma vie de grosse Latina défila devant moi, sans que je lui prête la moindre attention. Je ne pensais pas au passé, seulement aux événements en train de se dérouler à Central Park. À maman. À Marc. À Maria.

De nouveau, je flottai à travers le grand néant blanc dans mon bon vieux corps de Daisy. Mais celui-ci, pour une fois, ne m'apporta aucune consolation, aucune joie. Au contraire, je n'aspirais qu'à redevenir une grosse maman.

La lumière avait beau m'attirer avec son amour, je ne voulais à aucun prix me fondre en elle. Qu'avait-elle donc à m'offrir ? Le bonheur éternel ? Comment le connaîtrais-je, si la petite Maria mourait ? Si elle n'avait jamais droit à une vraie vie ?

— Laisse-moi ! criai-je à la lumière.

Au lieu de m'écouter, elle commença à m'envelopper de sa chaleur, de son amour. Je me défendis de toutes mes forces. Il devait y avoir un reste de vie dans le corps qui gisait toujours à Central Park, il devait être possible de le réactiver !

— Bats ! criai-je à mon cœur.

Rien ne se passa.

La lumière continuait à m'envelopper, tranquille, imperturbable. Bientôt, j'y serais tout entière. Seul mon pied gauche était encore à l'extérieur.

— Bats ! criai-je de nouveau à mon cœur, cette fois un peu plus fort.

La lumière s'arrêta, comme si elle hésitait.

— BATS ! hurlai-je de toutes mes forces.

Elle hésita encore.

— TU VAS BATTRE, SALOPERIE DE BIP !

Soudain, la lumière renonça à m'envelopper. Elle libéra d'abord mon pied gauche, puis le droit, puis mes jambes, mes bras, et finalement le reste de mon corps nu. Pourtant, je n'avais pas l'impression de l'avoir vexée. Au contraire, elle semblait s'intéresser à moi, comme si elle avait enfin compris ce que je voulais. Elle se retirait respectueusement, elle s'en allait. Puis elle disparut dans le lointain.

Je me remis à marcher seule dans le grand néant blanc.

Au bout d'un moment, Bouddha flotta à ma rencontre.

Bon Dieu, ce type aurait vraiment dû se vêtir un peu !

Quand il fut près de moi, il me dit sans sourire :

— Tu es la première à qui une telle chose soit arrivée.

Je n'avais pas envie de discuter de ça avec lui. Encore moins de me faire engueuler. Je voulais, je devais seulement retourner sur terre !

— Il y a quelque chose de grand en toi.

— Oui, oui, d'accord, tu me l'as déjà dit.

— Mais cette fois, je ne parle pas de ton altruisme.

— Ah oui ? Et de quoi d'autre ? demandai-je, agacée.

— D'un grand amour.

— Et celui-là, je veux enfin le vivre ! Alors, s'il te plaît, laisse-moi rentrer à la maison !

Bouddha sourit enfin. Plus béatement que jamais. Comme s'il venait lui-même, après tant de millénaires, de rencontrer une chose qui l'étonnait et le transportait.

— Adieu, et je te souhaite une belle vie, me dit-il.

Puis il disparut sans me laisser le temps de lui dire adieu moi aussi, encore moins de lui demander d'enfiler un caleçon, à la fin.

Mon corps nu de Daisy Becker repartit seul dans le grand néant blanc, pour s'y dissoudre lentement.

À jamais.

65

Mes paupières battirent et j'entendis les pleurs de Maria. Elle vivait ! Elle vivait !!! Et moi aussi. Mais c'était presque un détail, car le danger était loin d'être écarté. J'ouvris brusquement les yeux, vis devant moi les pieds du gorille et l'entendis hurler en tambourinant sur sa poitrine. Je tentai de me redresser, sans en trouver la force. À quelques mètres, je distinguai les trois pandas. Urrgh et Casanova pleuraient à côté de maman, qui ne bougeait toujours pas[1].

— Laisse ma fille tranquille ! cria Marc.

Debout près du grand portique de l'enclos, il tenait à la main une barre de fer. Le gorille se retourna, visiblement amusé par ce spectacle, et s'avança à pas lents et lourds vers le gros homme. Maria était hors de danger pour l'instant, mais cela ne durerait pas. Barre de fer ou pas barre de fer, la bête en aurait vite fini avec Marc. Et, malgré mes espoirs, les chimpanzés et les pandas mâles ne vinrent pas à la rescousse.

1. *Mémoires* de Casanova : « Nos larmes tombèrent en même temps sur madame Rose. Or, à peine eurent-elles touché son visage que son cœur se remit à battre. »

Bob Marley et sa bande de rastafaris avaient bien trop peur, et les deux pandas étaient trop occupés avec maman. La vie n'était donc pas une comédie hollywoodienne. Ni un film d'animation humoristique. D'ailleurs, qu'auraient-ils pu faire contre cette bête féroce ? Seul un humain pouvait sauver Marc. Sa femme. La mère de Maria. Moi. La vieille Daisy qui avait peur de l'amour était définitivement morte dans le grand néant blanc.

— Reste où tu es ! criai-je à Marc en relevant péniblement mon corps massif.

Déconcerté, Marc se tint immobile, mais il était clair que le spectacle du gorille écumant de fureur lui donnait surtout envie de fuir. À supposer que la bête lui en laisse le temps.

— Je vais t'aider, promis-je.

Marc eut l'air surpris. La bête, elle, se mit à rire. Si elle avait pu parler un langage humain, elle se serait sans doute moquée en disant qu'une grosse femme comme moi ne pouvait rien contre elle. Mais là, elle se trompait. Seule une très grosse femme avait une chance de la vaincre !

Je rejoignis l'arrière du portique, tandis que Marc et le gorille, immobiles de l'autre côté, continuaient à se surveiller mutuellement tout en me jetant des regards perplexes, car ils n'avaient pas la moindre idée de ce que je comptais faire. Je commençai à grimper. Échelon après échelon.

— Je croyais que tu voulais m'aider ? dit Marc d'une voix hésitante.

— C'est ce que je fais, haletai-je.

— On ne le dirait pourtant pas !

Effectivement, on pouvait avoir l'impression que

j'essayais de me mettre en sûreté là-haut. C'était aussi ce que croyait le gorille, qui me lançait des grognements mauvais dont la signification ne laissait guère de doute : « D'abord, je réduis le gros en purée, ensuite, je te fais descendre de là, et pour finir, je bouffe ton bébé. »

Les échelons métalliques ployaient sous mon poids, et le risque n'était pas négligeable que l'un d'eux, un peu plus rouillé que les autres, se casse, mais je poursuivis mon ascension. Il ne me restait plus qu'un mètre et demi à grimper pour atteindre le sommet, quand la bête se mit à secouer l'installation. Je me raccrochai de justesse.

— Laisse-la tranquille ! cria Marc en menaçant le gorille de sa barre de fer.

Guère impressionné, celui-ci continua à secouer le portique, mais pas assez fort pour me faire tomber. Moi non plus, il ne me prenait pas au sérieux, et il voulait s'amuser un peu avec moi avant de me refroidir. Je pus donc poursuivre ma progression tant bien que mal, le front dégoulinant de sueur. Le corps de Maria n'avait sans doute jamais rien accompli d'aussi sportif.

L'envie de jouer du gorille lui passa trop vite à mon goût car, alors qu'il me restait encore un échelon à gravir, il se mit à secouer violemment les montants. Je dus me cramponner de toutes mes forces et me concentrer pour ne pas tomber. Ce fut d'autant plus difficile que Marc voulait attaquer avec sa barre de fer pour me sauver. Or, il était clair pour moi qu'il n'en sortirait pas vivant. Même s'il parvenait à toucher la bête et à la blesser, cela ne ferait que la rendre furieuse. Elle le mettrait en pièces.

— Marc ! Non ! criai-je.

Il abaissa sa barre de fer et leva les yeux vers moi. Étonné lui aussi, le gorille cessa un instant de secouer le portique. Instant que je mis à profit pour saisir le dernier barreau et m'accroupir sur le sommet comme si j'étais la reine de l'enclos des singes, la championne de la grimpette. L'animal recommença à me secouer, si violemment que je vis trouble et sentis que je n'aurais pas la force de me cramponner plus longtemps. J'allais tomber. Et c'était justement mon but.

Je sautai du haut du portique.

Directement sur le gorille.

Lorsqu'il comprit ce que je faisais, il se mit à hurler de rage. Et de frayeur, car il ne pouvait plus m'éviter. Je m'écrasai pile sur lui, le faisant tomber à genoux. Il poussa un cri. Moi aussi, et bien plus fort que lui. J'eus l'impression d'exploser. Le gorille s'écroula, je roulai sur son corps inanimé et m'évanouis à mon tour.

Jetant sa barre de fer, Marc se précipita vers moi.

— Daisy ! Tu es vivante ?

Sa voix me fit retrouver mes esprits.

— T'inquiète pas, gémis-je. Moi aussi, je suis mon propre airbag.

— Je pensais que tu allais mourir…

Je soulevai ma tête et souris avec difficulté.

— Oh, tu sais, je ne ferai plus jamais une chose aussi bête !

66

Marc m'aida à me relever du corps puant du gorille. J'avais mal partout, mais apparemment rien de cassé. Cette fois, mon rembourrage de graisse m'avait bien servi. À ma place, la Kelly en aurait eu pour un an de réanimation.

— Il n'a pas l'air de vouloir se réveiller avant un certain temps, dis-je en montrant le gorille.

Dans un film d'horreur, le gorille se serait redressé au moment où nous nous y attendions le moins, et ma phrase aurait figuré dans le recueil des « Dernières paroles célèbres ». Heureusement, si la vie n'était ni une comédie romantique ni un film d'animation, elle n'était pas non plus un film d'horreur. La bête ne bougea pas, et elle continuerait à dormir jusqu'à ce que les gardiens, que Marc était en train d'appeler de son portable, la transportent dans sa cage.

J'eus enfin le temps de jeter un coup d'œil aux pandas. Maman était vivante ! Les deux mâles dansaient autour d'elle la danse de la joie des pandas.

Après avoir téléphoné, Marc considéra de nouveau le gorille à nos pieds.

— Ce n'était pas mon père, constata-t-il.

— C'était Jesse James.

— Je regrette tellement de vous avoir mises en danger, vous deux, et tous les autres !

Comme je pouvais difficilement lui répondre : « Mais non, pas du tout », je me contentai de caresser sa grosse joue.

— À partir de maintenant, je chasse pour toujours mon père de mes pensées. Je ne le laisserai plus avoir la moindre influence sur ma vie. Je ne suis plus son fils.

J'avais devant moi le nouveau Marc Barton.

— Tu n'es pas le seul responsable de ce qui vient de se passer, lui dis-je.

Il me regarda d'un air étonné.

— Si je n'avais pas été aussi lâche, je serais restée près de toi et je t'aurais empêché de commettre cette folie.

— Et maintenant ? insista-t-il.

— Je suis avec toi.

— Et moi, je suis pour toi.

Les plus belles paroles jamais prononcées.

Marc essaya de me prendre dans ses gros bras, et moi de le prendre dans les miens. À cause de nos deux gros ventres, ce n'était pas très facile de nous serrer dans les bras l'un de l'autre, mais nous y parvînmes. De même que nous avions déjà réussi tant de choses, et en réussirions encore bien d'autres.

Au moment où nous allions nous embrasser, Maria se mit à pleurer. Nous courûmes la sortir du landau pour la prendre entre nous dans une nouvelle étreinte, et ses pleurs cessèrent aussitôt.

— Elle est si jolie ! dit Marc tout bas.

— Oui, très jolie, murmurai-je aussi.

— Sommes-nous une famille, maintenant ?

— Et comment !

Marc était radieux. Et moi donc ! Jamais, dans la lumière, je n'aurais pu être heureuse comme en cet instant. Pour que ce soit tout à fait complet, il aurait fallu que les pandas viennent se blottir contre nous. Mais ils se tenaient déjà tous les trois serrés les uns contre les autres, exactement comme nous.

— On dirait qu'il va bientôt y avoir des bébés pandas, dit Marc en souriant.

— Après ça, nous serons la famille recomposée la plus bizarre du monde.

— Il y a de pires destins.

— Et pas de meilleur, conclus-je.

Ni de plus grand.

Eh oui, pour être au nirvana, pas besoin du Nirvana !

Seulement de l'amour.

Et pour cela, d'un peu de courage.

Remerciements

Je remercie mon ami et mentor Michael Töteberg, le meilleur agent de l'univers connu (et sans doute de tous les autres), et aussi l'héroïque Ulrike Beck – même l'auteur le plus doué pour la fiction ne pourrait imaginer une meilleure relectrice.

Cher lecteur,

Dans mon premier roman, *Maudit Karma*, l'héroïne se réincarnait en fourmi pour avoir amassé trop de mauvais karma. C'est afin que ce sort nous soit épargné, à vous et à moi, que j'ai créé la fondation *Gutes Karma* (« Bon Karma »).

Plaisanterie mise à part, que l'on croie ou non à la réincarnation ou au paradis, il est possible de changer des choses dans cette vie. La question n'est pas d'être récompensé ou puni après la mort pour ses actions mais qu'il soit juste, dans le moment présent, d'aider d'autres humains dont la vie est plus difficile que la nôtre. Cela leur fait du bien à eux, mais – on peut le reconnaître, quitte à paraître un peu moins altruiste – cela nous fait plaisir à nous aussi.

La fondation *Gutes Karma* aide des enfants dans le monde entier. Au Népal, nous avons financé la construction de l'école Sundaridevi, qui instruit 720 enfants du primaire jusqu'à la classe de seconde, et nous soutenons un projet contre l'esclavage qui a permis de sortir de nombreux enfants de cette terrible condition. Nous avons aussi financé un projet d'alphabétisation en Colombie et participé à la construction d'une école en Équateur. Actuellement, nous soutenons l'aide à la reconstruction après le tremblement de terre au Népal et un nouveau projet en Allemagne, l'hôpital pour enfants de Wilhelmshaven.

Tous ces projets sont mis en œuvre avec des partenaires sérieux et variés, qui offrent la garantie que vos dons seront employés efficacement sur place. Alors, que vous souhaitiez éviter d'être réincarné en fourmi ou simplement faire une bonne action, vous avez là un moyen d'aider concrètement.

Plus d'informations sur le site
www.gutes-karma-stiftung.de

Avec les amitiés de votre
David Safier

Composition et mise en pages
Nord Compo à Villeneuve-d'Ascq

Imprimé en France par

MAURY IMPRIMEUR
à Malesherbes (Loiret)
en septembre 2017

POCKET – 12, avenue d'Italie – 75627 Paris Cedex 13

N° d'impression : 221007
Dépôt légal : octobre 2017
S27705/01